| 台湾研究系列 |

# "一带一路"框架下
# 两岸经济合作的方式与路径研究

盛九元　吴中书　等著

九州出版社 | 全国百佳图书出版单位
JIUZHOUPRESS

**图书在版编目（CIP）数据**

"一带一路"框架下两岸经济合作的方式与路径研究/
盛九元等著. -- 北京：九州出版社，2017.11
ISBN 978-7-5108-6341-7

Ⅰ. ①一… Ⅱ. ①盛… Ⅲ. ①"一带一路"－海峡两
岸－区域经济合作－研究 Ⅳ. ①F127

中国版本图书馆CIP数据核字(2017)第263018号

## "一带一路"框架下两岸经济合作的方式与路径研究

| | |
|---|---|
| 作　　者 | 盛九元　吴中书　等著 |
| 出版发行 | 九州出版社 |
| 地　　址 | 北京市西城区阜外大街甲 35 号（100037） |
| 发行电话 | （010）68992190/3/5/6 |
| 网　　址 | www.jiuzhoupress.com |
| 电子信箱 | jiuzhou@jiuzhoupress.com |
| 印　　刷 | 北京九州迅驰传媒文化有限公司 |
| 开　　本 | 710 毫米 ×1000 毫米　16 开 |
| 印　　张 | 12.75 |
| 字　　数 | 222 千字 |
| 版　　次 | 2017 年 12 月第 1 版 |
| 印　　次 | 2017 年 12 月第 1 次印刷 |
| 书　　号 | ISBN 978-7-5108-6341-7 |
| 定　　价 | 38.00 元 |

# 序一

我院与台湾中华经济研究院合作开展机制化研究是2014年我在访台期间与吴中书院长商讨设定的，到今年已经完成第二阶段研究，并着手研拟第三阶段的研究方向了。尽管合作开展研究的时间还不长，但在两岸关系起伏变动的大背景下，由上海社会科学院与台湾中华经济研究院合作开展研究，以大陆自由贸易试验区与台湾自由经济示范区的对接合作为切入点，针对两岸经济合作趋势进行深入研讨，仍具有重要的意义。

随着经济全球化的发展与区域经济一体化的加快，尤其是大陆经济逐步进入"新常态"，两岸经济合作也呈现出新的发展态势：从静态角度看，主要体现在四个方面，即贸易增长率及台商投资量增长低，甚至负增长；两岸产业竞争性因素增多；两岸合作的动力面临新调整；两岸经济区域环境合作面临新挑战。从动态角度看：两岸经济合作的利益格局面临更复杂的政治环境、两岸产业结构同质化加剧、两岸经济合作的动力需要进一步实现多元化、两岸互信及协调机制不足的状况亟待改善。在这种情况下，两院之间的合作研究不仅有助于探讨新形势下两岸经济合作的方式转变与路径选择，也有助于深入研究两岸经济合作的内涵创新与模式调整。

长期以来，两岸经济合作一直是两岸关系发展中最积极最活跃的因素，大陆始终以"两岸一家亲"的理念推动着两岸经济交流合作的深化与发展，落实各项支持台资企业的举措。2013年，习近平主席分别提出了"丝绸之路经济带"和"21世纪海上丝绸之路"的倡议构想。倡议旨在与"一带一路"沿线国家通过双边或多边机制建立区域合作平台，形成与发展中国家和地区之间的交流与合作。"一带一路"倡议的实施不仅改变了两岸产业合作的大环境，而且拓展了两岸产业发展的新空间，为两岸合作开拓东南亚和欧洲市场提供了可能，更为构建两岸共同主导的产业链和价值链搭建了平台。在新形势下两岸经济合作要遵循"在转型中实现互补共赢"的发展思路，转变发展观念，调整发展方式，确立发展目标。具体而言，就是要转变过去基于劳动力比较优势的分工形式，依托自贸区和"一带一路"战略契机，以产业合作为抓手，推动两岸经济"点—线—面"的对接模式，在转型中重新实现两岸经济的优势互补，共同推进两岸经济发展，构建发挥两岸主导作用的价值链，形成两岸经济合作的新格局。

5月24日，习近平主席为台企联成立10周年发出贺信，贺信指出"两岸是割舍不断的命运共同体，两岸经济同属中华民族经济。增进同胞福祉和亲情，把民族命运牢牢掌握在自己手中，是两岸同胞的共同心愿。我们愿意首先同广大台湾同胞分享大陆发展机遇，欢迎台湾同胞来大陆投资兴业"，这为进一步深化两岸经济合作提出了明确的方向。

新常态呼唤新模式、新情势需要新办法，两院第二阶段的研究针对中国大陆"一带一路"倡议下，两岸经济合作面临的新情况、新机遇和新挑战，结合两岸经济合作特点及制约瓶颈，结合新的区域合作格局，在总结两岸经济合作经验的基础上，分析两岸面对"一带一路"倡议框架下的发展机遇，探讨两岸合作的可行路径，并建议在创造条件、恢复两岸协商对话的前提下，实现两岸经济合作的新突破。这一结论与两岸经济合作的现状紧密相关，具有现实性和前瞻性，相信随着研究的深入，会有更多的学者专家参与进来，进而使研究迸发出思想火花与结出研究的硕果，为深化两岸经济合作谋篇献策。

当前两岸关系错综复杂，但在坚持"九二共识"政治基础上，只要坚持"两岸一家亲"的理念，以此为目标，弘扬两岸共同为中华民族全面复兴而奋斗的精神，两岸经济合作必将在更广的范围、更多的领域和更高的层次上不断拓展和提升。

最后，预祝两院之间的合作研究能够在既有基础上不断深化、发展、提升，更好地为巩固两岸经济合作与两岸关系和平发展格局谋篇献策。

上海社会科学院　王战

# 序二

　　台湾中华经济研究院与上海社会科学院于近年保持学术交流，针对两岸重大议题交换意见并进行共同研究。继去年"两岸区域合作对接的方式与路径研究"，今年两院再度针对两岸重要经贸政策，共同探讨两岸经济合作面对之契机及挑战，本著作《"一带一路"框架下两岸经济合作的方式与路径研究》即为双方研究成果之呈现。本人谨代表台湾中华经济研究院对两院参与此项研究之人员，致以深切谢意。此次的共同研究承续了本院对于经贸政策研究之投入，与推动两岸及国际学术交流之方针，也期待各界先进给予指教。

　　为因应两岸经济成长模式转型、东南亚及南亚内需市场商机崛起，以及与亚洲新兴经济体建立全面伙伴关系之必要性，两岸分别提出各自的发展战略。若就两岸各自的政策目标、推动项目及产业优势条件来看，两岸产业实有机会找到合作的新契机；然而不可否认，现阶段两岸政治情势已有变化且部分产业的竞争态势已逐渐明显，如何找到适切的合作策略及模式，是各界关切之重点。而借此共同研究，参与的同仁已提出诸多创新思维及观点。书中不仅深入探讨两岸合作的策略方向，更针对金融、服务业、新兴产业、基础建设及贸易等领域，提出具体的合作模式及建议，对于如何在新情势下持续深化两岸的交流互动，深具参考价值。

　　随着两岸经济发展及产业结构的持续调整，两岸产业合作需要新的思维及创见，才有机会持续为双方企业及人民谋求更大的福祉。我们殷切期盼能持续与上海社会科学院等重要智库，针对两岸关切之议题，进行共同研究及交流。希冀为政府的政策制定与产业之发展提供前瞻且客观之建言，并且抛砖引玉，让更多的两岸专家能够参与探讨两岸合作的未来发展，善尽智库的角色与责任。

台湾中华经济研究院院长　吴中书

2017 年 6 月

# 目　录

# 第一章 "一带一路"倡议的发展及对两岸经济合作的影响

"一带一路"是"丝绸之路经济带"和"21世纪海上丝绸之路"的简称。从地理区域上看,这可以说是世界上跨度最长的经济走廊,涵盖了中国大陆,并包括中亚、东南亚、南亚、西亚乃至欧洲部分区域,向东连接着亚太经济圈,向西则与欧洲经济圈相连,从目前情况看,主要涉及沿线近60个国家、90多个重要城市,区域内拥有世界总人口的大约70%、GDP总值的55%左右和全球已探明能源资源的75%左右,是世界上最具发展潜力的经济带,也蕴含着巨大的商机与发展机遇。由于形势的发展,"一带一路"也处于不断调整与延伸之中。从发展角度分析,随着"一带一路"的延伸及影响力的扩展,将在逐步形成全球新投资贸易规则中扮演重要的角色,为全球经济发展提供"新动力"。因此,"一带一路"又具有开放、全面、发展、创新和共享性的特点。

在"一带一路"的推进过程中,两岸企业有着巨大的合作空间,如果能够实现优势互补与资源整合,不仅有助于进一步推动两岸企业的发展,而且也有助于有效深化两岸经济合作的层次,推进台湾民众对两岸经济合作的实际获得感。

## 第一节 "一带一路"倡议的提出及其重大战略意义

"一带一路"是中央新一代领导集体针对国际国内情势的发展变化所提出的重大战略举措。从提出到实质性的推进,尽管期间经历的时间并不长,但环环相扣、衔接紧密、步调统一,显示出这一战略的前瞻性和现实性。

一、"一带一路"倡议的提出与阶段性进展

2013 年 9 月至 10 月间,习近平总书记在访问哈萨克斯坦和印度尼西亚时分别提出共同建设"丝绸之路经济带"①和"21 世纪海上丝绸之路"②(简称"一带一路")倡议,此举很快引起全球范围的关注与热议,并得到不少区域内相关国家和地区的积极回应,有关"一带一路"建设的重大意义、发展重点、领域范围、合作方式、推进阶段等问题也随之成为相关研究机构和政府规划部门的研究重大课题之一。2014 年 11 月 4 日,中央财经领导小组第八次会议研究了"丝绸之路经济带"和"21 世纪海上丝绸之路"规划,并发起建立亚洲基础设施投资银行和设立丝路基金③。2014 年 11 月 8 日,中国大陆宣布出资 400 亿美元成立丝路基金(基金是由外汇储备、中国投资有限责任公司、中国进出口银行、国家开发银行共同出资设立,依照《中华人民共和国公司法》开展运营,并欢迎境内外投资者参与),于 2014 年 12 月 29 日在北京注册成立并开始运行④,从而使"一带一路"战略进入到具体的实施阶段。2014 年 12 月 9—11 日,在中央经济工作会议上,正式将"一带一路"确定为优化经济发展格局的三大战略之一(还包括京津冀协同发展、长江经济带)⑤。2015 年 2 月,中央推进"一带一路"建设工作会议召开,对其中所涉及的相关重大工作和重大事项进行部属,并明确提出陆上要依托国际大通道,以重点经贸产业园区为合作平台,共同打造若干国际经济合作走廊;海上要依托重点港口城市,共同打造通畅安全高效的运输大通道⑥。短短一年多时间,"一带一路"战略的基本框架完成,并确立了执行机构和参与省市,从而逐步进入具体的实施阶段。据商务部部长高虎城在全国人大记者会上的介绍,"一带一路"战略已经引起各国关注,目前有 50 多个国家在和我国进行研究探讨,还有国家专门成立相关机构⑦。上海、福建等 31 个省市的政府工作报告也已针对"一带一路"的建设进行研究,并结合各地

---

① "发展人民友谊 共创美好未来",参见《习近平主席在哈萨克斯坦纳扎尔巴耶夫大学演讲全文》,《人民日报》,2013—9—8(A1)。

② "携手建设中国—东盟命运共同体",参见《习近平主席在印度尼西亚国会演讲全文》,《人民日报》,2013—10—4(A1)。

③ 《习近平主持召开中央财经领导小组第八次会议》,《人民日报》,2014—11—7(A1)。

④ 《中国出资 400 亿美元成立丝路基金 正式起步运行》,参见中新网:http://www.chinanews.com/gn/2015/02-16/7069520.shtml。

⑤ 《2014 年中央经济工作会议全文》,《人民日报》,2014—12—12(A1)。

⑥ 《张高丽主持推进"一带一路"建设会议》,《人民日报(海外版)》,2015—2—2(A1)。

⑦ 《商务部部长高虎城记者会实录》,参见人民政协网:http://www.rmzxb.com.cn/zt/2015qglh/gdxw/460018.shtml。

区自身的发展情况进行了具体的规划。

2016 年以来，针对中国大陆企业在拓展 "一带一路" 过程中的实际情况，习近平总书记专门举办座谈会，召集相关企业家听取意见。在座谈会上，习近平特别指出，以 "一带一路" 为契机，开展跨国互联互通，提高贸易和投资水平，推进国际产能和装备制造合作，本质上是通过提供有效供给来催生新的需求，实现世界经济再平衡①。在讲话中，习近平将 "获得感" 一词也用于 "一带一路" 建设之中（"一带一路" 建设造福周边，重要的也是获得感），从而进一步为 "一带一路" 建设夯实了基础。

"一带一路" 的提出，不仅顺应了世界多极化、经济全球化、文化多元化和社会信息化的大趋势，而且也得到了相关国家与地区的积极响应，反映出这一战略的现实可行性与影响力。从区域合作的角度分析，这一战略的实质就是通过中国大陆和周边国家和地区实现 "政策沟通、道路联通、贸易畅通、货币流通、民心相通"，"以点带面，从线到片，逐步形成区域大合作"②，在共同发展、共同繁荣的基础上，构建区域利益共同体和命运共同体，充实沿线国家和地区民众的获得感，最终复兴古老的丝绸之路。对两岸企业而言，通过 "一带一路" 的建设，不仅有助于在这一进程中有效深化彼此间的机制化合作，而且其中所蕴藏着的发展机遇和潜力也有助于推动自身经济的快速成长。

## 二、"一带一路" 倡议的推进及其重大意义

"一带一路" 倡议推进的基本方式是以沿线中心城市为支撑，以重点经贸产业园区为平台，鼓励中国大陆企业参与沿线国家基础设施建设和产业投资，进而打造新欧亚大陆桥，以及相关区域的经济合作走廊。就发展目标而言，从现有的态势看，"一带一路" 上沿线经济体的人均收入水平大多低于中国大陆，在一定程度上通过承接中国大陆相关产能的转移，形成类似 20 世纪 60 至 80 年代的 "亚洲四小龙"、20 世纪 80 年代时中国大陆的快速发展态势，实现从低收入进入中等收入，甚至高收入的愿望，并进一步发掘内部市场潜力，成为带动全球经济成长的新动力。从国家战略层面看，"一带一路" 倡议是和平主义的、非扩张性的，是经济导向和与邻为善的。从国际合作方面来看，在 "一带一路"

---

① 《习近平主席在推进'一带一路'建设工作座谈会上的重要讲话》，《人民日报》，2016—8—17，A1。

② 《发展人民友谊 共创美好未来》，参见《习近平主席在哈萨克斯坦纳扎尔巴耶夫大学演讲全文》，《人民日报》，2013—9—8（A1）。

推进过程中，更多的是利用市场而非行政方式来解决相关问题。在这一过程中，中国大陆可以提供参与全球治理模式的独特经验，诸如对外开放、市场改革、引进外资、基础设施先行、发挥比较优势、参与国际分工等，推动实现"一带一路"沿线的基础设施投资先行、产业合作及促进共同发展。当然"一带一路"建设应当处理好几个关系，核心是互信机制的建构，并包括"一带一路"建设如何带动国内经济发展、政府引导与市场驱动应当如何配合、经济风险与政治风险应如何防范、经贸和人文交流平衡等。

需要指出的是，"一带一路"倡议的提出在客观上必然对现有的世界政治经济格局形成一定的影响，尤其是中国大陆的影响力更将随着"一带一路"的延伸而逐步扩展，美、日为核心的西方势力因此将之视为对自身利益的直接挑战。在这种情况下，美国的"亚太再平衡"以及 TPP 被认为是对"一带一路"的直接挑战。在复杂的国际政治格局下，"一带一路"沿线经济体也存有相当的疑虑和防范心态。对此，必须有清醒的认知。而两岸合作有助于在一定程度上化解部分经济体的担忧，是可以善加利用的外部因素之一。

### 三、"一带一路"的两个面向及对两岸经济合作的影响

从两岸经济合作的情况看，在逐步进入"新常态"的大背景下，大陆的投资、出口、消费均出现新的形态，再加上全球经济复苏进程缓慢，台商在大陆遇到整体性的发展困境，两岸经贸往来也出现下行态势。根据海关总署统计，2015 年大陆与台湾贸易总额为 1885.6 亿美元，同比下降 4.9%；其中大陆对台出口 449 亿美元，下降 3%；从台湾进口 1436.5 亿美元，下降 5.5%。与此相应的是，从 2010 年以来，台商对大陆投资也明显下降。上述状况显示，在大陆经济进入"新常态"的情况下，现有的两岸投资贸易模式面临前所未有的挑战，两岸经济合作及台资企业需要借助新的发展动力与机遇以实现转型和发展。

另一方面，根据台湾"投审会"的资料显示，2000—2014 年，台湾对大陆的投资仍以制造业为主，但 2009 年后，制造业投资额与所占比重均有所下降，服务业投资额与所占比重则明显上升，其中 2012 年投资额高达 51.91 亿美元，2013 年占投资比重更达到 43.29% 的历史新高。从地区分布看，2000 年台商投资前两位的地区分别是广东（39.11%）和江苏（35.69%），到 2008 年排名前两位的则是江苏（39.56%）和上海（15.94%），广东退居第三（14.07%），2014年，江苏、上海、广东的比重均有所下降，福建、四川、重庆的比重则明显上升。从制造业的内部构成情况看，2000 年的排序为资讯电子（46.60%）、金属

机械（30.35%）、化学（14.38%）和民生（8.27%），到2014年则变为资讯电子（44.70%）、金属机械（23.50%）、化学（17.19）和民生（15.83%），尽管整体排名没有变化，但内部构成出现明显调整，民生比重也快速上升，显示台资企业与大陆内需市场发展的相关性显著增强。两岸经济合作的方式与路径面临新的发展环境，"变"成为应对这一新情势的不二选择。

此外，从区域与产业构成的变化分析，台资企业的发展与大陆经济发展的战略重点、区域规划存在着明显的正相关性，正是由于这种相关性，使台资企业对大陆的投资从要素依赖（土地、劳动力和原材料等）的"代工模式"转向市场要素与知识要素依赖，两岸间的竞争性也因此而明显增大。其次，从区位选择角度分析，随着成本的上升，台资企业的集聚区域逐步向成本洼地、市场腹地和政策高地转移，即从东南沿海→长江三角洲→重庆。在这一过程中，"政策（制度创新）高地"是一个关键性的因素。但与开发初期相比，台商的转型与转移成本明显上升，主要体现在两个方面：一是"准入门槛"（优惠措施的降低或者取消）和成本的快速上升使台商的空间转移与产业转型难度加大；二是在两岸产业竞合日益激烈的情势下，两岸产业合作却缺乏长效机制和新的动力，而这两大因素具有相关性。由此可见，两岸在存量合作转型方面的难度较大，而2016年台湾政治格局的变化在很大程度上加剧这一难度，因此，需要从增量方面考虑提升两岸合作的可行空间，在这一过程，"一带一路"将给新的合作带来新机遇。

总体而言，在两岸经济合作进入"新常态"的总体环境下，因应新的发展情势，巩固两岸经济合作的既有基础，增强两岸经济的宏观联动性，继续支持大陆台资企业的转型升级，营造良好的发展环境，吸引台湾青年到大陆就业创业成为当前维护和稳定两岸关系的新课题。在这一大背景下，"十三五规划""中国制造2025""一带一路"倡议给两岸经济合作带来新的机遇，适应这一新的格局，将为两岸经济合作深化提供新动力。

## 第二节 "一带一路"
## 倡议框架下两岸经济的合作模式选择

当前，大陆经济已经进入"新常态"，其基本特征主要体现为经济的结构性减速（从高速成长降为 5%—7% 的中高速增长 ①），尤其引发外贸增速下降、内需市场作用提升、环保压力加大、成本进入上升通道、对外开放步伐加快等。这一变化的核心是大陆经济开始从要素（土地、劳动力等）与投资驱动转向创新驱动，从追求 GDP 成长转向实现民众收入的实质成长及公平分配。

一、"一带一路"的两个面向

在这一大背景下，"一带一路"对大陆而言，是应对"新常态"的重要举措，有着对内与对外两个面向：

1. 对国内而言，有效需求不足与产能过剩（包括房地产业）是导致大陆经济成长放缓的主要因素，降低民间投资意愿和实体经济发展。2015 年，大陆进出口总额 24.59 万亿元人民币，较 2014 年下降 7%；其中出口 14.14 万亿元，下降 1.8%；进口 10.45 万亿元，下降 13.2%；顺差 3.69 万亿元，增长 56.7%。其中加工贸易进出口下降 10.6%，一般贸易下降 6.5%（进出口比重上升 0.3%）；同期，机电产品出口 8.15 万亿元，增长 1.2%，占出口总值的 57.7%；纺织、服装、鞋类等七大类劳动密集型产品出口总值 2.93 万亿元，下降 1.7%，占比为 20.7%。贸易价格条件指数为 112.1，对外贸易条件有所改善。需要指出的是，大陆消费和服务业对经济成长的贡献率显著上升，2014 年大陆最终消费对经济成长的贡献率超过 50%，比资本形成总额的贡献率高出 2.6%；第三产业比重达 48.2%，产业结构的重心逐步从以制造业为主转向服务业，这也使得企业加快转型步伐并参与内需市场的发展进程。

在这一大背景下，"一带一路"倡议对国内经济发展而言，有助于促进经济要素的自由流动、资源配置效率的提升和市场化的发展，具体而言，包括加大西北地区的基础设施建设、促进产业转移与升级、推进外贸体制和金融体制的改革、对外投资的扩大等。因此，在国内经济上可以达成以下方面的目标：一是推动产业结构调整和企业的转型升级，二是深化市场化体制机制的改革。在这一过程中，自贸区战略在其中将发挥更加积极的作用。

2. 从国际面向看，从"一带一路"的发展规划看，在实现"五通"（政策沟通、设施联通、贸易畅通、资金融通、民心相通）的大前提下，有助于扩大中

---

① 根据中国社会科学院宏观经济运行与政策模拟实验室的预测，2011—2015、2016—2020、2021—2030 三个时间段，中国大陆潜在经济增长区间分别为：7.8%—8.7%、5.7%—6.6%、5.4%—6.3%，增速递减趋势非常明显。参见《中国经济新常态与改革创新》，李扬，http://www.npc.gov.cn/npc/xinwen/2015-07/10/content_1941431.htm。

国大陆的国际市场空间和对外投资领域，包括扩大贸易往来、增加投资项目、建设沿线自贸区、通过新型国际金融机构（亚投行、丝路基金）加大基础社会建设，建构起与相关国家的新型战略合作伙伴关系，进一步优化现行的国际经济秩序。由此可见，"一带一路"倡议具有日益合理而明晰的空间概念、具体而明确的项目导向、新型的投融资体制和以供给侧改革带动有效需求的特点，在不改变市场基本运行规则和经济成本的情况下，对内将进一步推进经济改革和产业转型，对外将促进产业转移和国际贸易金融体制的变革，实现国内国外两个市场、两种资源的充分利用和有效衔接。这是"一带一路"倡议的核心意涵所在。两岸合作在这一进程中有着巨大的合作空间和潜力。

## 二、两岸合作模式需要进行全面调整

长期以来，两岸要素结构的互补性和经济发展的阶段性差异是两岸经济关系发展的基础，也是两岸产业合作的重要驱动力。随着大陆经济发展水平的提升和两岸经济合作方式的调整，原有的合作方式出现显著的调整与变化，在空间上，经济合作由以单向流动及以大陆为主，扩展到涵盖两岸，陆资企业在台湾的投资与经营，直接参与到台湾的经济与社会生活之中，并在一定程度上与台湾相关产业产生竞争，这在岛内引发一系列的争议，两岸服务贸易签署过程中所引起的社会反应证明了这一点；在心理层面上，台湾民众对两岸经济合作的看法开始出现分歧，尤其是随着陆资进入岛内，两岸经济合作日益要求两岸市场的全面相互开放，这就使得两岸经济合作面临更加复杂的政治社会环境，因此，面临更大的阻力，对两岸合作的深化也提出更大的挑战，这具体体现在以下两方面：

1. 随着两岸要素价格的变化，两岸间的要素禀赋结构发生明显调整。

从经济合作的动力机制分析，要素价格的差异所导致的要素禀赋的差异性是推进两岸经济关系和产业合作深化的重要动力，构成相应要素的因素是多方面的，而在劳动力价格方面的差异尤为凸显。从劳动力成本看，大陆沿海操作工人的工资达到4000—5000元，再加上相应的企业成本（主要是"五险一金"）总体成本约为1000美元，而近20年来台湾的薪资水平变化不大，这使得两岸劳动力成本几乎持平，在这种情况下大陆台商开始出现回流台湾或转至第三地投资的现象，投资大陆的动能下降，两岸产业合作的基本动力出现显著的变化，进而推动着两岸经济合作方式进入新的调整期。

2.两岸产业结构逐步趋同，竞争性有所增强。

从产业结构上看，台湾制造业集中到电子零组件、电脑电子产品及光学制品、化学材料等三个产业，三大产业合计占台湾制造业的49.25%，几乎是"半壁江山"。而大陆的制造业相对要更加均衡，并形成完整的产业体系。从产业合作的角度看，台湾在相关的高端产业环节上具有技术优势和创新领先优势，缺陷在于缺乏下游产业配合和规模足够大的市场。而大陆的情况与此相反，由此形成两岸产业合作的强烈互补性，并带动两岸经济合作的全面深化。近30年来，大陆的整体产业水平呈现快速提升的态势，也因此在相关产业环节上与台湾形成竞争，这是两岸经济发展的必然结果。

### 三、两岸经济合作是共同应对新挑战的前提

欧盟和其他区域经济整合的实践表明，在推进区域合作的进程中，对那些内部市场狭小或严重依赖对外贸易的经济体而言，最大的动态效应是能带来规模经济效应（出口扩张效应）。经济体在参与区域经济合作后，不仅能够带来一定的商品进口的增加，也会导致出口的增加。经济整合的实现，在排斥第三方产品的同时，为成员方之间产品的相互出口创造了良好的条件，所有成员方的内部市场逐步会形成一个统一的区域性市场。这种市场范围的扩大促进了企业生产的发展，使生产者可以不断扩大生产规模，降低成本，享受到规模经济的利益，并且可进一步增强区域内企业对外、特别是对非成员方同类企业的竞争能力。

在两岸经济合作的进程中，最直观的就是规模经济效应的形成。以目前衡量市场规模的常用指标来看，2014年中国大陆GDP已超过10万亿美元，GDP的高增长与个人收入迅速增加所引致的旺盛消费需求使大陆成为全球瞩目的巨大市场。对于台湾厂商来说，大陆庞大的人口基数本身意味着巨大的市场容量和消费潜力。台湾的龙凤食品、力国针织等食品及日用品生产企业，正是借助大陆市场得以实现迅速扩张的。台湾厂商借助大陆市场，不但取得可观的利润，也通过扩大生产规模，降低成本，提高效率，实现了企业的高增长。对于大陆企业而言，在两岸经济交往的障碍被打破后，可以借助台湾这一市场平台，更好地参与世界市场的竞争，从而提升竞争力。以台湾市场的开放进程看，随着台湾对大陆赴台投资产业限制的逐步解除，两岸在电子信息产业、光电产业、生物科技、新能源产业等领域可以更好地开展合作，通过上下游的紧密结合，有效提升竞争力，以应对日韩企业及产品的冲击与影响。

从经济学角度看，当两个分割的市场逐渐统一为一个大市场时，不仅意味

着市场容量扩大,还有要素供给的增加和资源配置的优化;再加上两岸生产要素在实现投资自由化之后,可以更好地实现优势互补,从而以更低的成本实现生产规模的扩张,提升在国际市场上的竞争力。因此,无论是从需求角度还是从供给角度分析,两岸经济整合都将引致巨大的规模经济效应,从而推动两岸经济持续稳定的发展。

在新的形势下,从长远角度看两岸的经济合作,首先,有利于实现两岸要素资源的更优化配置。一方面,两岸合作可以形成更大的规模经济效应,为两岸企业提供更好的市场条件与要素供给;台资企业具有技术、管理与行销优势,而大陆企业则拥有通路与成本优势,因此,在竞合过程中,两岸企业可以通过优化资源配置的效率以提升竞争力;对整个社会而言,这种由于要素配置优化所引发的良性竞争将导致福利的增加。其次是交易成本的降低。这一点将随着两岸 ECFA 框架的构建而实现,主要包括往来的便利化、争端解决机制的形成、物流成本的降低等,相对于两岸之间巨大的人流、物流、资金流、信息流而言,因交易成本降低所带来的整个社会福利的提升是不可估量的。

近30年的实践证明,两岸经贸交往有其自身的发展规律,也逐步形成了良性密切的互动关系,尽管其间受政策因素制约而呈现出明显的"民间、单向、间接"特点,表现出巨大的不对称性与不平衡性,但两岸经济上互补互利、合作双赢的合作格局已经基本形成,这一互动趋势随着经济全球化与区域经济一体化进程的加快而进一步增强。现阶段,尽管 ECFA 的后续发展还面临着诸多的障碍与挑战,但机遇大于挑战,两岸经济合作趋势不可阻挡。

面对新的情势与挑战,两岸必须寻找新的合作路径与动力。从区域发展和全球化的角度看,在国际经济的竞争中,两岸完全有条件结合各自优势,可以形成更有效的合作关系,真正实现"两岸合作赚世界的钱",这是两岸经济合作发展方向。正基于此,"一带一路"建设将在很大程度上为两岸经济提供新的基础和动力。台湾《旺报》发表社论,明确提出台湾如通过积极参与大陆的"一带一路"战略,能够把更多商机扩展到东盟、南亚与欧洲①。

### 四、两岸经济合作趋势分析

#### 1. 两岸经济合作的机制化建构

2010 年 6 月 29 日,海峡两岸交流协会与海峡两岸交流基金会在重庆正式

---

① 郑博文:《台湾应准备好参与"一带一路"战略》,台湾《旺报》,2014—11—26。

签署《海峡两岸经济合作框架协议》(简称 ECFA,以下均用简称),这是两岸经济合作的里程碑。ECFA 提出"进一步增进双方的贸易与投资关系,建立有利于两岸经济繁荣与发展的合作机制"。这一制度性的安排是两岸经济合作深化的保障,也是实现互利双赢的理性选择。

ECFA 是两岸经济合作的制度化保障。正如前述研究所指出的,只有通过两岸公权力之间的谈判、协商,签署制度性的协议,才能够真正推动两岸经济融合的深化。从发展进程看,按照经济一体化的理论,两个或两个以上的经济体,依据关税减让与商品自由流动程度、共同对外关税、生产要素自由流动及经济政策协调情况,逐步推动制度性经济一体化的深化和发展,其一般发展进程包括优惠贸易安排、自由贸易区、关税同盟、共同市场和经济同盟。两岸签署的 ECFA 既有自由贸易区的性质,而其涵盖的内容则超越了 WTO 关于 FTA 的规范框架,包含了投资与服务领域的开发,其实质目标就是通过形成"WTO-plus①"的合作形式,为实现更高层次的经济合作创造条件。可以说,ECFA 的签署为两岸合作提供了制度化的保障。

依据 WTO 的相关规定,通过 ECFA 早期收获清单的实施及后续协议的磋商、签署与落实,两岸大部分货物贸易将逐步实现零关税,两岸服务市场将大幅相互开放,两岸经济交往和合作的制度化将达到一个相当高的程度,两岸经济合作的制度化框架将逐步形成。在 ECFA 基本目标实现之后,随着两岸货贸协议(谈判中)、服贸协议(目前在台湾立法机构被搁置)和争端解决机制(谈判中)达成后,两岸经济合作发展将迈向新的阶段,逐渐实现生产要素自由流动,从而更有效的整合两岸资源,实现经济持续稳定的发展,为达到两岸全面的经济合作奠定坚实的基础。

现阶段,由于民进党当局拒不承认"九二共识",极力回避对"九二共识"核心内涵的认知,导致 ECFA 的后续发展存在巨大的障碍,短期内恐难以达成实质性的进展,无论服贸协议与货贸协议情况皆然,这就需要两岸寻找新的合作空间。在这一过程中,无论是海西区、昆山深化两岸产业合作试验区,还是大陆自由贸易试验区(上海、福建、天津、广东、浙江、辽宁、河南、湖北、

---

① Jo-Ann Crawford and Roberto V.Fiorentino, *The Changing Landscape of Regional Trade Agreement*, World Bank Discussion Paper, No.8(2005).*Global Economic Prospects*:*Trade*, *Regionalism*, *and Development*(Washington, DC:World Bank, 2005).

重庆、四川、陕西<sup>①</sup>)、构建开放型经济新体制综合试点(济南、南昌、唐山、漳州、东莞、防城港、浦东新区、两江新区、西咸新区、大连金浦新区、武汉城市圈、苏州工业区<sup>②</sup>),以及台湾的生产力 4.0 与大陆的"中国制造 2015"均可以作为两岸合作新的尝试和新的路径探索。但从发展角度看,具有前瞻性、整合性与延伸性的"一带一路"更应当成为推进两岸合作提升的重要载体和可行方式。尽管截至目前,"一带一路"战略仍处于探索与发展的阶段,但总体框架基本成型、合作途径大体形成。在这种情况下,依循"一带一路"的战略框架,有效推进两岸经济合作,尤其是增量合作的提升已经成为各界的共识。

2. 民进党执政后两岸经济合作面临的新挑战

2016 年 1 月 16 日,民进党在选举中以较大优势击败国民党,取得在台湾的执政权,这一结果导致两岸合作进入更加复杂多变的发展阶段。这一重大变局,不仅会使台海形势的不确定性和风险升高,给两岸关系发展带来严峻挑战,也将对正处于十字路口的两岸经济关系未来走向带来重大影响。虽然当选后蔡英文一直强调"维持两岸现状",却对何为两岸现状、如何才能维持现状采取模糊回避策略。从后续的发展趋势分析,蔡英文当局能否承认"九二共识"的历史事实、接受其两岸同属一中的核心意涵?在两岸经贸政策上是延续其 2012 年"大选"期间提出的以"从世界走向中国"取代马英九当局的"从中国走向世界"的思路,还是按照其 2016 年"大选"期间提出的"用接近市场语言的'良性竞争,互利共生'取代'合则两利,分则两害'的政治语言"<sup>③</sup>?这将对未来两岸经济关系走向产生重大影响。

目前看,未来台当局大陆经贸政策受制于其整体两岸政策考虑,存在着两种不同的路径选择。两岸经济关系仍然受到两岸双方能否寻求共同政治基础的根本性影响,处于不进则退的关键阶段,也存在着两种不同的发展前景。

其一是蔡英文当局固守民进党的既有立场,虽然表面上继续声称"致力确保台海两岸关系能够维持和平稳定的现状",但却在两岸同属"一个中国"、两岸关系非国与国关系这一根本性质问题上模糊以对,以所谓"民主原则""普遍民意"为筹码和借口,<sup>④</sup>把摆脱台湾经济对大陆的"过度依赖"作为重要目标,

---

① 《党中央、国务院:我国新设立 7 个紫瑶瑶试验区》,参见新华网:http://www.xinhua.net,2016-09-01。

② 《12 个!构建开放型经济新体制综合试点名单公布》,《21 世纪经济报道》,2016—5—16。

③ 张潇文:《蔡英文:从谈判桌到总统府》,台北:城邦商业周刊,2015 年 11 月,第 213 页。

④ 邹景雯专访:《蔡英文:九二历史事实 推动两岸关系》,台湾:《自由时报》,2016 年 1 月 21 日。

力求降低对大陆贸易依存，建立"国家安全网"，避免大陆对台资金、人才、技术产生"磁吸效应"，损及台"经济安全"；同时对外倒向美国、日本，全面推行"新南向政策"等为主要方向，实质上是推行一条"去中国化""非大陆化"的经济战略。在此情况下，海协会与海基会的协商谈判难以为继，ECFA 后续协议停摆，两岸产业合作得不到政策面的支持，使得前述两岸经济关系新趋向有可能在一定时间内继续发展。但台当局违背经济规律的做法很难长久抵挡住市场力量的冲击，不仅无法改变两岸经济合作基本格局的发展大势，反而会加剧台自身经济困境，加速其"自我边缘化"进程。

其二是蔡英文当局以两岸认可的形式承认"九二共识"的历史事实，而且认同两岸同属于一中，对两岸关系性质做出符合法理与现实的界定，使 2008 年以来支撑两岸经济关系发展的共同政治基础得以延续。在此情况下，ECFA 后续协商则会继续推进，两岸经济正常化、自由化及制度性合作不断深入，双方通过加强两岸高层常态化沟通机制，加大宏观政策交流协调力度和产业政策战略规划的对接，减少非经济因素的干扰，逐步消除对大陆产品与投资的歧视性限制措施，共建中华民族产业链，从而强化市场机制与互利共赢格局，实现两岸经济关系的再平衡与升级发展。① 这不仅能为两岸经济融合发展提供新动力，使之行稳致远，台湾经济更可在大陆推动经济结构转型中占得先机，并通过以适当方式参与"一带一路"相关机制，寻求与亚太区域经济合作进程相衔接的有效方式。这将会为台经济实现结构转型、提升核心竞争力、摆脱长期低迷、进而更好地解决分配正义问题、改善民生提供重要支撑。

道路的选择决定发展前途。在经济全球化与两岸经济关系日益紧密的态势下，台湾经济发展不可能自外于中国大陆。因此，在新的发展环境和竞争格局下，两岸经济合作不仅需要进一步巩固既有的合作基础，更需要从全新的视角对今后的合作方向和方式进行反思与调整，从而更有效地提升经济合作的实际效应，为两岸民众谋福祉、为中华民族的全面振兴添助力。

## 第三节 "一带一路"倡议下两岸企业合作的可行方式

随着"一带一路"倡议的拓展与深化，两岸企业合作也同样面临着巨大的空间与机遇。因此，两岸企业在发展方向上若能实现优势互补、强化彼此的合

---

① 窦勇：《打造升级版两岸经济关系》，台湾：《旺报》，2014 年 11 月 21 日。

作空间，完全可以共创互利双赢的局面。从发展趋势上分析，双方的合作重点应包括机制与合作平台的建构、共同合作愿景的确立、合理的分工机制、全产业链合作等。

一、两岸企业合作的重点

大陆"一带一路"倡议的拓展与深化，为推进两岸经济合作，尤其是促进企业间合作提供了巨大的空间与机遇，其中，围绕着大陆"一带一路"的两个面向[①]，与台湾经济发展和企业拓展市场的需求有很多相容乃至重叠之处。因此，两岸企业在发展方向上若能强化彼此合作，完全可以共创互利双赢的局面。从发展的趋势分析，双方的合作重点包括以下领域：

1. 品牌合作：随着综合成本及经济发展水平的提升，长期以来以出口导向为主要模式的成长，难以适应大陆产业发展的需要；对台湾而言更是如此。两岸企业均需要寻找新的成长动能，其重点是借助"一带一路"的发展契机，尤其是向中西部地区拓展的有利条件，通过市场的扩大和培育，转向以建构品牌（提高附加价值）和发展新兴产业（包括现代制造业及服务业）带动经济有质量的成长。一般而言，品牌发展必须要有足够的市场容量支撑，"一带一路"的发展完全可以为两岸企业通过合作共创品牌提供发展的机会。此外，在"一带一路"向中西部拓展的过程中，大陆企业可以更好地借鉴台湾在产品设计、营销规划、服务商品的发展策略等方面的优势，调整彼此的分工模式、共同合作，全力发展有助于品牌营销的内需型产业。

2. 新兴产业合作：现阶段大陆强调发展以新能源、新材料为核心的新兴产业，全力打造低碳经济，以适应全球化的新形势。而台湾强调要建构起低碳经济形态，相关产业的发展，不仅有助于拓宽两岸企业间新的合作领域，而且也有助于构筑两岸企业合作的高起点，从而更有效的参与国际竞争。两岸企业之间可以在"一带一路"的发展中，根据彼此的优势实现互补，找到更多的合作机会。

3. 服务领域的合作：服务业，尤其是传统服务业的发展既需要具有运营管理的经营，又必须具有融合地方文化内涵的特色，大陆企业在网络和产能供给方面具有明显优势，而台资企业则在营销和服务方面有着丰富的经验，因此两岸企业之间在向中西部地区和"一带一路"沿线的发展过程中，在服务业发展

---

① 包括面向中西部开放和面向"一带一路"沿线国家的经贸合作。

方面可以结合彼此优势，结合两地的资源，因应市场的特性，以跨境电商为先导，在既有基础上，发展出新而独特的经营模式，实现进一步的双向投资合作，从而开创全新的企业合作空间。

4. 投资合作：迄今为止，两岸投资，仍以单向为主，今后进一步拓展实现双向投资应该是必然趋势，企业在这方面应当继续发挥引领和示范作用。需要指出的是，由于企业对投资环境的稳定性与可预测性有高度需求。从目前大陆的投资梯度转移情况分析，沿海陆资企业向中西部转移成为趋势，而且也是中西部地区承接投资的主要来源（占当前中西部地区域外投资的80%，且呈现全产业链转移的特点），在这种情况下，两岸企业合作向中西部地区延伸发展成为彼此合作的最可行方式。而两岸投资保障制度及机制的建立，不仅有助于解决两岸产业面对的投资障碍、降低审批时间与不确定因素，从而提升企业的投资意愿，而且也有赖于推动两岸企业合作深化与民众间互信的增强。从目前情况分析，两岸企业家峰会和其他相应的平台则可以为这种合作提供可资利用的资源。在相关平台的助推下，两岸企业可以在更大的范围、更广的领域、更高的层次上开展有效的合作。

## 二、两岸企业合作的模式选择

从传统模式看，一般而言，企业之间的合作多以合资、合作（采购）为主要方式，合作的层次不高。但随着现代市场的发展，企业的合作模式也相应出现了新的变化。对此，可以从以下两方面进行分析：

1. 两岸企业合作的目标设定

通常而言，企业合作 (Business Cooperation) 是指不同的企业之间通过协议或其他联合方式共同开发产品或市场，共享利益，以获取整体优势的经营活动。由此，需要对企业合作的目标进行新的设定：首先，企业间的合作应从以往的单纯竞争思维转向合作思维（蓝海战略）；其次，企业间的合作应具有更多的知识含义（企业文化的融合）；再次，企业间的合作应更多的使用最新科技成果和手段，如网络或者 B2B 的方式（平台经济）；最后，要充分认知，随着整体经济环境的变化，企业合作环境也发生了变化，国际经济与市场一体化使得全球化的企业合作成为可能（海外合作），而结合彼此优势、有效降低合作风险将大大推动企业之间的合作。

总体而言，企业间合作原因多样化，但是最终目的都是为了获取单个企业无法达到的协同效应，彼此合作的动机可以归纳为以下几个方面，即实现资源依赖的互补、加强核心能力、适应企业的战略选择、有利于相互学习、有助于制度完善、促进企业合作的强化等。从内部化角度看，企业的关键资源可能在组织的边界之外，这就需要它们内外构建关系形成新的竞争优势，如特定关系资产、共同拥有的知识、互补的资源和能力、有效的管理机制等。由此可见，合作方关系的设定，应有利于协同发展和提高生产率，关系构筑越强，企业获取经验和资源的能力也就越强，对手越难于模仿，而"一带一路"的发展可以为两岸企业合作提供广阔的市场空间和合作模式的选择。

2. 两岸企业合作的模式选择

当今具有代表性的企业间合作形式包括企业合作网络、战略联盟、供需链管理、企业集团等，两岸企业之间也可以以此为路径加强彼此间的合作，具体而言，包括以下方面：

企业合作网络　企业合作网络就是将企业和经济组织间相互依赖的活动关系看作是一种企业网络，而各种从事这类活动的经济行为者就是网络中的节点。处于企业网络中的企业间的互动不是通过市场交易，也不是通过企业的内部一体化实现，而是通过组织间的彼此协调来完成。企业可以通过网络来获得资源，克服自身的局限，实现企业的经营目标。两岸企业可以以此为基础，借助台资企业协会、专业产业协会等平台，强化彼此合作，实现要素资源配置的优化，以更好的应对市场变化的挑战。基于此，两岸企业可通过"一带一路"框架下的合作平台实现信息沟通与更有效的合作。

战略联盟　战略联盟又称策略联盟，它是两个乃至多个企业或经济组织之间为了达到某种战略目的，通过某种契约或者部分股权关系而形成的一种合作形式。战略联盟的主体对象十分广泛，不仅包括企业通常意义上的合作实体，如互补意义上的生产商、科研院所、政府部门、供应商、上下游企业等，还可能包括竞争的对手。战略联盟的主体之间的合作，有时是全面的，但更多的时候是基于某一特定的目的，在某一方面所进行的合作。在这方面，最需要强化的是两岸企业之间在拓展市场和实现向内、向外延伸中的产学研合作，一方面加快提升企业的产业能级，另一方面，也可借此种方式降低发展风险，因而对企业合作较为有利。需要指出的是，在这一过程中，实现双方权益的合理保障和利益的公平分配是关键性前提。

供应链管理　供应链管理实际上是一个企业与其供应商以及销售商直到最终用户之间的关系网链。供应链管理是市场渠道各层之间的一个联结，是控制供应链中从原材料通过各制造和分销商直到最终用户的一种管理思想和技术。

对两岸企业而言，强化供应链管理是台资企业加快本土化进程、有效向中西部地区拓展的重要路径。为此，需要更快强化供应网络，借助大陆的平台和网络优势，通过企业之间的合作，应对综合成本快速上升的挑战，并更有效的进入到当地的物流通路之中。这是两岸企业在"一带一路"向内拓展的过程中最大的合作利基所在。

企业集团 企业集团是多个法人企业通过一定纽带，形成具有多个层次的，并允许跨行业、跨部门、跨所有制、跨国所组成的大型经济联合组织。企业集团的形成有两种途径，一是由一家大企业裂变而成，二是由两个以上的企业通过合作形成一个多法人企业。企业集团是为了进一步提高企业合作的效率而产生的，它是出于将外部合作内部化的目的，寻求一个在企业联合体内部完成企业间合作的过程。这实际上就是试图通过打造企业"航空母舰"以应对市场风险。不过，由于两岸企业在经营理念与管理方式上的差异，再加上互信不足，在这方面的合作条件尚不成熟，但可以尝试发挥彼此优势，合作共同拓展国际市场，特别是在新能源汽车、绿能产业等领域。

业务外包 业务外包所推崇的理念是，企业价值链的某一环节上可以不是世界上最好的，也不是企业的核心竞争优势，如合作不至于分割与客户的关系，则应当将其外包给世界上最好的专业公司去做。也就是说，首先要确定企业的核心竞争优势，并把企业内部的智能和资源集中在那些具有核心竞争优势的活动上，将剩余的其他企业活动外包给最好的专业公司。在这方面，两岸企业早已经开始进行相关的合作。今后，可借由既有的合作网络，进一步提升合作的层次。

虚拟企业 所谓虚拟企业是指在有限资源条件下，为取得最大的竞争优势，企业以自己拥有的优势产品或品牌为中心，由若干规模各异、拥有专长的小型企业或车间，通过信息网络和快速运输系统连接起来而组成的开放式组织形式。这种形式对于科技型、创新性、中小型企业非常适用，在当前网络经济日益活跃的大背景下，需要通过两岸合作平台的建构，在这方面进行更多的扶植与推动，促进两岸创新企业之间合作的深化与发展。

在"一带一路"的发展过程中，两岸企业可以根据情势、条件、基础的差异，选择不同的合作模式。就目前情况而言，合作向中西部地区拓展是最符合利益最大化原则和风险最小的合作模式。当然，从目前的整体发展状况分析，先期的合作应是以跨境电商为先导、以贸易往来拓展为基础、开展有效的产业合作最具可行性。

### 三、两岸企业合作中存在的问题及趋势分析

#### 1. 当前两岸企业合作中存在的问题

不可讳言,在具体的实践中,两岸企业合作方面仍存在着诸多的障碍与瓶颈,主要体现在合作重点的选择与合作模式的调整两个方面。具体而言,合作的障碍主要体现在以下四方面:一是企业之间的合作重点模糊,针对性的政策支持有限,其核心在于,大陆各地区对台经济合作的重心仍主要集中于招商引资、招商选资,对于两岸企业之间开展合作的重视程度有限;二是在对台经贸政策开放与试点方面的力度有限,难以形成突破性的政策概念,如,已经签署的两岸中小企业合作协议等尚无具体的项目合作与成效显现,而相关的区域合作也无实质性的政策突破(投资定位、金融开放、人员往来等);三是在企业合作模式的选择方面和产业对接领域高度雷同,极易形成区域之间的同质化竞争,不利于两岸企业合作优势的充分发挥;四是未能形成两岸区域合作的有效平台机制,从而使两岸各自的优势难以体现,尤其是在区域合作及人才合作方面。因此,针对上述情况,两岸企业应充分借助"一带一路"所提供的发展机遇,在建构与完善企业合作的新平台上,更有效地明确合作重点、选择合作模式,形成两岸间有序的要素流动,吸引两岸企业通过多种模式展开合作,推动两岸经济加快实现向中西部和海外拓展,以进一步提升国际竞争力。从这一角度看,有必要对于符合发展需求的两岸合作形式给予适当的扶植政策与财政支持,从而进一步整合两岸优势,构建高效、有序、可持续的两岸企业合作平台,推动两岸企业间,尤其是中小企业之间的合作更加健康、全面地发展。

#### 2. 两岸企业合作趋势

现阶段,大陆始终强调,两岸合作的重点是促进两岸经济融合与使民众有"获得感",即两岸经济合作最重要的问题就是如何使得两岸民众共同享有合作的利益、分享合作的成果、增进自身的福祉。尤其是通过合作,为两岸青年提供更多的就业、创业和发展的机会。现阶段,借助"一带一路"的发展,两岸企业合作应能够在这一过程中发挥出更加重要的作用。从目前情况分析,两岸企业合作在"一带一路"的发展环境下,已经有所进展,但总体而言,两岸企业在"一带一路"中的合作仍处于起步阶段,而加快推动这一进程需要两岸企业之间,通过相应平台的建构,进一步共同确立合作的方向与目标,形成共同愿景,并有序的分步推进,具体而言,可以从以下方面着手进行:

(1)推动两岸产业间形成合理的分工与整合布局

当前,在世界经济持续低迷的总体态势下,全球价值链正处于深度重构之

中。对此，两岸企业应着眼于全球产业价值链重构的趋势，充分利用"一带一路"的发展机遇，逐步改变过去以台商为主体、以低成本竞争为核心、以出口为导向的合作模式，借助区域市场的整合与扩张，提升合作层次，逐步增加共同提高竞争力、优化要素结构、经营自有品牌等内容，进而全面向"合作研发、共创品牌、全球销售"的新方式转变。而要实现这种转变，首先需要从机制化合作层次上结合两岸各自优势与需求进行适当与合理分工，明确各自的产业发展优势，确立分工定位，有效协调各自的优势产业与项目，通过市场竞合，避免同质化竞争，形成相互支撑、充分发挥各自比较优势的总体合作格局。在合理分工和确保彼此利益的基础，通过企业间的合作机制、平台与政策支持，推动两岸之间在企业层次上，尤其是中小企业之间进行产业链与价值链的深度整合，并在新兴产业项目上进行合作，以共同提高国际竞争力和在全球产业链、价值链中的地位。

（2）构建两岸企业合作相应的平台与机制

推进两岸企业在"一带一路"中的合作，前提就是要建构相应的平台与合作保障机制。当前，由于台湾当局拒不承认"九二共识"，使得两岸两会框架下的经济合作的机制化建构遭遇瓶颈。在这种情况下，两岸企业间的合作平台的建构，尤其是中小企业合作机制的逐步形成，应始终秉持民间、互利、对口的方式，如两岸企业家峰会、海峡论坛、两岸经贸文化论坛等，尤其是两岸企业家峰会在实践中已经开启了两岸企业合作的机制化进程。在此基础上，今后两岸之间应借助这一平台进一步加强和完善企业合作的平台与机制建构。

（3）以新兴产业作为两岸企业合作的重点领域

两岸之间在选择发展战略性新产业方面有较多的共同点，而且两地新兴产业均处于起步阶段，合作潜力与空间大（从合作的方式看，增量上合作更加易于推动）。基于此，两岸之间的中小企业合作，应继续将新兴产业作为重点合作领域，采取共同合作研究、共同制定产业标准、共同推动示范与试点、整合产业体系、强化人才交流与共创品牌等策略，以提升两地新兴产业在新一轮全球产业变革中的竞争力。台湾"科技论坛"根据两岸近年来的产业发展趋势，提出两岸最具合作潜力的十大新兴产业，包括 LED 照明设备、电动车关键零组件、离岸风力机、工具机与光学制造设备、智能终端、医疗器材、冷链物流服务、LCD 面板、太阳光电和远距医疗健康照护的物联网等，尤其是 LED 照明设备、电动车关键零组件、离岸风力机、智能终端、冷链物流服务和远距医疗健康照护的物联网六大产业，可用作为两岸在确定新兴产业与企业合作方面的重点领域加以考虑。更重要的是，在向"一带一路"延续市场拓展的过程中上述具有一定竞争力的产业有着明确、直接的发展前景，从而为两岸企业的进一步合作奠定基础。

（4）加快两岸企业在服务领域的合作

从直接有效的方式进入"一带一路"角度分析，以跨境电商为先导的市场扩张最易见成效，由此可见，基于互联网的服务领域的合作有助于打破过去形成的以制造业为主的两岸合作模式，从而推动两岸企业合作向微笑曲线两端移动，提高附加价值和国际竞争力。从企业的转型升级角度看，只有两岸企业之间加强在产品设计、品牌建立、行销通路和金融支持以及相应的现代物流业等方面的合作，才能有效推动企业间在创新领域的合作，而这一合作的前提与市场容量、金融支撑和经营策略紧密相关。为此，在推进两岸企业合作过程中，有必要进一步强化双方在生产性服务领域的合作，以全面提升两岸经济合作的层次与水平，进而更有效的参与"一带一路"建设。但同时也应当看到，服务领域合作与过去的制造业合作无论在形式还是内容等方面都有很大不同，服务业合作更多是与双方的人文、政治、法律、政策等内容密切关联，因此，两岸服务业合作不仅是市场准入问题，还有在市场准入后各自相应的政策、人文、法律等环境的调适问题。从这一角度看，能否进一步深化两岸社会文化领域的交流合作，将是实现两岸企业合作深度发展的关键。需要指出的是，两岸基于企业合作基础上的人文合作，不仅有助于深化在"一带一路"延续的市场拓展，更有助于吸引两岸青年参与"一带一路"的建设进程，对于推动台湾青年的就业、创业将发挥积极的作用。

（5）完善两岸企业的合作方式

强化两岸企业合作可从以下方面入手：

第一，完善产业链合作。从目前情况看，两岸企业合作的不足之一表现在产业链上，一方面企业间的地域关联效应不强，结构相似，互补性不足。由于合作对接观念的缺乏、行政边界的阻隔和特殊的财政、金融、投资体制等方面的制度障碍，在维护各自利益的过程中，出现了明显的产业趋同现象。另一方面是产业链的残缺。产业链的问题，提高技术水平是有效的解决方法之一。而在"一带一路"建设中的合作有助于打破既有的瓶颈，为合作增添新的动力源。

第二，增强企业文化方面的交流合作。随着知识经济和经济全球化的发展，企业之间的竞争越来越表现为文化的竞争，企业文化对企业的生存和发展的作用越来越大，成为企业竞争力的基石和决定企业兴衰的关键因素。而增强企业间的文化联系可以通过管理层间的互访、员工之间的学习与交流等，在此基础上，可以为企业打造一整套完善有效的运作体系和相互融合的企业文化。两岸间企业文化在"一带一路"延续的建设中，更能够在国际化的市场竞争环境中取长补短，相互借鉴，相互融合，从而实现合作的深化。

## 第四节　结论与建议

从以往的经验和路径分析，在"一带一路"战略的推进过程中，由于受制于当前两岸关系，需要从民间合作入手，加快构建新的对话与协商平台，坚持民间、企业、协会的对话模式，开展有效协商，厚植合作的基础。与此同时，更应着眼未来，开展合作规划，加快推进与深化两岸企业合作，在此基础上，提升两岸产业在国际分工中的地位和竞争优势，从而在参与"一带一路"的进程中更有效的发挥彼此优势，获得合作的效益。具体而言，可以有新的思考：

一、需要在"一带一路"推进两岸合作上进行理论创新

两岸经济合作是在经济全球化背景下形成的，是符合"国际规范"的"一国内部"经济合作体系的建构与互补，但这一论述尚不系统和完善，尤其是对处理台湾参与"国际经贸合作"缺乏相应的安排。因此，借助"一带一路"推进两岸合作可以针对性地进行相关的理论创新，从而深化与丰富两岸合作的理论。当然，相关的考虑还不成熟。

总体而言，根据现阶段中央对于"一带一路"倡议的基本规划，可以预计，"一带一路"倡议是一个由政府主导、以基础建设（交通、通讯、能源等）为先导、以经济走廊为平台、推动投资贸易发展的区域合作新战略，具有对内、对外两个面向。"一带一路"倡议实质上开启了一种以项目合作为主体、适应中国大陆与沿线经济体发展情况、以合作共赢为主旨的全新的贸易投资模式，是对原有投资贸易模式的创新发展。

1. "一带一路"倡议以项目合作为重点，以项目合作形成独有的区域投资贸易发展模式。与一般的投资贸易模式不同，"一带一路"倡议的灵活性、开放性较为符合沿线经济体的发展需求，从而能够为两岸合作的深化与突破创造契机。

2. "一带一路"倡议有助于建构新的价值链合作。由于"一带一路"首先以基础建设项目投资建设为先导，因此，初期的项目推进与建设受政府决策影

响大，且多集中在公共品领域（大规模的基础建设等）。在这种情况下，可以通过两岸合作方式，鼓励台资企业参与工程承包与基础设施建设，并在此过程中，提升两岸产业之间的有效合作，在全球经济成长中形成新的产业链与价值链合作，从而有效改善两岸在国际产业分工的地位。

此外，"一带一路"在推动经济合作和建设的同时，更要注重对沿线经济体环保、教育、医疗和贫困问题的关注及解决，实现沿线经济体的可持续发展。在这一过程中，两岸可以通过积极参与当地相关社会文化等领域的建设与发展，延续与发展新的合作空间。

**二、通过"一带一路"的合作提升两岸民众福祉**

结合"一带一路"倡议内涵与特点，可以从增加两岸民众福祉和深化合作机制两方面分析。

1. 强化与两岸中小企业合作，增加民众福祉。现阶段，两岸经济合作中面临的最重要问题就是如何使得两岸民众共同享有合作的利益、分享合作的成果、增加民众福祉，尤其是为两岸青年提供更多的就业、创业和发展的机会。在这一过程中，加大与台资中小企业合作应能够发挥出更加重要的作用。但从合作的规模、层次、前瞻性角度看，现阶段，两岸合作对台资中小企业的支持力度有限，因此，可以考虑借助"一带一路"中的两个面向，在进一步强化专项政策研究的基础上，推动台资中小企业加快融入大陆的产业链，在技术移转、财政支持、教育培训上加大支持力度，从而增加普通民众福祉。

2. 扩大台商寻求两岸合作的范围与空间。现阶段，ECFA 的后续发展随着两岸关系的变化存在巨大的政治障碍，在一定时期内恐难以出现实质性的进展（包括服贸、货贸与争端解决等问题），这就需要两岸寻找新的合作空间。从发展角度看，具有前瞻性、整合性与延伸性的"一带一路"更应当成为推进两岸合作提升的重要载体和可行方式，在这一大的战略框架下，两岸企业界、工商界可以通过各种方式寻求合作的途径。具体而言，可以考虑依循"一带一路"的发展框架，制定台商参与"一带一路"的具体规划（诸如出台台商参与"一带一路"的专章等），推动两岸企业在海外以多种形式开展合作，探索合作参与"一带一路"的新方式，并逐步形成两岸合作拓展东南亚、南亚，甚至非洲市场的示范案例，从而推动两岸经济合作的深化与发展。

参考文献：

1. 《发展人民友谊 共创美好未来》，参见《习近平主席在哈萨克斯坦纳扎尔巴耶夫大学演讲全文》，《人民日报》，2013—9—8（A1）。

2. 《携手建设中国—东盟命运共同体》，参见《习近平主席在印度尼西亚国会演讲全文》，《人民日报》，2013—10—4。

3. 《习近平主持召开中央财经领导小组第八次会议》，《人民日报》，2014—11—7。

4. 《2014年中央经济工作会议全文》，《人民日报》，2014—12—12。

5. 《习近平主席在推进"一带一路"建设工作座谈会上的重要讲话》，《人民日报》，2016—8—17。

6. 王义桅：《一带一路：机遇于挑战》，人民出版社，2015年12月。

7. 黑尔任·拉各什、威廉·琼斯主编：《从丝绸之路到世界大陆桥》，江苏人民出版社，2015年11月。

8. 盛九元：《"一带一路"深化两岸经济合作》，《两岸关系》，2015年4期，P27—29。

9. 肖文、潘家栋：《"一带一路"战略背景下两岸经贸合作的新路径》，《台湾研究》，2016年2期，P60—66。

10. 曹晓衡、黄利文：《"一带一路"视角下深化两岸经济合作的机遇与挑战》，《台湾研究》，2015年4期，P36—42。

11. 刘媛媛、盛九元：《两岸经济关系发展新趋势与路径选择》，《台湾研究》，2016年2期，P54—59。

# 第二章 "一带一路"战略下两岸合作的机会与挑战

近年来,东南亚及南亚国家经济快速发展,消费能力大幅提升,内需市场商机庞大。为因应东南亚及南亚内需市场商机崛起之新情势,与推动对外经贸合作策略之新模式,台湾地区提出"新南向政策",期望透过双向互惠交流,建立与亚洲新兴经济体的全面伙伴关系。中国大陆方面,为顺应国内经济成长进入"新常态"、促进产业转型升级、平衡区域均衡发展、接轨国际经贸制度等新形势,于2013年11月中共第十八届三中全会,正式将"一带一路"战略纳入国家政策,并且于2015年3月28日发布《推动共建丝绸之路经济带和21世纪海上丝绸之路的愿景与行动》作为推动"一带一路"的总体战略。

基于中国大陆的"一带一路"战略与台湾地区的"新南向政策"在拓展东南亚、南亚内需市场商机具有类似的政策目标,以及两岸产业各自具有不同优势,于共同开拓海外市场存在合作空间,以下本文将分别探讨"一带一路"战略与"新南向政策"对台湾经济发展之意涵,进而研析对两岸产业合作的机会及挑战。

## 第一节 "新南向政策"对台湾经济发展之意涵

### 一、"新南向政策"背景与主要概念

（一）"新南向政策"的背景

台湾地区曾于20世纪90年代推动"南向政策",其目的为强化与东南亚各经济体国家间的经贸关系,当时主要采取之政策工具为促进贸易与投资,但偏重于台湾产品与资本的单向输出。其次,台商投资东盟各成员仍以降低生产成本、建立海外制造基地,进行加工出口为主要营运模式。近年来,东南亚及

南亚各经济体积极推动各项产业发展政策参与区域经济整合，不仅提升对外投资之吸引力，更促使消费能力大幅提升、创造庞大的内需市场。但由于台商长期以加工出口为主要营运模式，对当地市场接触有限；加以日本、韩国、中国大陆等业者，亦积极以品牌、资金等优势，结合区域经济整合等外在条件，积极布局东盟市场，台湾之经贸影响力受到影响。

另于内在环境因素方面，台湾近年正处于产业升级、结构调整的关键时刻，但由于岛内市场规模与资源有限，强化与亚洲新兴经济体的经贸关系，将具有延伸供应链合作、开拓市场腹地、新兴产业与人力资源合作等多层面的互补意涵。因此，在前述内外在因素下，台湾地区调整对于东南亚及南亚的经贸布局策略思维，以强化与亚洲新兴经济体带的经贸关系，进而支持台湾的产业转型与经济成长。2016年，台湾地区推动"新南向政策"办公室正式成立，宣示将采取新的范围、新的方向、新的支撑等策略推动与东南亚、南亚各经济体在产业、投资、观光、人才等方面进行双向交流。

（二）"新南向政策"的主要内容

根据已公布之"新南向政策纲领"与"新南向政策推动计划"等政策文件，"新南向政策"包括经贸合作、人才交流、资源共享、区域链结等四个构面（如图1）。

总体而言，在"新南向政策"框架下，台湾地区对外经贸合作方面期望改变台商加工出口营运形态，建立与经济合作伙伴的双向产业投资、贸易交流合作模式，将东南亚、南亚市场作为台湾地区内需市场的延伸。经考虑当地消费市场成长趋势与基础建设潜在需求，未来台湾地区与东盟及南亚各经济体的经贸合作，将从强化产业价值链整合、内需市场链接、基建工程合作及创新创业交流等面向着手，并力求降低市场进入障碍，借由产业价值链的重新定位与提升，促进台湾地区与相关经济体之间的互补共荣。除了内需市场与基础建设领域之商机，创新创业能量相互衔接与透过电子商务等新兴商业模式合作亦为推动重点。

其次，在人才交流方面，基于地缘、海外华侨与产业发展政策，过去台湾地区与东南亚、南亚各经济体之间的人才交流多属于单向性质，较少进行双向交流。未来将兼顾双方的需求，在"以人为本、双向多元"的原则下，强化教育、产业人力资源的交流与合作。另一方面，结合居住于台湾的新住民及第二代与侨外学生，"新南向政策"也重视提升台湾地区与东南亚、南亚各经济体双边人才资源的互补与合作。

| 愿景 | 创造互利共赢的新合作模式，建立「经济共同体意识」 |
| --- | --- |
| 目标 | 1. 经济发展的繁荣伙伴 2.人才资源的共享伙伴<br>3. 生活质量的创新伙伴 4.国际连结的互惠伙伴 |

| 十大行动<br>准则 | 建立经济共同体意识 | 定位台湾在区域发展的角色 | 推动四大连结策略 | 充实及培育南向人才 | 推动双边和多边制度化合作 | 规划完整配套及有效控管风险 | 积极参与国际合作 | 全面强化协商对话机制 | 两岸善意互动及合作 | 善用民间组织及活力 |
| --- | --- | --- | --- | --- | --- | --- | --- | --- | --- | --- |

| 四大重点 | 经贸合作 | 资源共享 | 人才交流 | 区域链结 |
| --- | --- | --- | --- | --- |

图 "新南向政策"重点内容

资源共享方面，期望运用及发挥台湾地区拥有的医疗、文化、观光、科技、农业等软实力优势，作为与合作对象开展伙伴关系的利基，争取双边或多边合作机会。未来台湾将因地制宜，视合作对象的需求，结合民间及非政府组织力量，推展医疗经验、农业技术、科技发展、中小企业等双边与多边合作；并借由观光旅游及文化交流，强化人与人的联结，建立与相关经济体之间的新型合作关系。其次，台湾的中小企业拥有营运策略具弹性、展开国际化时间早等优势，未来将以台湾的经验，协助东南亚、南亚中小企业能力建构，并布建双边合作资源网络，建立商机媒合平台，创造多元合作机会。

在区域合作方面，台湾地区希望以协商对话、民间组织及侨民网络，以及与其他经贸伙伴合作等方式，发挥与合作对象的互惠共利效益为重点。其中与其他经贸伙伴合作的主要考虑是，在各经济体积极布局东盟的情势下，如仅凭借台湾自身资源将难以获致明显成效，应透过第三方合作来建立与东南亚、南亚各经济体的合作关系。其中合作对象也包括中国大陆，期盼借此寻求两岸产业合作的创新，以及互利共荣的经贸发展新模式，同时符合两岸经济与产业发展的利益。

## 二、"新南向政策"与台湾产业对外布局之新契机

回顾台湾经济发展与台商对外投资历程，20 世纪 80 年代中期，在新台币大幅升值及投资环境恶化下，台商积极寻求海外低成本之生产基地，东南亚的泰国、马来西亚成为当时台商投资的主要地点。20 世纪 90 年代初期，随着两岸投资限制松绑，台商对外投资转向中国大陆，东南亚各经济体占台湾地区对外投资比重降低；但整体而言，台商营运模式仍属于寻求降低成本的"防御型"对外投资。

"新南向政策"的提出，对于台湾产业发展的主要意涵就是透过将东南亚、南亚各经济体视为内需市场的延伸，将过去以成本导向为主的防御型对外投资，转向市场导向的扩张性对外投资；更深一层的意义则是透过累积在地化营销与海外市场营运资源、经验，协助业者将代工思维转向拓展当地市场商机。另一方面，台湾的贸易形态也将从出口单项产品，扩大为结合产品与服务的系统整合输出。

其次，就对外合作的布局策略而言，"新南向政策"重视结合当地台商、工商团体、华侨与侨生，在台湾的新住民与侨生、非政府组织等，以及第三方经贸伙伴等多元资源，以形成整体力量。同时强调跨单位的横向协调，并透过制度化安排，降低商贸往来与产业合作的障碍，相较过去以促进出口与对外投资为主体的布局策略，其更重视双向交流与资源整合。

# 第二节 "一带一路"战略对台湾经济发展的意涵

## 一、"一带一路"战略的主要推动方向

### （一）"一带一路"涵盖的范围

"一带一路"主要源起于 2013 年 9—10 月间，中国国家主席习近平出访哈萨克及印度尼西亚时所提出的构想，其中"一带"主要是习近平出访哈萨克，提出两国共同建设道路联通、贸易畅通与货币流通的"丝绸之路经济带"倡议；而"一路"则是习近平出访印度尼西亚，提出中国大陆应加强与东盟国家互联互通建设，共建"21 世纪海上丝绸之路"。

2013 年 11 月中共第十八届三中全会后公布的《中共中央关于全面深化改革若干重大问题的决定》（以下称《决定》），正式将"一带一路"纳入中国大陆的国家政策。该《决定》在"扩大内陆沿边开放"的内容中指出：中国大陆未来要"建立开发性金融机构，加快与周边国家和区域的基础设施互联互通建

设，推动"丝绸之路经济带""海上丝绸之路"建设，形成全方位开放新格局"。2014 年 11 月，中国在 APEC 会议上正式宣布"一带一路"的战略布局。2015 年 3 月 28 日，国家发展改革委员会、外交部、商务部联合发布了《推动共建丝绸之路经济带和 21 世纪海上丝绸之路的愿景与行动》，"一带一路"的战略雏形逐渐成形。

以《推动共建丝绸之路经济带和 21 世纪海上丝绸之路的愿景与行动》来看，"一带一路"将贯穿亚欧非大陆。丝绸之路经济带的重点涵盖范围主要包括：(1) 中国大陆经中亚、俄罗斯至欧洲（波罗的海）；(2) 中国大陆经中亚、西亚至波斯湾、地中海；(3) 中国大陆至东南亚、南亚、印度洋。至于"21 世纪海上丝绸之路"的重点涵盖范围则包括：(1) 中国大陆沿海港口过南海到印度洋，延伸至欧洲；(2) 中国大陆沿海港口过南海到南太平洋。

其次，从《愿景与行动》可观察到，中国大陆将以六条经济走廊作为中国大陆推动"一带一路"的境外发展框架，在陆上方面，中国大陆预计依托国际大通道，以重点经贸产业园区为合作平台，共同打造新亚欧大陆桥、中蒙俄、中国—中亚—西亚、中国—中南半岛等国际经济合作走廊；在海上方面，则是规划以重点港口为节点，共同建设通畅安全高效的运输大通道。此外，中国大陆亦预计推动中巴、孟中印缅两个经济走廊的合作。显示基于六大经济走廊对中国大陆具有对外联通的战略意义（汇整于表 1），中国大陆将以其作为推动"一带一路"的重要载体。

表 1 六大经济走廊对中国大陆的战略意义

| 六大经济走廊 | 战略意义 |
|---|---|
| 中蒙俄 | 将实现渤海湾经济圈（包括北京、大连和天津在内的主要城市）与西欧的联通 |
| 新亚欧大陆桥 | 有望成为中国大陆至欧洲的一条主要物流通道。此信道的货运速度快于海运，价格低于空运。 |
| 中国—中亚—西亚 | 成为石油和天然气运输的重要门户 |
| 中巴 | 为中国提供了一条前往中东和非洲的快捷方式 |
| 中国—中南半岛 | 将实现珠江三角洲经济圈（广州、香港和深圳一带）与东南亚国家（柬埔寨、老挝、缅甸、泰国和越南）的连接 |
| 孟中印缅 | 将实现中国大陆与南亚地区的互联互通 |

数据源：本研究整理。

（二）"一带一路"框架下的主要推动方向

《愿景与行动》亦指出由于沿线各国资源禀赋各异，经济互补性较强，彼此合作潜力和空间很大，未来中国将以政策沟通、设施联通、贸易畅通、资金融通、民心相通等面向作为"一带一路"的合作重点。说明如下：

1. 政策沟通

加强政策沟通是"一带一路"建设的重要保障，主要工作在加强政府间合作，积极建构多层次政府间宏观政策沟通交流机制，深化利益融合，促进政治互信，以达成合作共识。沿线各国可以就经济发展战略和对策进行充分交流对接，共同制定推动区域合作规划和措施，协商解决合作中的问题，共同为务实合作及大型项目提供政策支持。

根据相关报道指出，为了达到政策沟通的目的，2014—2015 年国家主席习近平出访了包括巴基斯坦、哈萨克、俄罗斯、白俄罗斯、英国、越南、新加坡、印度尼西亚、津巴布韦和南非等国家。在这些访问行程中，如何共同拓展"一带一路"合作项目并且进行战略对接为与各国谈论的重点，且中国亦与各国签署了一系列双边合作项目，涵盖的领域包括基础设施、能源、航空、投资及经贸等。

2. 设施联通

基础设施互联互通是"一带一路"建设的优先领域，最主要的目的在于连接"一带一路"沿线国家之间的基础设施，共同推动国际骨干通道建设，逐步形成连接亚洲各次区域以及亚欧非之间的基础设施网络，以提高物流、人流及信息流的效率。主要推动重点包括交通、能源及通信基础设施等。

根据商务部统计，2015 年中国大陆企业在"一带一路"沿线承揽对外承包工程项目 3,987 个，新签合同额 926.4 亿美元，占同期对外承包工程新签合同总额的 44.1%，涉及的领域包括电力工程、房屋建筑、通信工程、石油化工以及交通运输等。其中于交通基础设施方面，中国大陆主要是针对六大经济走廊，加强沿线的交通建设，如中泰高铁、印度尼西亚雅万高铁、新加坡—昆明铁路的推动等；在能源基础设施方面，中国大陆主要推动跨境电力与输电通道建设，并且输出其国内能源工程及设备，重要推动项目包括可再生能源及核电等工程及相关设备的输出；在通信基础设施方面，中国大陆主要推动"一带一路"沿线高速宽带移动网络基础设施建设，并借此拓展移动通信设备输出相关商机。

3. 贸易畅通

投资贸易合作是"一带一路"建设的重点内容，主要目的在于消除"一带一路"沿线各国的投资和贸易壁垒，以促进双边贸易及投资，推动方向包括：(1) 提高贸易自由化、便利化水平：主要项目包括加强沿线国家信息互换、监管互认、执法互助的海关合作，以及检验、检疫、认证认可、标准计量、统计信息等方面的合作。(2) 促进贸易转型升级：例如发展跨境电子商务等新商业业态。(3) 加快投资便利化进程：主要的推动重点包括加强双边投资保护协议、洽签避免双重课税协议，以保护投资者的合法权益。(4) 拓展相互投资领域：主要包括开展农林牧渔业、农机及农产品生产加工等领域深度合作；积极推动海水养殖、远洋渔业、水产品加工、海水淡化、海洋生物制药、海洋工程技术、环保产业和海上旅游等领域合作；积极推动水电、核电、风电、太阳能等可再生能源合作；促进沿线国家加强在新一代信息技术、生物、新能源、新材料等新兴产业领域的深入合作。(5) 探索投资合作新模式：主要推动方向包括支持与各国合作建设境外经贸合作区、跨境经济合作区等各类产业园区，促进产业群聚发展。

4. 资金融通

资金融通是"一带一路"建设的重要支撑，其主要目的有三：(1) 深化金融合作：主要任务在于推动亚洲货币稳定体系、投融资体系和信用体系的建设。(2) 提供"一带一路"重点建设项目所需资金：除了共同推动亚洲基础设施投资银行及金砖国家开发银行、针对建立上海合作组织（简称上合组织）融资机构开展磋商、加快丝路基金运作外，亦深化中国—东盟银行联合体及上合组织银行联合体实质合作，并且引导商业性股权投资基金和社会资金共同参与"一带一路"重点项目；(3) 推动人民币国际化：除了支持沿线国家政府和信用等级较高的企业以及金融机构在中国大陆境内发行人民币债券外，亦支持符合条件的中国大陆境内金融机构和企业可以在境外发行人民币债券和外币债券，并且鼓励在沿线国家使用所筹资金。

5. 民心相通

中国将民心相通视为"一带一路"建设的社会基础，其主要目的在于借由沿线国家之间的文化与人才的交流、旅游合作、传染病疫情合作、科技合作，以及开展教育医疗、减贫开发、生物多样性和生态环保等各类公益慈善活动，促进沿线贫困地区生产生活条件改善，为"一带一路"沿线国家的合作奠定坚实的民意和社会基础。以下将"一带一路"中"五通"的主要合作重点整理如表2。

表 2 "一带一路"主要合作重点

| | 合作重点 |
|---|---|
| 政策沟通 | • 加强政府间合作，积极构建多层次政府间宏观政策沟通交流机制，深化利益融合，促进政治互信，达成合作新共识。<br>• 沿线各国可以就经济发展战略和对策进行充分交流对接，共同制定推动区域合作的规划和措施，协商解决合作中的问题，共同为务实合作及大型项目实施提供政策支持。 |
| 设施联通 | • 基础设施互联互通是"一带一路"建设的优先领域。<br>• 在尊重相关国家主权和安全关切的基础上，沿线国家宜加强基础设施建设规划、技术标准体系的对接，共同推动国际骨干通道建设，逐步形成连接亚洲各次区域以及亚欧非之间的基础设施网络。<br>• 推动建立统一的全程运输协调机制，促进国际通关、换装、多式联运有机衔接，逐步形成兼容规范的运输规则，实现国际运输便利化。<br>• 推动口岸基础设施建设，畅通陆水联运通道，推动港口合作建设，增加海上航线和班次，加强海上物流信息化合作。<br>• 加强能源基础设施互联互通合作，共同维护输油、输气管道等运输通道安全，推动跨境电力与输电信道建设，积极开展区域电网升级改造合作。<br>• 共同推动跨境光缆等通信干线网络建设，提高国际通信互联互通水平，畅通信息丝绸之路。 |
| 贸易畅通 | • 投资贸易合作是"一带一路"建设的重点内容。<br>• 着力研究解决投资贸易便利化问题，消除投资和贸易壁垒，构建区域内和各国良好的营商环境，积极同沿线国家和地区共同商建自由贸易区。<br>• 沿线国家宜加强信息互换、监管互认、执法互助的海关合作，以及检验检疫、认证认可、标准计量、统计信息等方面的双多边合作，推动世界贸易组织《贸易便利化协议》生效和实施。降低非关税壁垒，共同提高技术性贸易措施透明度，提高贸易自由化便利化水平。<br>• 拓宽贸易领域，优化贸易结构，挖掘贸易新增长点，促进贸易平衡。创新贸易方式，发展跨境电子商务等新的商业业态。<br>• 加快投资便利化进程，消除投资壁垒。加强双边投资保护协议、避免双重课税协议磋商，保护投资者的合法权益。<br>• 拓展相互投资领域，开展农林牧渔业、农机及农产品生产加工等领域深度合作，积极推动海水养殖、远洋渔业、水产品加工、海水淡化、海洋生物制药、海洋工程技术、环保产业和海上旅游等领域合作。加大煤炭、油气、金属矿产等传统能源资源勘探开发合作，积极推动水电、核电、风电、太阳能等清洁、可再生能源合作，推动能源资源就地就近加工转化合作，形成能源资源合作上下游一体化产业链。加强能源资源深加工技术、装备与工程服务合作。<br>• 推动新兴产业合作，按照优势互补、互利共赢的原则，促进沿线国家加强在新一代信息技术、生物、新能源、新材料等新兴产业领域的深入合作，推动建立创业投资合作机制。<br>• 优化产业链分工布局，推动上下游产业链和关联产业协同发展，鼓励建立研发、生产和营销体系，提升区域产业配套能力和综合竞争力。扩大服务业相互开放，推动区域服务业加快发展。探索投资合作新模式，鼓励合作建设境外经贸合作区、跨境经济合作区等各类产业园区，促进产业集群发展。 |

| | |
|---|---|
| 资金融通 | ● 资金融通是"一带一路"建设的重要支撑。<br>● 深化金融合作，推动亚洲货币稳定体系、投融资体系和信用体系建设。<br>● 共同推动亚洲基础设施投资银行、金砖国家开发银行筹建，有关各方就建立上海合作组织融资机构开展磋商。加快丝路基金组建运营。深化中国—东盟银行联合体、上合组织银行联合体务实合作，以银团贷款、银行授信等方式开展多边金融合作。<br>● 支持沿线国家政府和信用等级较高的企业以及金融机构在中国境内发行人民币债券。符合条件的中国境内金融机构和企业可以在境外发行人民币债券和外币债券，鼓励在沿线国家使用所筹资金。<br>● 加强金融监管合作，推动签署双边监管合作谅解备忘录。充分发挥丝路基金以及各国主权基金作用，引导商业性股权投资基金和社会资金共同参与"一带一路"重点项目建设。 |
| 民心相通 | ● 加强旅游合作，扩大旅游规模，互办旅游推广周、宣传月等活动，联合打造具有丝绸之路特色的国际精品旅游线路和旅游产品。<br>● 强化与周边国家在传染病疫情信息沟通、防治技术交流、专业人才培养等方面的合作，提高合作处理突发公共卫生事件的能力。<br>● 加强科技合作，共建联合实验室（研究中心）、国际技术转移中心、海上合作中心，促进科技人员交流，合作开展重大科技攻关，共同提升科技创新能力。 |

数据源：整理自《推动共建丝绸之路经济带和 21 世纪海上丝绸之路的愿景与行动》。

各地方政府亦配合中央"一带一路"战略，积极参与相关推动工作。首先在对外贸易合作方面，除了借由举办各式博览会及赴海外设立展销中心外，中国大陆不少省份亦响应中央相关部委所提出的电子商务销售通路计划，将其视为拓展对外贸易合作的重要途径。为了协助跨境电商运作，这些省份亦参与赴"一带一路"沿线国家，建设物流基地等计划。

在投资领域合作方面，地方政府推动的方向大致与中央政府所颁布的《国务院关于推进国际产能和装备制造合作的指导意见》（国发 [2015]30 号）相符，希望借由赴海外设立生产基地或是与其他国家共同开发海外产业园区等方式，输出中国的装备、服务及标准。至于各地方政府所推动的产业类别则相当广泛，除了包括纺织、服装、制鞋等劳力密集产业外，亦包括钢铁、水泥、建材等产能过剩产业，以及汽车、工程机械、电力设备、轨道交通装备等中国大陆积极推动的产业类别，显示各地方政府推动海外投资及国际产能合作时，其背后目的主要包括因应国内生产成本日渐提高、解决产能过剩问题，以及带动机械设备及运输设备等产业的发展。

在能源／资源领域合作方面，除了与"一带一路"沿线国家进行能源／资源的合作开发，以确保能源／资源的取得外，部分省份亦投入"一带一路"沿线国家的电力建设，例如协助当地设立太阳能光电电厂，或是其他再生能源电厂的设立。

另外，部分沿海省份已将海洋领域的相关合作纳入重点推动项目，例如福建设立中国—东盟海产品交易所、广东在马来西亚、泰国、斯里兰卡等国建设远洋渔业合作项目、山东推动建设印度尼西亚及斯里兰卡等海外综合渔业基地等；此外，也可以观察到部分农业省份亦将现代农业合作纳入其推动范围。

二、"一带一路"沿线国家提出的对接政策

目前部分沿线国家已针对中国"一带一路"战略提出对接方案，主要包括交通基础建设、能源、投资、产业合作等形式（如表3）。除了共同建设跨境交通网络外，不少国家积极邀请中国大陆投资当地基础设施计划，包括铁路、公路、港口、高铁，以及发电厂、核电厂等。此外，投资合作亦为各国所提出的另一个对接重点，除了与中国大陆共建产业园区，以吸引大陆企业赴该地进行投资外，不少国家也根据其国家的产业发展需求，提出未来希望合作的重点产业。例如越南希望中越加强在建材、装备制造、电力、可再生能源等领域的合作；新加坡希望中新两国就互联互通服务贸易进行合作，重点项目包括金融、航空、物流、通信等方面；英国希望中英双方可共同在铁路设备、深海开发技术和海上风电技术等方面进行合作，并进一步深化双方在金融领域的合作。

此外，就东盟各国情况来看，除了基础设施互联互通及投资合作（双向投资、园区合作、产业合作）等推动项目外，从第七届大湄公河次区域经济走廊论坛通过的《部长联合声明》也可观察到中国大陆积极推动与东盟之间的交通与贸易便利化合作，双方将制定《交通与贸易便利化行动方案》；另外，如何搭建跨境电子商务合作平台，以作为中国与东协之间的新商贸合作途径亦是未来双方的推动重点。

表 3 "一带一路"沿线国家提出的对接政策及推动重点

| | 对接政策 | 推动重点 |
|---|---|---|
| 东盟 | 第七届大湄公河次区域经济走廊论坛通过《部长联合声明》、大陆"一带一路"和东盟"互联互通总体规划"对接 | <ul><li>制定大湄公河次区域 (GMS) 经济走廊具体项目试点概念计划：继续切实采取措施推动落实《经济走廊战略行动计划》，进一步促进地方政府和其他利益相关者参与具体项目或领域的合作。</li><li>促进交通与贸易便利化合作：制订《交通与贸易便利化行动方案》，涵盖跨境交通工具、物资、人员流动等各个方面，提高次区域交通和贸易便利化水平。</li><li>推动次区域经济合作区发展：推动在具体国家选定的地点建设特殊经济区，包括双边经济合作区、边境合作区、工业园区等形式，以此促进和吸引人员、货物、资本、技术、信息和其他生产要素流动，以加速重点边境地区及整个次区域的发展。</li><li>搭建跨境电子商务合作平台：建立大湄公河次区域跨境电子商务平台，以此推动区域内的跨境电商企业深化合作，增加各国中小微企业参与国际市场的机会。</li><li>加强互联互通建设：(1) 依托中国—东盟互联互通合作委员会和中国—东协交通部长会议等机制，着力推动贯通中国大陆西部地区与中南半岛、衔接"一带一路"建设的南北陆路新通道建设，形成中国—中南半岛陆路通道；(2) 中国大陆愿与东盟共同建设中国—东盟信息港，完善互联互通的信息基础设施。</li></ul> |
| 新加坡 | | <ul><li>推动中新 ( 重庆 ) 战略性互联互通示范项目，该项目是中新两国就互联互通服务贸易范围进行的合作，以服务贸易为主体，突出金融、航空、物流、通信四方面合作。</li><li>在和新加坡总理李显龙的会谈中，习近平曾表示将积极探讨两国企业在"一带一路"框架内开拓第三方市场的合作模式。</li></ul> |
| 印度尼西亚 | 大陆"一带一路"和印度尼西亚"海洋强国战略"对接 | <ul><li>印度尼西亚贸易部出口发展总司长努斯日前曾表示印度尼西亚政府不久前提出了"海洋强国战略"，大力发展海洋经济，这与中国的"一带一路"不谋而合。根据规划，港口基建、产业园区开发成为印度尼西亚当前经济建设的重点，中国与印度尼西亚合作空间巨大。</li><li>印度尼西亚驻华大使苏庚日前曾表示"一带一路"能够作为印度尼西亚"全球海洋支点计划"的有效补充，促进印度尼西亚港口、桥梁、机场、公共交通、高速公路、铁路以及发电厂的建设与发展。</li></ul> |
| 越南 | 大陆"一带一路"和越南"两廊一圈"对接 | <ul><li>习近平于 2015 年 11 月访问越南时，两国发表联合声明，宣布将加强推动"一带一路"和"两廊一圈"对接。</li><li>中越将成立工作组，积极洽谈跨境经济合作区建设共同总体方案，推动中国大陆在越前江省龙江、海防市安阳两个工业园区之建设。</li><li>中越双方将加强在建材、装备、电力、可再生能源等领域之合作。</li><li>"两廊一圈"包括"昆明—老街—河内—海防—广宁"经济走廊、"南宁—谅山—河内—海防—广宁"经济走廊和"环北部湾经济圈"。</li></ul> |

续表

| | 对接政策 | 推动重点 |
|---|---|---|
| 泰国 | 大陆"一带一路"和泰国"边境经济特区战略"对接 | ● 宋卡府主管经济的副府尹阿努其曾表示，泰国政府的边境经济特区战略与中国提出的共建"一带一路"倡议相契合，尤其欢迎中国企业协助泰国边境经济特区进行基础建设。<br>● 中泰铁路合作项目由政府主导，中泰双方共同投资、建设和运营，将全部使用中国大陆技术、标准和装备。建成后的中泰铁路总长度预计为845公里，将经过泰国10个府，项目设计时速为180公里。 |
| 巴基斯坦 | | ● 习近平在访问巴基斯坦时指出，中巴双方可借由中巴经济走廊为中心，以瓜达尔港、能源、交通基础设施和产业合作为重点。 |

数据源：本研究整理。

### 三、"一带一路"战略可能给台湾带来的机会及挑战

（一）"一带一路"给台湾带来的机会

根据前述台湾"新南向政策"与中国"一带一路"战略推动背景与主要内容，对于台湾而言，可能具有以下机会：

1.台湾在海上丝绸之路有发挥优势的空间

在《推动共建丝绸之路经济带和21世纪海上丝绸之路的愿景与行动》中的"海上丝绸之路"主要包括西线的东南亚、印度，以及延伸下去的欧洲，与南线的南太平洋岛屿和大洋洲的澳洲、新西兰等国。"海上丝绸之路"沿线涉及30多国及40亿以上人口，占全球人口的65%，占全球GDP的23%，将形成一个庞大的新兴经济区域，拥有庞大的市场商机。对于台湾地区而言，由于位于"海上丝绸之路"的核心区域旁边，较容易与该区域产生链接关系，尤其东南亚是台商投资的重点区域；加上台湾积极推动"新南向政策"，如何连结"海上丝绸之路"的战略布局，加强与东南亚及印度等新兴市场的经营合作，值得两岸民间及当局思考规划。

2.两岸在"一带一路"框架下游合作的空间

中国"一带一路"战略强调推动与沿线各国发展政策对接等"五通"，以强化双方经贸往来与各领域之交流。台湾地区推动"新南向政策"则希望可以借由创新经贸拓展策略等方式，提供东南亚及南亚各经济体所需要的产品及服务，协助当地经济发展，创造互利双赢的局面。由于两岸均以满足东南亚、南亚等地区之经济发展及市场需求为政策推动目标，且为了达到此目标，两岸均以内

需市场、基础建设、新兴产业合作为重点拓展项目，两岸有机会从前述项目中找到值得合作的模式及策略。

3. 两岸企业特性存在互补空间且有成功的案例

现阶段较有能力经营海外市场之大陆企业，多为国有企业或是大型民营企业，这些企业拥有丰沛资金，并已在东南亚、南亚建立品牌或通路，或参与大型基础建设；但欠缺提供差异化或细致化的产品、服务或商业模式的能力，且欠缺部分关键中间财或零组件的生产、技术能量。台湾企业主要优势在于国际化经验丰富、具有较高的营运弹性以快速响应海外市场需求、较能提供差异化或细致化的产品、服务或商业模式，并且在部分关键中间财或零组件具有生产技术优势，但是普遍面临企业规模相对较小、缺乏品牌或通路、无能力进行大型基础建设等劣势。基于上述优劣势条件，两岸企业或可寻求互补合作之空间。

事实上，自 2008 年底启动两岸"搭桥项目"等产业合作机制以来，台湾厂商已展开与大陆企业合作，开拓大陆内需市场。其次，目前亦已观察到部分台商借由与陆资企业合作，开拓"一带一路"沿线商机。这些厂商通常已在中国大陆拥有生产基地或是和陆资企业具有合作关系、拥有一定的技术能量且发展项目符合"一带一路"的战略需求，故能够将和陆资企业的合作关系延伸到"一带一路"商机的拓展，此类企业主要包括营建工程、建材、电子零组件、金融等领域。

（二）"一带一路"框架对台湾的挑战

虽然台湾地区"新南向政策"与大陆"一带一路"战略带给两岸于海外市场合作的机会，但由于东南亚、南亚各国政经情势复杂，仍为台湾带来诸多挑战：

1. 沿线经济体多为发展中经济体，存在合作的风险。

基础建设计划一般具有施工期长且资金回收慢的特点，再加上多数需要吸引外资投入当地基础建设计划的"一带一路"沿线经济体，政局和社会仍不是很稳定，且市场和金融信息取得相对不易。台湾业者若投入争取当地基础建设相关商机，必须承担一定程度的商业风险及政策风险，因此需进行事前的审慎评估。

2. 两岸经济合作中存在的障碍会影响到台湾把握"一带一路"的商机。

由于两岸之间的商贸流通仍存在障碍，导致台湾业者可能无法有效将产品出口到大陆，进而利用"一带一路"所推动的商贸流通机制，开拓"一带一路"的沿线商机。以通关检疫为例，两岸目前虽已签订《海峡两岸农产品检疫检验合作协议》《海峡两岸食品安全协议》与《海峡两岸标准计量检验认证合作协议》等协议，但双方在部分产品的检验、检疫制度迄今仍未接轨，查验项目与标准并不完全一致，检验结果亦未相互认证，影响两岸商贸往来之便利性，也造成台湾厂商连结"一带一路"商贸流通商机的障碍。另一方面，近期两岸因政治情势变化导致官方协商机制暂停运作，也不利于相关协议发挥其原有效益，同时已对台商权益保障、障碍排除等造成影响。

3.台湾地区在亚太供应链的角色可能受到冲击和影响。

在"一带一路"战略下，中国与中西亚、东南亚、东欧及非洲等沿线国家的区域经济整合将进一步深化，尤其在"海上丝绸之路"建设的推动下，预期未来海路运输和物流成本应会大幅下降，有可能牵动各经济体厂商的供应链布局。事实上，中国积极向外扩展经贸版图，而世界各国也开始调整其政策，有可能对台湾在全球产业供应链所扮演的角色带来影响，台湾地区要如何持续强化其于跨国企业布局中的策略性定位，将是需要审慎因应的重要课题。

## 第三节　两岸合作机会及挑战

### 一、两岸产业合作的发展及存在的问题

两岸产业合作推动至今，虽然已经有若干成效，但也遭遇障碍有待突破，主要涵盖以下面向：1.认知面：台湾地区方面希望以产业合作拓展大陆内需市场，大陆方面则以招商引资、取得关键技术为主要考虑，双方难以形成共同愿景。2.环境面：两岸产业竞合态势变化快速，部分产业甚至已是竞争大于合作，不易推动合作。其次，两岸推动单位都必须考虑产业利益，政府部门能主导合作的空间较过去减少。3.制度面：产业合作试点、绩效评估等配套机制尚不完整，影响产业合作成效之复制与扩散。4.执行面：两岸产业合作实际执行所面临的障碍，有待透过两岸既有之各项协议、平台协助解决。其次，企业亦可能受上述障碍影响，而对于参与产业合作较为保守谨慎。

以往两岸产业合作之所以面临障碍，主要原因是两岸经济合作缺乏必要的政治基础，导致合作不断遭遇瓶颈。相对而言，若是将两岸产业合作的目标设定在共同开拓第三方市场，如"一带一路"沿线市场，则两岸产业将存在一定合作诱因。事实上，台湾地区方面已表示将寻求适当时机，和大陆方面就相关议题及合作事项，展开协商和对话，促使"新南向政策"和两岸关系能相辅相成，共创区域合作的典范。

二、"新南向政策"与"一带一路"战略的合作利基

以下进一步探讨台湾地区"新南向政策"与大陆"一带一路"战略的连结性与两岸可能的合作方向。

（一）两岸均有开拓东南亚、南亚市场商机的类似政策目标

"一带一路"框架与台湾地区的"新南向政策"均有拓展东南亚、南亚内需市场商机这样类似的政策目标。由于两岸各自具有不同优势，例如台湾企业国际化经验丰富、具有较高的营运弹性、能快速响应海外市场需求；大陆企业则拥有丰沛资金、大型电商平台已切入当地市场等资源优势，双方如能进行优势互补，将有利于开拓当地市场商机。

（二）两岸需要寻求优势互补与产业合作模式创新

过去两岸在大陆市场的产业合作遇到较多的瓶颈，不仅在于合作中政治基础的缺失，也在于企业之间合作存在着利益上冲突，不易形成合作的共识。若两岸合作推动面向东南亚、南亚等海外市场的合作，可以透过适当的整合与分工模式规划，共同争取海外市场商机，将有助于提升两岸合作之效益。

（三）可以借助"一带一路"推动两岸产业的转型与国际化

台湾地区产业虽然对外布局时间较早，拥有国际化程度较高、营运策略较具弹性等优势，但亦面临缺乏品牌、通路以及参与基础建设机会等挑战；大陆企业虽然具有资源、企业规模等优势，但国际化程度相对较低，欠缺经营差异化市场之细致化商业模式。考虑两岸企业的优势互补，加上两岸均有产业升级转型之急迫性与国际化之必要性等政策目标，东南亚、南亚市场将是最有可能成为两岸合作进行产业结构调整、发展新兴产业合作机会的平台。

（四）以两岸合作为基础缩小合作中的制度性落差

两岸近期依赖都积极推动法规、制度松绑试验，以缩小与国际商贸环境的落差；加上"一带一路"战略的主轴之一是降低与沿线经济体海关、检验、检疫、物流、认证体系等商贸制度障碍，可能为两岸带来制度合作的机会。在探索合作的过程中，考虑到部分议题短时间内开展全面改革的风险较高，而台湾地区在国际市场开拓方面拥有相对较成熟之经验，据此可以思考以两岸为基础在东南亚市场开展区域性的合作，累积经验后再予以扩大，同时有效弥补内部市场制度与国际经济合作之间的落差。

### 三、在"一带一路"战略下两岸合作的具体项目

（一）基础建设

东南亚、南亚各经济体拥有庞大的基础建设需求（如铁路、公路、港口、高铁、电厂等），近几年也吸引各经济体积极抢占当地基础建设商机，两岸可以优势互补，合作争取标案。

大陆企业一般规模较大，对投标大型基础建设具有优势，而台资企业在部分领域的智能服务模块及服务模式已累积一定的能量，例如台企在公路收费系统、智能运输、电力能源开发、智慧电网等方面具有优势，在这种情况下，两岸存在合作的空间。

（二）绿能、环保、智慧城市等新兴产业

随着经济的快速发展，东南亚、南亚各经济体对于智慧化及绿色化所衍生的新需求已日渐提高，两岸应在各自的竞争优势上，合力拓展前瞻需求商机。特别是近年来两岸均积极投入绿能、环保、智慧城市等新兴产业发展，持续累积研发能量及服务能量，两岸各自在部分领域都具有各自的优势，但尚未能形成全面的竞争优势，两岸若能合作争取商机，将形成更大的竞争优势。以智慧城市为例，两岸过去已透过产业合作机制，在宁波、成都等地区进行试点合作，两岸可以将过去的合作经验进一步延伸到东南亚及南亚的各经济体，协助当地进行智慧城市的建设，尤其台湾在校园、医疗、交通、商务等智能系统具有系统整合输出的能力，在这方面两岸可以进行更广泛的合作，以实现优势互补。

（三）电子商务

随着经济稳定成长、消费力快速崛起，加之网络普及率及当地民众对相关装置与服务的接受度较高，东南亚已成为国际电商平台业者重点布局的区域市场。由于中小企业的国际化经验有限、缺乏品牌等资源，因此在拓展电子商务方面，两岸应扮演更加积极的角色。对台湾地区而言，可以通过结合电商平台业者、品牌商、网络服务业者等共同开拓东南亚电商市场；大陆则可以通过大湄公河次区域合作机制，并搭配交通建设、贸易便利化等措施，推动与东南亚国家共同搭建跨境电子商务合作平台。

近年来，两岸电商平台业者已合作开展在东南亚市场的布局，大陆电商平台拥有资金、流量与知名度等优势；台湾的平台业者则在特定市场（如美妆产品）或营运模式（如结合电视购物）等方面具有相对的竞争优势。在此基础上，两岸电商业者可尝试以民间方式进行平台间合作，以降低直接竞争，进而带动两岸中小企业利用跨境电商通路开拓东南亚、南亚市场。

（四）金融服务

从人民币国际化角度而言，"一带一路"沿线各经济体，将成为推展人民币计价的重要平台，相关金融合作机制亦持续推动中。截至目前，台湾地区离岸人民币存款已逾3000亿元，仅次于香港，若未来借由连结"一带一路"平台，将有利于台湾扩大人民币境外市场。特别是台湾的金融机构在制造业融资及产业链融资领域拥有丰富经验，再加上众多台商已在东南亚布局，两岸银行业若结合彼此优势，开展积极合作，可以有效拓展沿线各经济体进出口信用状、设备投资保险、货币汇兑等金融相关服务业务，从而扩展商机。

（五）制度合作

两岸产业目前在东南亚、南亚市场皆面临众多非关税贸易障碍，部分经济体的民众仍对于中国大陆产品有所疑虑。如两岸结合各自优势，合作开拓当地市场，将有利于争取降低非关税贸易障碍，并获得消费者的支持。其次，目前大陆沿海省份与自贸区已经与"一带一路"沿线各经济体初步进行制度协调和合作，未来包括海关、检验、检疫、物流等合作经验可以延伸至两岸，以建构连接两岸与区域市场之绿色商贸通道，将有助于结合两岸优势与资源布局新兴市场，并提升产业合作的成效。其次，透过结合两岸业者与当地供货商能量，并以东南亚、南亚区域市场为腹地，有机会发展智慧城市等新兴产业营运模式或产业标准，进而布局全球市场。

另一方面，在近期中国大陆自贸区的规划方案中，已可观察到两岸产业合作及具跨境绿色通道概念等相关政策措施，两岸后续可利用现有的两岸经贸合作平台、经贸协议或民间对话管道，沟通可能之合作模式或进行相关试验，以共同争取两岸与东南亚、南亚等新兴经济体间，实现商贸畅通与掌握内需市场的商机。

四、"一带一路"战略下两岸合作可能面对的挑战

虽然两岸"新南向政策"与"一带一路"战略可带来在海外市场合作的机会，并已观察到部分业者之合作案例。但不可否认，两岸近期政治情势变化，已对双方合作带来影响：

（一）两岸情势变化对共同拓展海外市场造成影响

由于两岸近期政治情势变化，官方平台中断运作，导致涉及行政部门间协商之议题不易推动，包括两岸共同拓展东南亚、南亚等海外市场商机。相对而言，由于民间交流受两岸情势影响程度相对低，后续应持续透过两岸产业公协

会交流、企业家峰会及相关论坛等平台，争取就两岸在东南亚、南亚地区的区域合作达成相应的共识。其次，为利于缩小双方认知差异与增进信息交流，建议应持续支持两岸智库交流及共同研究等相关活动，以掌握情势发展与可能影响。

（二）大陆自主创新与对外并购对两岸合作的影响

为了有效推动产业结构的调整，近年来，大陆除推动加工贸易转型升级外，亦大力提升研发技术能量，在这些政策的推动下，大陆生产供应链逐渐完善，甚至进一步发展出进口替代的能量，逐渐取代外商及台商的生产供应链。其次，大陆业者积极透过海外并购，取得技术与通路等关键资源，具体例如 Lazada 是东南亚市场中流量最大的电商平台，该平台在泰国、马来西亚、菲律宾、越南的流量均为第一，而在新加坡及印度尼西亚的排名也都在前五。2016 年 4 月，Lazada 被阿里巴巴以约 10 亿美元收购控股权。上述大陆推动自主创新与对外并购之趋势将对于台湾业者于产业供应链之角色，以及拓展海外市场造成一定影响。

## 第四节　结语

因应经济成长模式转型、亚洲新兴经济体崛起等新情势，以及推动产业创新、缩小与国际经贸制度落差、拓展海外市场腹地、深化与周边国家人才与文化等各领域交流之需求，两岸近期都在积极推动对外经济合作，包括台湾地区的"新南向政策"与中国大陆的"一带一路"战略等。在两岸类似之政策目标与各自拥有的产业优势条件下，具备开拓东南亚、南亚各经济体内需市场，双方优势互补，产业转型与国际化，调和商贸制度落差等两岸合作意涵。具体如基础建设的交通运输；新兴产业的绿能、环保、智慧城市等领域；通路领域的电子商务；金融机构合作提供相关服务，以及降低非关税贸易障碍、建构跨境商贸绿色信道、创新营运模式与产业标准等制度合作的机会。

其次，从台湾地区的角度而言，提出"新南向政策"并非以竞争或取代的角度出发，而是期待透过两岸或与其他经贸伙伴的合作，寻求互利共荣的区域经贸发展新模式，这在一定程度上有助于两岸经济与产业的合作发展。特别是在大陆产业走向全球的过程中，将面对供应链重组、产业标准制定与制度调和等复杂议题，两岸产业若能优势互补，将有机会共同开辟"一带一路"沿线庞大之市场商机。基于此，寻求两岸产业合作与"一带一路"战略连结与合作方向，仍有待两岸当局及企业持续探讨与推动。

**参考文献：**

1. 商务部：《2015 年与"一带一路"相关国家经贸合作情况》，网址：http://www.mofcom.gov.cn/article/tongjiziliao/dgzz/201601/20160101239881.shtml。

2. 商务部：《第七届大湄公河次区域经济走廊论坛通过〈部长联合声明〉》，网址：http://www.mofcom.gov.cn/article/ae/ai/201506/20150601010395.shtml。

3. 王天乐：《泰国发展战略对接"一带一路"》，《人民日报》，2015/7/20，网址：http://finance.people.com.cn/n/2015/0720/c1004-27327517.html。

4. 王琳：《希望"一带一路"倡议对接印度尼西亚发展战略》，《第一财经日报》，2015/4/24，网址：http://finance.sina.com.cn/roll/20150424/061422034140.shtml。

5. 方栋、熊红明：《"一带一路"有望提升中国—东盟经贸关系》，新华网，2015/11/11，网址：http://news.xinhuanet.com/fortune/2015-11/11/c_1117108270.htm。

6. 田原：《中泰铁路让地区互联互通"更上一层楼"》，《经济日报》，2015/12/22，网址：http://theory.people.com.cn/BIG5/n1/2015/1222/c136457-27959581.html。

7. 台湾"行政院"：《"新南向政策推动计划"正式启动》，网址：http://www.ey.gov.tw/News_Content2.aspx?n=F8BAEBE9491FC830&s=82400B39366A678A。

8. 吴福成：《"我参与"一带一路"的商机》，《产业杂志》，2016 年 03 月，网址：http://www.cnfi.org.tw/kmportal/front/bin/ptlist.phtml?Category=100590。

9. 汪文品：《"各地挥臂施工对接"一带一路" 六大国际走廊建设全面启动》，《上海证券报》，2015/12/17，网址：http://finance.sina.com.cn/roll/2015-12-17/doc-ifxmttck8119682.shtml。

10. 徐惠喜、童政：《中国印度尼西亚经贸合作势头喜人"一带一路"促双边合作"，《经济日报》，2015/9/21，网址：http://finance.sina.com.cn/world/gjjj/20150921/054023300768.shtml。

11. 《黄奇帆详解中新（重庆）战略性互联互通示范项目特色》，中国新闻网，2016/1/8，网址：http://www.chinanews.com/cj/2016/01-08/7708395.shtml。

12. 刘英：《中越应加快"一带一路"与"两廊一圈"对接合作》，财新网，2015/11/9，http://opinion.caixin.com/2015-11-09/100871820.html。

13. 刘孟俊、吴佳勋：《中国大陆"一带一路"对外战略及其发展》，网址：http://ieknet.itri.org/hk/news/news_more.aspx?actiontype=rpt&indu_idno=11&domain=50&rpt_idno=912183243。

14. 《蔡英文召开"对外经贸战略会谈"通过"新南向政策"政策纲领》，网址：http://www.president.gov.tw/Default.aspx?tabid=131&rmid=514&itemid=37862。

# 第三章 "一带一路"战略下两岸推进
人民币国际化的合作

## 第一节 人民币国际化战略的历史背景

### 一、当前国际货币体系的内在缺陷

推进人民币国际化是中国政府的一项战略举措。在《中华人民共和国国民经济和社会发展第十三个五年规划纲要》提出："有序实现人民币资本项目可兑换，提高可兑换、可自由使用程度，稳步推进人民币国际化，推进人民币资本走出去。"这说明人民币国际化是十三五规划中需要重点推进的国家战略。

中国在新世纪的第二个十年开始积极推动人民币国际化，其背景是 2008 年全球金融危机所暴露的国际货币体系的根本缺陷。现行国际货币体系的基础是经 1976 年第二次修订的《国际货币基金协定》，它以国际法的形式确立了现行国际货币体系的基本秩序[①]，包括以下几个方面：

其一，黄金非货币化，各国货币均为无内在价值的准货币 (Fiat Money)。黄金非货币化是货币史中具有历史意义的一个分水岭，在之前的几千年里，无论是贝壳、铜、铁、白银、黄金或者英镑、法郎、美元，它们都或者自身具有价值，或者由发行人承诺可以与一定量的有价物品（贵金属）相兑换。准货币是纯粹由国家法律强制流通的货币符号，比起名义价值来其生产成本可以忽略不计，这是当代世界性通货膨胀倾向的根源。

其二，核心货币汇率自由浮动，外围货币汇率钉住核心货币。由于主要货币都成为准货币，它们之间的比价就失去了基准，汇率自由浮动成为必然。主

---

[①] 1992 年《国际货币基金协定》进行了第三次修订，但只限于调整成员国份额和个别条文改动，《协定》的基本原则与 1976 年保持一致。

要货币间汇率波动的幅度之大,是历史上所罕见的。但是,外围货币却没有能力享受汇率浮动的"自由"。在 20 世纪 90 年代以前,只有发达国家的货币实行浮动汇率,而发展中国家货币普遍钉住美元、法郎、特别提款权,或者钉住篮子货币。20 世纪 90 年代后,虽然一些发展中国家开始扩大货币的波动幅度,有的国家宣布实行了浮动汇率,但根据 Calvo and Reinhart(2000) 的研究,这些发展中国家实际表现出"害怕浮动",即名义上采用浮动汇率,实际上仍然对汇率进行干预[①]。根据 IMF 的统计,从 2008 年到 2014 年,188 个成员国中汇率制度实行固定汇率(硬钉住和软钉住)的上升了 4.5 个百分点[②]。

其三,核心货币成为外围国家主要的储备资产,核心国家的外汇储备很少。在黄金非货币化后,核心货币承担了国际货币的职能,跨出本国领域发挥国际间计价、结算、投资和储备的作用。核心国家可以随时发行本币对外支付,当然无须大量的外汇储备。而发展中国家为了维持本币与核心货币的钉住汇率,防止发生货币和金融危机,被迫大量储备核心国家货币资产。根据 IMF 公布的数据,2014 年第四季度在全球可识别的外汇储备中,美元占 62.9%,欧元占 22.2%,日元、英镑和瑞士法郎约占 8%,加拿大元、澳大利亚元约占 3.7%,其他货币合计只有约 3.1%[③]。

现行国际货币秩序总体上有利于维护核心货币国的利益,对于广大发展中国家来说是不公平不合理的。

首先,黄金非货币化认可了美元与黄金脱钩,助长了美国自私的货币政策。黄金非货币化名义上是取消一切"成员国之间以及成员国与基金组织之间须用黄金支付的义务",但实际享受到好处的只有美国,因为它在布雷顿森林体系下承担了向各国中央银行以 35 美元兑换 1 盎司黄金的义务。根据美国圣路易斯联邦储备银行公布的数据,1945 年二战结束时美国基础货币供应量为 326 亿美元,1971 年尼克松冲击[④] 时为 698 亿美元,约 25 年才翻一番,年均增长率 3.1%。1976 年达成《牙买加协定》时,美国基础货币为 974 亿美元。此后,由于正式解除了黄金的约束,美国基础货币供应量迅速增加,1986 年 2117 亿美元,1996 年 4587 亿美元,2006 年 8287 亿美元,大约每十年翻一番,这 20 年

---

① Calvo and Reinhart, *fear of floating*, NBER working papers No.7993, Nov. 2000

② IMF:AERARE,2014,P8.

③ IMF: COFER 数据库,2014 年。

④ 由于国际收支恶化,1971 年 8 月 15 日美国总统尼克松宣布停止以官价兑换黄金,征收新的进口关税,这种保护美元的非常措施,被称为"尼克松冲击"(Nixon Rush)。

的年均增长率 11.3%。2008 年金融危机后，美国货币供应量增加更快，狭义货币 (M1) 从 2008 年 1 月的 1.37 万亿美元迅速上升到 2015 年 1 月的 2.94 万亿美元，年均增长率 11.5%。

其次，浮动汇率制度更适用于发达国家，发展中国家的麻烦大于收益。关于浮动汇率与固定汇率优劣的比较，是国际经济学中一个争论不休的话题。经济学家弗兰克尔 (Frankel J.A.) 指出："没有一种汇率制度适用于所有的时期和所有的国家"。根据克鲁格曼的"不可能三角"定理，在独立货币政策、资本自由流动和固定汇率三者之中，最多只能实现两个。发达国家一般不限制资本流动，为了保证货币政策的独立，它们选择浮动汇率是合适的。但是，发展中国家的金融体系不健全，监管能力不强，不可能放任跨国资本的自由流动。因此，从政策搭配上考虑不需要汇率浮动。而且，发展中国家资本不足，常常借入国际资本，实行浮动汇率会造成汇率错配，加重本国企业的负担。

第三，储备资产多元化没有实现，发展中国家向发达国家输入廉价资源。《国际货币基金协定》曾经计划以 SDR 作为主要的国际储备资产，逐步取代美元本位。但是美国对此持非常消极的态度，不支持 IMF 增发 SDR 的提议。因美国拥有 IMF 份额和投票权的 17%，没有美国的支持就无法获得 85% 的多数，所以 SDR 的数量增长很慢，远远跟不上世界对储备资产的需求，美元仍然占世界储备资产的 2/3 左右。一方面，发展中国家以各种优惠条件引进外资，让外国资本在本国赚取高额利润；另一方面，它们积累的美元资产又以购买美国国债的方式回流到美国，其收益率极低 (2007 年以来迅速降低到接近于零 )。两者相比，等于是穷国在补贴富国，世界范围内的贫富差距不断扩大。

在上述安排下，国际货币秩序延续了布雷顿森林体系以来美元霸权的基本特征，形成了一种"霸权稳定"的多层次的秩序框架。在这个框架中，美元是核心货币，欧元、日元、英镑等其他发达国家货币为次核心货币，发展中国家货币属于外围货币。作为最大的发展中国家，中国同样是现行国际货币体系的受害者。中国的经济增长所积累的财富不得不以外汇储备的形式投放于低息的外国国债资产，造成大量的财富闲置和浪费。

二、改革现行国际货币体系的尝试

国际社会的一些有识之士早就认识到现行国际货币体系的缺陷，提出并推动了重构国际货币体系的尝试。特别是 2008 年全球金融危机以来，改革国际货币体系、重构国际货币秩序成为讨论的热点。但是由于种种主客观条件的限制，现有的尝试均陷入困境，国际货币秩序并未发生重大变化。

1. IMF 份额改革

2008 年以来国际货币领域最受关注的改革尝试莫过于改革 IMF 的建议。IMF 负有制定国际金融规范、监管全球金融运行的重大职能，但作为布雷顿森林体系的遗产之一，IMF 现行机制存在明显的缺陷[①]，其中份额分配不公是对 IMF 合法性 (Ligitimacy) 的最大挑战。

IMF 作为重要的国际组织，必须具有广泛的代表性，不能只听命于少数成员国，不能只代表少数成员国的利益，否则其合法性就难以保证。份额是 IMF 投票权的基础，但是目前的份额分配与各成员国的经济实力明显不符，部分发达国家和石油输出国组织 (OPEC) 成员国所拥有份额占份额总数的比例高于该国经济在世界经济中的比例，大多数发展中国家拥有份额占份额总数的比例低于该国经济在世界经济中的比例。

2010 年 11 月，IMF 执行董事会批准了此前由 G20 部长级会议提出的份额改革方案。根据这项方案，IMF 的份额总数将增加一倍，而且新增份额将向新兴和发展中国家倾斜，使它们的份额占比提高约六个百分点。如果这项方案得到执行，巴西、中国、印度、俄罗斯等四个金砖国家将进入份额比例的前十大国，其中中国的比重将从 2.98% 上升到 6.39%，成为仅次于美国、日本的第三大国。人民币和其他金砖国家货币的国际地位由此将会显著提高，国际货币秩序也将发生重大变化。因此，这个份额改革方案受到各方的普遍期待。但是，方案的最终生效需要全部成员国的 3/5 多数及全部投票权的 85% 多数同意，而拥有 17.38% 投票权的美国国会至今没有批准，这意味着改革方案实际上被搁置起来。

IMF 份额改革的困境说明有美国参与的国际货币秩序重构无异于与虎谋皮，因为美国是现有国际货币秩序的最大受益者。那么，抛开美国的改革方案是否有可能成功？欧元的创立是重构国际货币秩序的另一个尝试。

2. 欧元创立和欧债危机

欧元的创立是欧洲国家联合自强争取与美国平等地位的一个标志性事件，是欧洲一体化达到较高水平的表现。欧元从 1999 年 1 月 1 日发行，经过三年的过渡期，2002 年 1 月 1 日起正式流通，并取代了各成员国的原有货币。在此期间，欧元兑美元汇率从 1.16 下跌到 0.85，说明市场对新生的欧元并没有足够的

---

① 对这个问题的详细讨论参见姚大庆 (2010)。

信心。

2001 年美国"新经济"结束，纳斯达克股票泡沫破裂，又发生了"9·11 恐怖袭击"，使美国经济陷入衰退。美联储为了刺激经济增长，不断地调低联邦基金利率，使有效联邦基金利率从 2000 年 7 月的高点 6.54 迅速下降到 2002 年 1 月的 1.73。美联储降息推动美元贬值和欧元升值。欧元的升势一直持续到 2008 年 7 月的 1.58，升值幅度约 86%。虽然欧元升值不利于欧元区的产出和就业，但外汇市场上欧元的价值得到了认可，确立了欧元的第二大国际货币地位。

但是，随着美国次贷危机向全球蔓延，美元在世界性危机时的"安全港"效应得以显现。从 2008 年 7 月到 11 月，短短的四个月内欧元汇率从 1.58 下降到 1.27，贬值 1/4。此后三年里，欧元汇率在 1.2 美元至 1.5 美元之间波动。如果计算 1999 年至 2011 年间欧元兑美元汇率和美元的贸易加权汇率指数之间的相关性，相关系数为 -0.974，说明欧元的升值实际上反映了美元的贬值，美元仍然是衡量国际货币价值高低的基准。

欧元诞生初期，曾经被寄予厚望，认为可以打破美元在国际货币体系中的霸权地位。但是，欧元投入使用十年来，在国际交易中所占的份额略有上升，并没有改变美元一币独大的状况。如下表所示，根据国际清算银行每三年一次的全球外汇交易调查，从 2001 年到 2010 年，欧元在国际外汇交易中的比重中只上升了 1.3 个百分点。因此，欧元只是继承了德国马克、法国法郎等成员国货币原有的份额。欧债危机后，欧元的份额还出现了明显的下降。

表　主要国际货币在全球外汇交易中所占份额

| 年份 | 美元 | 欧元 | 日元 | 英镑 |
|------|------|------|------|------|
| 2001 | 90.4% | 37.6% | 22.7% | 13.2% |
| 2004 | 88.7% | 37.2% | 20.3% | 16.9% |
| 2007 | 86.3% | 37.0% | 16.5% | 15.0% |
| 2010 | 85.2% | 38.9% | 18.6% | 13.1% |
| 2013 | 87.0% | 33.4% | 23.0% | 11.8% |
| 2016 | 87.6% | 31.3% | 21.6% | 12.8% |

数据来源：根据 BIS 相关年份的《全球外汇市场报告》整理。

欧债危机证明，作为欧元理论基础的最优货币区理论，包含着内在的矛盾和缺陷。从蒙代尔开始，传统 OCA 理论只强调了货币在调节国际间需求转移和国际收支平衡上的作用。最优货币区的 GG-LL 分析方法虽然认识到加入通货区会造成经济稳定性损失，但是把损失的来源限定得过于狭窄。

实际上，放弃独立货币的最大损失，可能是使金融机构失去了"最后贷款人"。在欧元区的机制设计上，欧洲中央银行只负责防止通货膨胀、稳定欧元价值，并没有"最后贷款人"的职责。因此，欧元区各成员国发行的所谓"国债"，本质上都属于"外币债券"，因为成员国央行不能通过发行货币对这些国债的偿付提供保证。缺乏"最后贷款人"的金融体系是不稳定的，这已经被 1913 年美联储成立之前美国频发的银行业危机所证明[1]。

在金融危机时期，火线销售 (Fire Sales)[2] 会导致金融市场的脆弱性。商业银行和对冲基金等金融机构持有的多数资产不是实物而是证券，它们的负债则大部分属于可以迅速提取的存款或赎回的份额。随着金融产品的不断创新，金融机构的杠杆率越来越高，对短期资金的依赖也越来越强。一旦短期资金来源突然中止，金融机构被迫低价出售持有的证券，压低证券的市场价格。证券价格下跌引起投资资金的撤出，产生自我加强的火线销售行为。

欧元区货币政策统一与财政政策分散的制度设计是欧元的"阿喀琉斯之踵"，也是欧元无法真正与美元抗衡，改变现行国际货币秩序的关键。而且，作为与美国文化制度相近的西方国家，欧洲国家也并不希望从根本上改变现行的国际货币秩序。

3. 金砖国家货币合作

争取国际货币新秩序的另一个尝试是金砖国家货币合作。目前金砖国家货币合作的基础是 2011 年中国、巴西、俄罗斯、印度和南非五国签署的《金砖国家银行金融合作机制》，其主要有双边本币结算和贷款、商业信贷和项目投融资合作、发行债券等资本市场合作、央行货币互换等。2014 年 7 月 15 日，五国发表《福塔莱萨宣言》，决定成立金砖国家开发银行，建立金砖国家应急储备安排。金砖国家新开发银行初始资本为 1000 亿美元，由五个创始成员平均出资，总部设在中国上海。同时设立金砖国家储备基金，总额为 1000 亿美元，其中中国提供 410 亿美元，俄罗斯、巴西和印度分别提供 180 亿美元，南非提供其余的 50 亿美元。从经济功能上来说，金砖国家开发银行相当于世界银行，将为发展中国家提供长期发展援助资金；应急储备安排相当于国际货币基金组织，将

---

① F. Mishkin, *the Economics of Money*, Banking & Financial Markets, 9e, 2010

② 在金融学中，火线销售指被迫以与实际价值极不相称的价格出售资产。

为金砖国家应对金融突发事件特别是汇率大幅波动提供短期稳定基金。一些学者认为，金砖银行可能会削弱美欧的全球主导地位，成为国际金融体系发展的一个转折点。

但是，金砖国家货币合作改变当前国际货币秩序的前景并不十分乐观。首先，合作的水平较低。双边本币结算、商业信贷合作均属于国际金融合作的初级阶段，主要是由国际贸易派生出的金融服务。2013年，金砖五国范围内的出口总额为2964亿美元，进口总额为3569亿美元。当年五国对世界的出口总额为3.41万亿美元，从世界的进口总额为3.07万亿美元。因此，五国之间的出口占它们出口总额的8.7%，五国间进口占它们进口总额的11.6%。由于金砖五国相互间的贸易量只占它们各自贸易总量的较小比例，由此产生的金融服务需求显然是很有限的[①]。其次，金砖五国间既有合作又有竞争，没有意愿、也难以形成挑战现有国际秩序的合力。金砖国家只是发展阶段相近，共同利益的基础并不牢固，政治上缺乏同质性，文化历史差异显著，在国际和区域问题上有各自的利益诉求。金砖国家在金融监管合作、双边贸易投资等重要领域仍有较多政策空白，在监管和治理平台建设方面虽然总体利益上趋同，但涉及一些关键性的细节问题，例如金砖合作组织和机构的总部设立地、出资比例和投票权分配、高层管理人员的比例及如何处理现有的双边货币互换机制等方面，仍存有分歧。而这些问题的妥善处理将是一个中长期的过程。具体到货币合作层面，双边本币结算用哪一方货币，本身就是个问题。

### 三、以人民币国际化推动国际货币体系改革

鉴于以上三种国际合作推动建立国际货币新秩序的尝试均陷入困境，2008年全球金融危机后中国政府开始积极推进人民币国际化，并希望以此推动建立公正合理的国际货币新秩序。以人民币国际化推动国际货币体系改革有以下几个优势：

首先，人民币国际化不涉及现有国际货币秩序的制度性安排，避免了IMF改革受美国阻挠的缺陷。事实证明，作为现行国际货币秩序的最大受益者，美国对改革国际货币秩序具有根深蒂固的抵触。虽然在身陷金融危机的2009年美国政府接受了20国集团提出的改革IMF份额和投票权的方案，但一待美国经济形势好转，美国对此方案转变为消极态度。再加上美国两党政治的牵制，政

---

① 数据来源：联合国 Comtrade 数据库。

府签署的国际协定在议会也不一定能够通过。由于美国在 IMF 具有重大事项的否决权，这导致采取"顶层设计"得到的国际货币秩序改革方案在事实上不可行。人民币国际化只需要相关国家允许和接受人民币在其国际贸易、投资和储备中使用，主要是一种自发的市场行为，不直接涉及国际货币秩序的制度性安排，因而易于推行。

其次，人民币国际化不涉及区域性货币合作，避免了欧元基础不牢固的缺陷。欧元在创立后基本继承了它取代的德国马克、法国法郎等货币的国际地位并形成合力，一跃成为仅次于美元的第二大国际货币，直接改变了国际货币秩序。但是随着欧元区的不断扩大，各成员国在经济发展水平、经济结构、国际竞争力等方面的差异越来越显著，已经不符合最优货币区理论的要求[①]。亚洲各国的差异更大，因此通过建立"亚元"来改变国际货币秩序更不可行。人民币作为中国的主权货币，其国际化的基础是不断开放的中国所具有的世界第二大经济体的实力。在这一点上，人民币与美元是共同的。

第三，人民币国际化以中国为主，避免了金砖国家货币合作中利益差异的缺陷。金砖国家作为一个整体固然具有更大的经济总量，但由于五国利益并不完全一致，在有些方面差异还相当大甚至对立，因此货币合作的层次较低，不足以挑战现行国际货币秩序。2013 年中国一国的 GDP 占金砖五国的 55%，外汇储备占五国的 76%，出口额占五国的 67%。因此，中国推动人民币国际化的效果，比起金砖五国共同推动五国货币国际化可能更好。当然，中国应该加强与其他金砖国家的合作，促使人民币在金砖国家范围内更加广泛地使用。

## 第二节 人民币国际使用的状况及在台湾地区的进展

### 一、人民币国际使用的状况

如果从 2009 年 7 月跨境贸易人民币结算试点算起，人民币国际化已经走过了七个年头，取得了较快的进展。根据中国人民银行 2016 年 8 月发布的《2016 年人民币国际化报告》，2015 年，人民币国际使用继续较快发展，人民币国际地位持续提升，人民币国际接受程度不断提高。2015 年 11 月 30 日，国际货币基金组织执董会决定将人民币纳入特别提款权（SDR）货币篮子，这是人民币国际化道路上重要的里程碑。2015 年，跨境人民币收付金额合计 12.10 万亿元，

---

① 对这个问题的详细讨论，参见姚大庆 (2012)。

同比增长 21.7%，占同期本外币跨境收付总额的比重达 28.7%。据环球银行金融电信协会（SWIFT）统计，2015 年 12 月，人民币是全球第三大贸易融资货币、第五大支付货币、第五大外汇交易货币。

图 1  人民币国际化指数

数据来源：WIND 数据库。

图 1 是目前两个常用的衡量人民币国际化进展状况的指数在 2011 年底以来的变化情况。渣打指数的全称是"渣打人民币环球指数 (RGI)"，中银指数的全称是"中国银行人民币跨境指数 (CRI)"。两个指数的变动趋势基本一致。以中银指数为例，它在 2011 年 12 月的初始值取为 100，在 2014 年 3 月达到第一个峰值 278，说明人民币国际化程度在两年的时间内提升了两倍。此后中银指数在 2014 年出现了一个阶段的反复，但 2015 年 1 月起又持续增长，到 2015 年 9 月达到人民币国际化以来的最高点 310。从 2015 年 10 月起，人民币国际化指数呈现波动下行的趋势，这伴随着 2015 年 811 汇改后人民币升值预期基本结束。

人民币国际化战略实施以来，其路径有以下一些特点。

1. 人民币国际化速度快

分业务类别看，跨境贸易人民币结算启动初期进展迅速，结算量接连跨越百亿、千亿和万亿元三个台阶，占同期中国对外贸易的比重也有很大提升。2012 年后，跨境贸易人民币结算进入稳定增长期，虽然不像初期几倍甚至几十倍地扩张，但增长率保持在 50% 左右。随着服务贸易及其他经常项目收付人民币的扩大，目前跨境贸易人民币结算已经改为经常项目人民币收付。其发展趋势如图 2 所示。

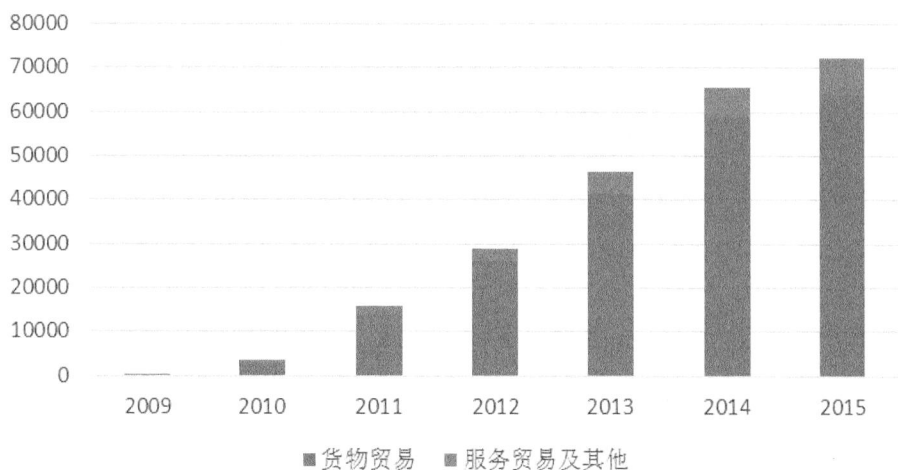

图 2 经常项目人民币收付金额

数据来源：中国人民银行《2016 年人民币国际化报告》。

人民币国际支付的全球市场份额也在稳步提升。根据 WIND 数据库，2012 年 1 月人民币国际支付约占全球市场份额的 0.25%，到 2013 年 9 月稳步提升到 0.86%。随着上海自贸区试点的推开，人民币国际支付进入了快车道，2014 年 9 月达到 1.72%，2015 年 3 月达到 2.03%，2015 年 8 月达到人民币国际化以来的最高点 2.79%。此后，人民币国际支付的全球市场份额有所下降，目前稳定在 2% 左右的水平，如图 3 所示。

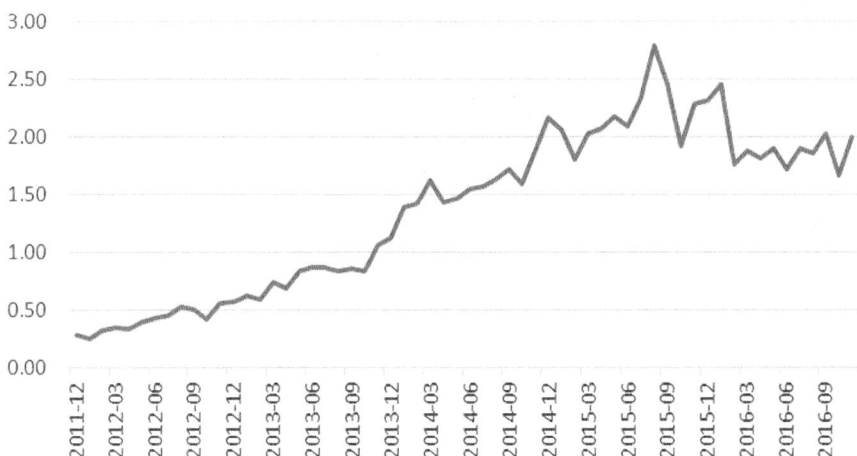

图 3 人民币国际支付的全球市场份额（%）

数据来源：WIND 数据库。

2. 货币职能范围广

从职能上看，人民币不仅承担贸易结算职能，而且已经开始发挥投资货币和储备货币的职能。

人民币跨境投资包括对外直接投资 (ODI) 和外商直接投资 (FDI) 两种形式。如下图 4 所示，人民币跨境投资的总额虽然波动较大，但保持了较快的增长趋势，从 2012 年初的 150 亿元上升到 2015 年初 1000 亿元的规模。2015 年 9 月人民币跨境投资收付金额达到人民币国际化以来的最高点 5592 亿元，其中对外直接投资 2078 亿元，外商直接投资 3507 亿元。此后，人民币跨境投资收付金额下降并稳定在月度 2000 亿元左右的水平。

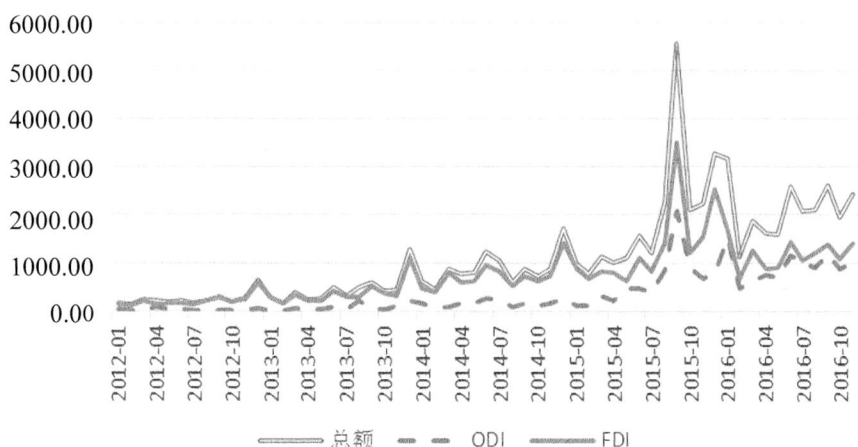

图 4　跨境直接投资人民币收付金额（亿元）

数据来源：WIND 数据库。

央行货币互换是人民币发挥储备货币职能的一种形式。如图 5 所示，自从 2008 年 12 月启动后，在五个月内中国人民银行先后与韩国、中国香港、马来西亚、白俄罗斯、印度尼西亚和阿根廷央行或货币主管机构签订了货币互换协议，累计金额 6500 亿人民币。此后，货币互换一度陷入停滞，到 2011 年 9 月的 29 个月内累计只签署了不足 2000 亿元。2011 年 10 月以来，央行货币互换的速度明显加快，2014 年底累计金额已经超过 3 万亿元人民币。2015 年以来，央行人民币货币互换的规模趋于稳定增加，到 2016 年底为 34757 亿元。

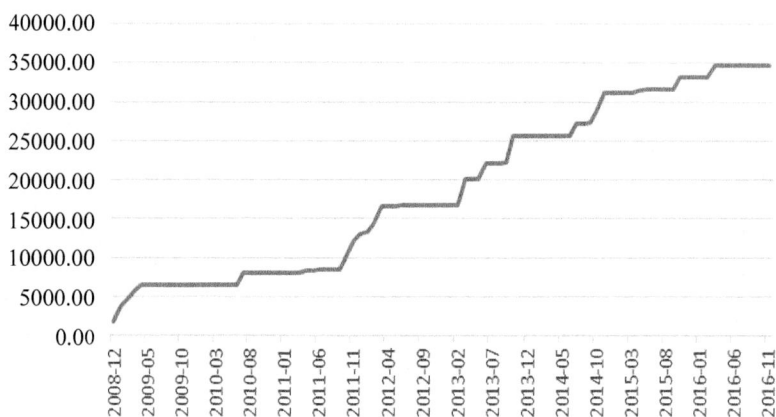

图 5　人民币货币互换累计金额（亿元）

数据来源：WIND 数据库。

　　人民币使用的区域范围也不断扩大。如下图 6 所示，人民币国际化初期的使用范围主要是中国大陆和中国香港，分别为 29% 和 68%，世界其他地区合计只有 3%。此后中国大陆的份额持续下降，到 2015 年 3 月份额为 3%，而其他地区合计上升为 29%，正好与 2010 年 10 月的情况相反。中国香港的份额在初期有所上升，随后又持续下降，回到最初的份额 68%。到 2016 年年底，人民币国际支付的份额中国大陆占 5%，中国香港占 71%，其他地区占 24%。

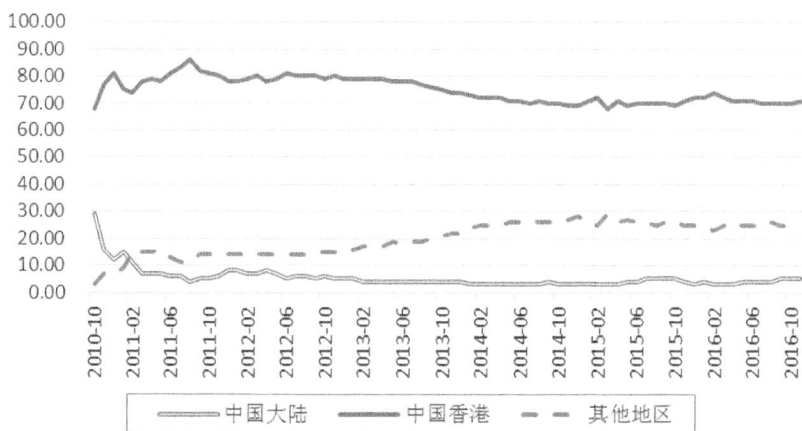

图 6　人民币国际支付的区域市场份额（%）

数据来源：WIND 数据库。

人民币存款也从香港地区扩大到新加坡和欧洲国家。新加坡的人民币存款余额 2012 年 6 月为 600 亿元，2013 年 6 月为 1330 亿元，2014 年 6 月为 2240 亿元，连续翻了两番。此后，新加坡的人民币存款余额有所下降，到 2016 年 9 月为 1200 亿元。英国的人民币个人和企业存款在 2011 年年底只有 68 亿元，到 2014 年 6 月上升为 187 亿元。卢森堡的人民币存款也从 2013 年 3 月的 34 亿元上升到 2014 年 6 月的 67 亿元。

### 二、人民币国际化在台湾地区的发展现状

#### 1. 两岸关于人民币使用的制度性安排

2009 年 4 月 26 日，海峡两岸关系协会会长陈云林与海峡交流基金会董事长江丙坤在南京签署《海峡两岸金融合作协议》，以促进海峡两岸金融交流与合作，推动两岸金融市场稳定发展，便利两岸经贸往来。协议规定，双方同意先由商业银行等适当机构，通过适当方式办理现钞兑换、供应及回流业务，并在现钞防伪技术等方面开展合作。逐步建立两岸货币清算机制，加强两岸货币管理合作。根据《海峡两岸金融合作协议》，中国人民银行与台湾地区方面协商确定利用香港人民币业务清算平台向台湾地区提供人民币现钞清算服务的安排，并得到香港金融管理局的支持。

2012 年 8 月 31 日，两岸货币管理机构签署了《海峡两岸货币清算合作备忘录》(MOU)，双方同意各自选择一家货币清算机构，为对方开展本方货币业务提供结算及清算服务，并可依照两岸相关监管法规办理两岸货币的现钞调运。两岸签署货币清算协议，提供了人民币在台流通的新渠道。在此安排下，人民银行授权中国银行（香港）有限公司（简称"中银香港"）为台湾地区人民币现钞业务清算行，负责向台湾当局许可的台湾商业银行的香港分行（即现钞业务行）提供人民币现钞兑换等相关服务。台湾地区经许可的金融机构则可以与这些现钞业务行的台湾地区总行进行人民币现钞买卖。借此为台湾地区当地个人客户提供人民币现钞兑换服务。这些机制性安排为人民币在台湾地区使用奠定了基础。

2012 年 12 月 11 日，中国人民银行发布公告，根据《海峡两岸货币清算合作备忘录》相关内容，经过评审，决定授权中国银行台北分行担任台湾地区人民币业务清算行。这是两岸建立货币清算机制的新突破，也是中行加快跨境人民币清算业务的重要进展。中行新闻发言人表示，获准担任台湾地区人民币业务清算行后，中行台北分行将在两岸货币管理机构的指导下，严格遵守两岸监

管规定，切实履行台湾人民币清算行的职责与义务，积极推进人民币清算行的各项工作，努力向台湾地区参加行提供安全、优质、快捷的人民币清算服务，为进一步促进海峡两岸经贸合作和人员往来做出新贡献。

2013年2月6日，台湾首批46家金融机构正式开办人民币业务，包括人民币存款、贷款、汇款、贸易结算和理财产品，两岸货币清算业务正式展开。与此同时，中国银行对台湾地区跨境人民币业务全面启动。中国银行台北分行作为台湾地区人民币业务清算行，正式为参加行开立人民币账户、办理人民币清算及结算、提供人民币购售及人民币拆借等服务。同时，中国银行江苏省分行、广东省分行、苏州分行率先汇出至中国银行台北分行，或经由中国银行台北分行转汇至台湾地区本地银行或当地外资银行的多笔汇款；中国银行上海分行、浙江省分行、福建省分行等率先办理当地首笔业务；中国银行多家境内分行还开出了多笔以台湾地区企业为受益人的人民币信用证。

2. 台湾地区的人民币存款和汇款业务

台湾地区的人民币存款银行包括外汇指定银行 (DBU) 及国际金融业务分行 (OBU) 两类。在2013年2月之前，只有国际金融业务分行 (OBU) 经营人民币存款业务，其总量从2012年1月的65.98亿元稳步增长到2013年1月的466.42亿元。台湾地区跨境人民币业务自2013年2月全面启动后，人民币存额迅速增长。如图7所示，2013年2月起台湾地区的人民币存款余额加速增长，特别是在2013年10月超过1000亿元后，仅用一年的时间就连续跨过2000亿、3000亿两个台阶。此后，台湾地区的人民币存款余额呈现高位波动的态势，总额稳定在3000亿元以上，在2015年6月达到最高值3382.18亿元。

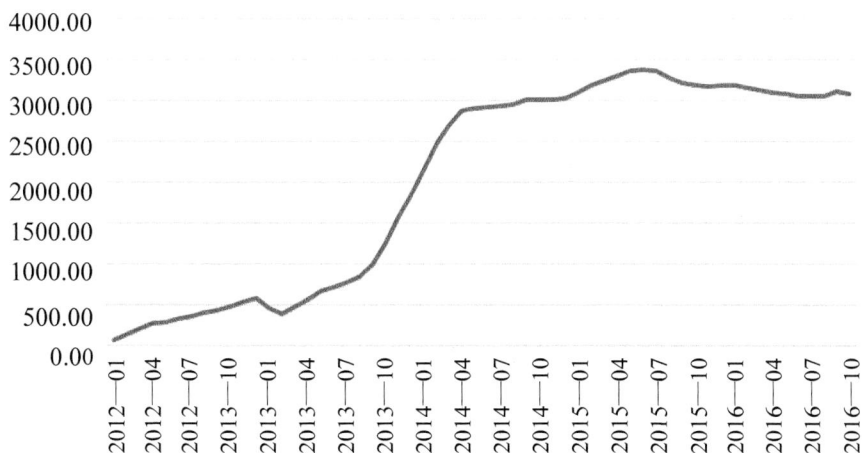

图 7 中国台湾地区人民币存款额（亿元）

数据来源：WIND 数据库

据台湾"金管会银行局副局长"邱淑贞介绍，台湾银行很愿意开展人民币业务，因为利息高、业务多，它们将钱吸纳上来后，不但能保障其借款、投资的资金来源，而且即便转存到中国银行台北分行，也有不错的回报率。人民币在台湾地区的使用范围也不断扩大。不但很多夜市、旅游相关商店可以直接收取人民币，而且在很多银行门口显著位置，都挂出"人民币存款业务"的广告。

台湾地区人民币存款业务的快速增长，还由于人民币存款可以提供较高的利息收入。如图 8 所示，台湾地区各家银行新台币一年期存款利率大多为 1%，而人民币存款利率从 2013 年 2 月全面启动跨境人民币业务时就确定为 1.1%，并在此后的一年内几次上调，至 2014 年 1 月起达到 1.75% 的水平。人民币在台存款总量的持续成长，是岛内民众追捧人民币的一个缩影。

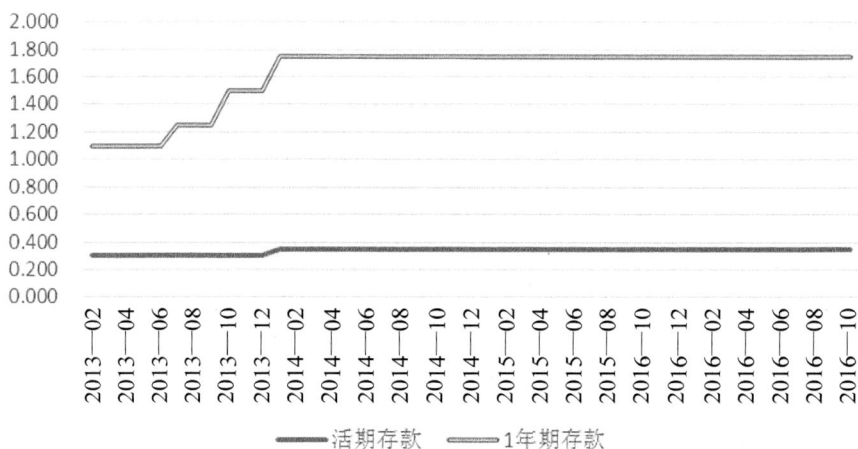

图 8　中国台湾地区人民币存款利率

数据来源：WIND 数据库。

从 2013 年 2 月全面启动跨境人民币业务时起，台湾地区的邮政机构开始办理人民币汇款业务。以往台湾地区民众经邮局汇款到大陆，必须先以新台币兑换成美金，以美金汇出到大陆，大陆亲友领取时，再将美金兑换成人民币；大陆汇款到台湾，同样先将人民币换成美金再转为新台币。2013 年 2 月起，台湾地区民众经邮局汇款到大陆，或大陆汇款到台湾，新台币与人民币可直接换算，比以往减少一次兑换，减少汇兑损失。据台湾"中华邮政公司"统计，2012 年台湾地区汇到大陆的款项有 1.4 万多笔，金额约 13 亿元（新台币，下同），从大陆汇入 2000 多笔，金额约 4 亿元。如图 9 所示，2013 年 2 月起台湾地区的人民币汇款金额迅速增加。2013 年 2 月，人民币汇款金额达 173.07 亿元，到 2015 年 8 月增加到 4073.03 亿元。

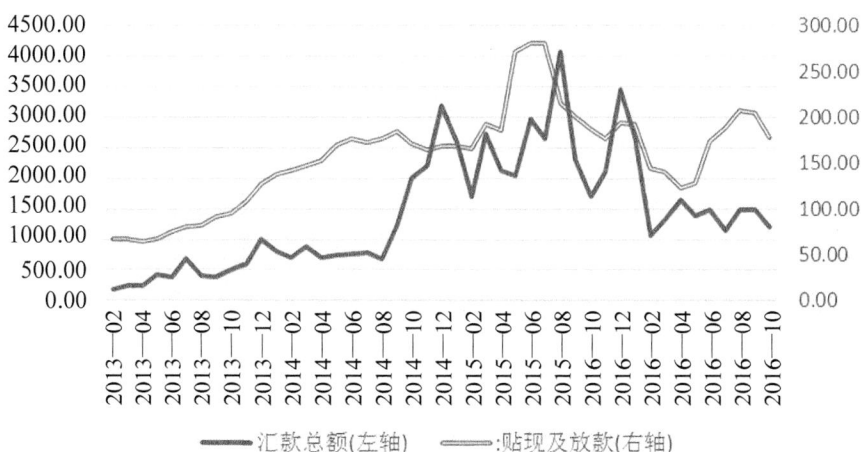

图 9  中国台湾地区的人民币汇款和贴现（亿元）

数据来源：WIND 数据库。

台湾地区的跨境贸易人民币结算业务同样增长迅速。根据 WIND 数据库的统计，2012 年 8 月台湾地区金融机构办理人民币跨境贸易人民币结算 38.28 亿元，此后在短短的半年内，就增长到 2013 年 3 月的 92.51 亿元，折合年增长率240%。从对台湾地区跨境人民币结算的项目构成看，经常项目下结算量显著高于资本项目下，2013 年对台经常项目下人民币跨境结算量占比 86.04%，高出资本项目下占比 72.09 个百分点。从进一步的项目结构细分来看，货物贸易结算量占比呈逐年下降趋势，服务贸易、跨境融资和直接投资的结算量占比呈逐年上升态势。

从收支结构看，跨境贸易人民币结算总体呈净流出态势。2013 年大陆对台人民币结算业务净流出 654.29 亿元，收付比 1 ：1.68。2014 年一季度延续并强化净流出的态势，收付比 1 ：2.93。从项目收支结构细分看，经常项目下呈净流出，资本项目下则呈净流入[1]。2013 年，大陆对台经常项下人民币结算业务实收 722.16 亿元，实付 1504.88 亿元，净流出 782.72 亿元，收付比 1 ：2.08。对台资本项下人民币结算业务实收 244.53 亿元，实付 116.46 亿元，净流入 128.07亿元，收付比 1 ：0.48，其中直接投资项下实收 51.42 亿元，实付 15.46 亿元，

---

[1]  中国人民银行福州中心支行课题组：《台湾地区人民币业务发展分析及推进之策》，《福建金融》，2014 年第 7 期。

净流入 35.96 亿元，收付比 1：0.3。

3. 台湾地区的人民币债券业务

两岸签署人民币清算协议后，台湾地区的人民币存款数量迅速增加，台湾人民币资金急需寻找流通渠道。而根据香港地区的经验，发行人民币债券是疏通人民币资金流动的重要渠道。在此背景下，台湾地区自 2013 年 3 月起逐步开放岛内外发行人在台发行人民币债券。海峡两岸货币清算机制启动以后，在台湾地区发行的人民币计价债券被称为"宝岛债"。

台湾人民币债券的发债规模还比较小。截至 2014 年年底，成功发行的 13 档人民币债券，发行总额为人民币 106 亿元。2013 年 12 月 10 日，交通银行香港分行、农业银行香港分行、中国银行香港分行和建设银行香港分行四家陆资银行首次发行金额合计达到 67 亿元人民币，开启了大陆机构在台成功发行人民币债券的先例[①]。台湾目前已发行的 13 档人民币债券当中，债券期限主要是中短期，其中有九档债券期限为三年，三档为五年。对于人民币债券的投资主体，台湾实行将专业投资机构与一般投资人区隔的双轨制。目前台湾地区人民币债券的投资主体主要是法人机构，特别是大陆交通银行等四家陆资银行发行的七档人民币债券，按规定仅可以销售给专业机构投资者。台湾地区人民币债券品种单一，主要是以人民币发行并以人民币结算的企业债和金融债，特别是大陆地区注册的法人机构，仅可以在台湾募集与发行并销售给专业投资机构的人民币计价普通公司债。

现有"宝岛债"市场规模小、品种少、结构单一、期限结构欠合理，不利于市场化债券收益率曲线的形成和定价机制的完善。目前仅有三类大陆机构被允许发行"宝岛债"：一是大陆政策性银行、国有商业银行、股份制商业银行，及该类银行的海外分行或子行；二是台湾地区金融机构于大陆设立的子行；三是发行人注册于大陆且其股票已于台湾地区证券交易所或柜买中心挂牌交易者的从属公司，并已编列于上市（柜）公司最近一期合并财务报表中。目前大陆机构赴台发行的"宝岛债"仅向专业投资机构销售，不对普通民众开放。因此，台湾可根据岛内人民币资金池的增长渠道及其规划，进行"宝岛债"总量控制、逐期安排，对在岸及离岸发行主体的额度进行合理分配等，逐步扩大陆资机构在台发债总规模，加快形成稳定的两岸人民币资金循环流动路径。

---

① 陈莹：《我国台湾地区人民币债券市场发展动态与思考》，《国际金融》，2014 年第 2 期。

总的来看，人民币业务在台湾地区发展较快，台湾民众对人民币的认可和接受程度也不断提升。据台湾"中央社"报道，星展银行在 2013 年 12 月 19 日至 26 日，以网络调查 30 岁至 35 岁的网友，进行"外汇知识大调查"，结果发现台湾民众持有的外汇，以美元占比约 85.7% 排名最高，其次是人民币约占 25%，之后依序为澳元 19%、欧元 16.2% 和日元 15.6%。

## 第三节　台湾地区在人民币国际化过程的作用

虽然人民币国际化在台湾地区已经取得了一定的进展，但是较之于台湾地区与大陆的密切经济联系，以及较之于香港地区人民币国际化的发展，台湾地区目前在人民币国际化中发挥的作用仍然是较为有限的。限于数据的可得性，我们用台湾地区的人民币存款余额代表台湾地区的人民币国际化水平，对此做一个分析。

### 一、人民币在台湾地区与香港地区的使用比较

人民币在香港地区的使用比在台湾地区早得多。1997 年香港回归祖国并设立特别行政区后，内地与香港间的人员往来和经济联系比回归前密切，逐渐形成了在香港地区的人民币存量资金。2004 年 2 月，香港地区的人民币存款余额为 8.95 亿元，到 2004 年 11 月首次超过 100 亿元，增加到 105.82 亿元；2008 年 3 月首次超过 500 亿元，增加到 575.85 亿元。此后一年，香港地区的人民币存款余额经过了一些反复，最高达到 776.75 亿元，最低降至 530.20 亿元。2009 年 7 月启动跨境贸易人民币结算后，香港地区的人民币存款余额开始稳步上升。图 10 是 2009 年 7 月以后香港和台湾地区的人民币存款余额变动情况。

图 10　香港和台湾地区的人民币存款（亿元）

数据来源：WIND 数据库。

由图 10 可知，台湾地区在人民币国际化的启动时间、发展水平等方面均落后于香港地区。2009 年 7 月香港地区的人民币存款余额已经达到 559 亿元，此后经历了一个迅速增长的时期，到 2012 年 1 月人民币存款余额增加到 5759.6 亿元，而此时台湾地区的人民币存款刚刚起步，余额只有 66 亿元。2012 年 10 月起，香港地区的人民币存款余额开始第二轮快速增长，随后台湾地区的人民币存款余额也开始了一轮较快增长。这一轮增长到 2014 年年底结束，香港地区的人民币存款余额于 2014 年 12 月达到 10035 亿元的历史高点，台湾地区的人民币存款余额则在 2015 年 6 月达到最高水平 3382 亿元。2015 年 8 月人民币汇率形成机制改革后，香港地区的人民币存款余额出现了一个明显的下降期，到 2016 年 10 月降低到 6625 亿元。台湾地区的人民币存款余额则保持了大体稳定的趋势，在 3000 亿元以上的水平。目前台湾地区的人民币存款余额大体相当于香港地区的一半左右。

二、人民币在中国台湾地区使用与新加坡使用的比较

如图 11 所示，新加坡是较早开始办理人民币存款业务的国家，至 2012 年 6 月余额达到 600 亿元，高于当时台湾地区的人民币存款量。此后，新加坡的人民币存款增长较为平稳，到 2014 年 6 月达到 2240 亿元人民币。台湾地区的人民币存款则在 2013 年 3 月起有一个较快的增长，特别是在 2013 年 9 月起迅

速增加。2013 年 12 月，台湾地区的人民币存款余额为 1826 亿元，与新加坡地区的人民币存款余额为 1860 亿元基本相当。此后，台湾地区的人民币存款余额超过了新加坡的人民币存款余额，并保持在 3000 亿元人民币的水平。而新加坡的人民币存款余额在保持在 2000 亿元左右的水平，约两年后，出现了一个明显的下降趋势，到 2016 年 9 月下降到 1200 亿元。

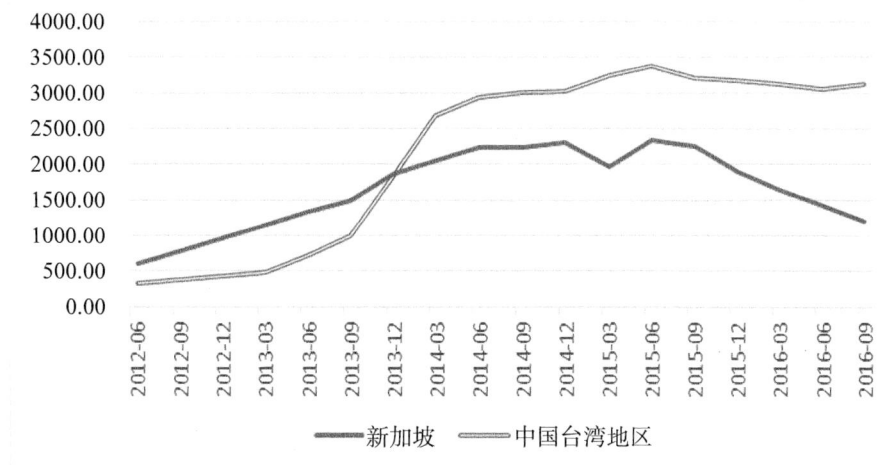

图 11　新加坡与中国台湾地区的人民币存款

数据来源：WIND 数据库。

至 2014 年 1 月末，中国台湾地区人民币存款已逾 2000 亿元，中国台湾已取代新加坡成为仅次于中国香港的人民币境外地区，但新加坡人民币结算量却远超中国台湾，2013 年新加坡人民币结算量 6121.7 亿元，高出台湾 3533.31 亿元；占跨境人民币业务总量的 9.8%，高出台湾 5.6 个百分点。从项目结构细分来看，中国台湾人民币收付主要集中在货物贸易项目下（占 81.03%），而新加坡货物贸易人民币收付仅占其跨境人民币总收付量的 45.2%，但新加坡服务贸易人民币收付占比（29.7%）以及跨境融资人民币收付占比（18.14%），则分别高出台湾 26.52 个百分点和 6.97 个百分点。

三、人民币在中国台湾地区使用与在英国使用的比较

由于人民币在英国使用的数据序列不完整，我们不再绘图比较人民币在台湾地区使用与在英国使用的情况，只做一些文字描述。英国的离岸人民币业务

从 2011 年 12 月开始办理，人民币个人存款 38 亿元，人民币企业存款 30 亿元。此后，英国的人民币个人存款逐渐下降到 20 亿元，人民币企业存款在 2014 年 12 月的 167 亿元后，也开始下降到 82 亿元。英国的人民币同业存款在 2011 年 12 月最高为 740 亿元，此后逐渐下降到 95 亿元。英国的人民币结算信用证业务，大体保持在 10 亿元上下的水平。英国的进出口融资人民币结算业务量相对较大，从 2011 年 12 月的 84 亿元增加到 2014 年 6 月的 257 亿元。

相比之下，人民币在台湾地区使用的规模要超过英国。2012 年 8 月台湾地区金融机构办理人民币跨境贸易人民币结算 38.28 亿元，此后在短短的半年内，就增长到 2013 年 3 月的 92.51 亿元，折合年增长率 240%。台湾地区跨境人民币业务自 2013 年 2 月全面启动后，人民币存额迅速增长，特别是在 2013 年 10 月超过 1000 亿元后，仅用一年的时间就达到 3000 亿的水平。此后，台湾地区的人民币存款余额呈现高位波动的态势，总额稳定在 3000 亿元以上。但是，英国特别是伦敦的国际金融中心地位有助于人民币在英国的进出口融资、同业存款等业务，而在台湾地区的人民币离岸业务品种较少，主要是与居民和企业有关的存款和贸易结算业务，缺少金融中心的支撑。

总起来说，相对于台湾地区与大陆的贸易投资额和经济往来的密切程度，人民币在台湾地区使用的情况是相对滞后的。此外，台湾地区在人民币离岸市场发展中的作用、台湾地区在人民币清算和回流机制建设中的作用，目前均没有充分发挥。

## 第四节 "一带一路"战略与人民币国际化的互动关系

### 一、"一带一路"战略为人民币国际化提供广阔的市场空间

作为新兴大国的货币，人民币国际化的一个重要困难是国际市场接受度不高。由于货币惯性，市场交易者在没有升值预期时缺乏用人民币替代其他国际货币的动力。"一带一路"建设将促进市场交易者接受人民币作为国际货币。

首先，"一带一路"建设将推动人民币在有关政府间合作项目中的使用。"一带一路"沿线大多是新兴经济体和发展中国家，处于工业化、城市化快速推进时期，基础设施投资规模大，回收期限长，政策风险大，私人资本通常不愿介入，致使大多数国家和地区基础设施发展滞后，经济稳定增长遇到瓶颈约束。中国是"一带一路"建设中金融支持的组织者、资金的重要供给者，人民币应该成为基础设施融资的关键货币。例如，在"一带一路"沿线国家推广人民币

与有关本币的直接兑换,沿线国家的中央银行将人民币纳入外汇储备,商业银行将人民币纳入直接报价货币,等等。

其次,"一带一路"建设将带动中国在沿线国家的投资和贸易,扩大人民币的使用范围。亚投行(亚洲基础设施投资银行)和丝路基金的设立,能够进一步扩大贸易结算领域和人民币的使用,并增加人民币计价的海外融资,为人民币的国际化提供支持。在基础设施投资上,中国的成就和经验有目共睹,相关的生产能力也十分充足。因此,亚投行和丝路基金等支持的投资项目,完全可以采用人民币作为基准投资货币。有关国家的项目实体在获得人民币投资后,既可以向中国购买相关产品和劳务,也可以向其他国家购买,或者在国际金融市场上根据需要兑换成其他货币。

再次,"一带一路"建设将为人民币在市场交易中使用提供示范。在沿线国家的私人企业对人民币尚不熟悉的情况下,通过在政府间合作项目中使用人民币,可以形成示范效应,提高私人企业对人民币的接受度。第一步是凡是使用亚投行、丝路基金等支持的投资项目均以人民币计价结算并形成财务报表,与其他私人企业的财务往来也以人民币为基准货币。这样沿线国家的私人企业将有更多的机会接触到用人民币进行贸易、投资的业务。日积月累之下,私人企业有望不断扩大人民币的使用,最终习惯于人民币作为一种新的国际货币。

二、人民币国际化推动"一带一路"沿线国家的深层次合作

"一带一路"战略所涉及的沿线国家,与中国过去 30 多年改革开放所涉及的主要国家之间存在很大的差异。过去 30 多年我们主要是与西方发达国家打交道,它们的政治经济制度比较成熟,我们主要是进行学习和借鉴。"一带一路"战略沿线国家在政治制度、经济体制、文化背景等方面有很强的异质性,其中不少国家的发展水平与中国相似甚至低于中国。

"一带一路"战略沿线国家在汇率制度安排和国际资本交易方面普遍存在较多的限制。根据国际货币基金组织(IMF)发布的《汇率安排和汇兑限制年报》(Annual Report on Exchange Arrangements and Exchange Restrictions, AREAER)中关于各国汇率和资本账户开放情况的说明,2014 年在 64 个"一带一路"沿线国家中(不包括巴勒斯坦),承诺经常项目可兑换的"第八条款国"有 53 个,阿富汗、不丹、伊拉克等 11 个国家对经常账户交易仍然存在限制。在汇率制度安排方面,有 1 个国家(黑山)没有自己的法定货币(使用欧元),有 3 个国家实行货币局制度(保加利亚、文莱、波斯尼亚和黑塞哥维纳),11 个国家实

行传统钉住汇率，13 个国家实行对某种主要货币的稳定性安排，7 个国家实行类似爬行钉住汇率，15 个国家实行浮动汇率，还有 8 个国家是欧元区成员国。有 5 个"一带一路"沿线国家实行双重汇率，另外 5 个沿线国家实行多重汇率。"一带一路"沿线国家汇率制度的另一个特点是除少数发达经济体实行浮动汇率和欧元区成员国使用欧元外，大多数国家以美元为本国货币的名义锚。在 31 个实行钉住、爬行钉住汇率等稳定汇率制度的国家中，有 28 个是钉住美元，只有不丹是钉住其他货币（印度卢比），马其顿、克罗地亚钉住欧元。因此，总体来看在汇率和资本项目安排方面，"一带一路"沿线国家存在汇率制度不自由、资本账户交易限制较多的特点，而且大多数国家钉住美元或以美元为本币汇率的基础，其对外贸易和投资结算货币也以美元为主，欧元其次，人民币的使用范围相当有限。

坚持市场运作是实施"一带一路"战略的重要原则之一。因此，要遵循市场规律和国际通行规则，充分发挥市场在资源配置中的决定性作用和各类企业的主体作用，同时发挥好政府的作用。沿线国家的汇率多是以美元为基础的钉住或近似钉住制度，并且保持较多的资本管制，这种情况可能对实施"一带一路"战略产生不利影响。

第一，限制了融资来源。目前"一带一路"沿线国家的国际融资渠道主要是伦敦、纽约等传统的国际金融中心，面临着来自发达国家企业融资的激烈竞争，又容易受到穆迪、标准普尔等国际评级机构的不公正对待，融资来源有限。特别是评级机构对发展中国家进行的主权信用评级，往往过度考虑政治制度等因素，使发展中国家在国际金融市场发行债券的成本上升。但是发展中国家放松资本管制，又容易遭受国际短期资本的冲击。

第二，加大了投资风险。钉住或近似钉住美元的汇率制度使"一带一路"沿线国家的国际收支直接受到美元升值或贬值趋势的影响。美元升值会增加它们的外债负担，美元贬值则损害它们的出口竞争力。对于沿线国家的企业，美元汇率的剧烈波动增加了它们的投资风险，往往需要在国际金融市场上采取期货、期权等方式对冲，这又增加了投资的成本。

第三，不利于"一带一路"沿线国家的深层次合作。"一带一路"贯穿亚欧非大陆，一头是活跃的东亚经济圈，一头是发达的欧洲经济圈，中间广大腹地国家经济发展潜力巨大。沿线各国资源禀赋各异，经济互补性较强，彼此合作潜力和空间很大。2008 年金融危机以来，以美元霸权为特征的国际货币体系的内在缺陷受到广泛的批评。沿线国家完全可以加强在资本账户开放和汇率制度安排上的机制性合作。

人民币从 2016 年 10 月 1 日起正式成为国际货币基金组织 SDR 的篮子货币之一，为推动"一带一路"沿线国家认同和接受人民币提供了重要的保证。从此人民币成为与美元、欧元、英镑和日元并列的第五种 SDR 篮子货币。这意味着人民币从此开始享有储备货币的地位，成为国际上的硬通货。伴随着中国经济的不断增长，中国在世界贸易中的地位不断提升，跨境贸易人民币结算顺势扩张，人民币国际化日渐加深，在世界货币中的地位不断提高。人民币正式被 IMF 纳入 SDR，是对人民币国际化成果的高度认同，更是对中国大国地位的肯定，是中国崛起的又一有力证明。特别是在当前中国经济进入"新常态"，外界对中国陷入"中等收入陷阱"充满疑虑的背景下，人民币"入篮"能对人民币发挥重要的信心支撑作用。以人民币正式入篮为契机，完全有可能使更多的"一带一路"沿线国家接受和使用人民币办理进出口贸易、投资融资等活动，不断深化中国与"一带一路"沿线国家的经济贸易合作。货币制度的合作是国际间的深层次合作。欧盟的合作就是从欧洲共同体的产业合作逐渐发展到欧洲货币体系和欧元区合作。在"一带一路"沿线国家，目前还没有开展广泛货币合作的先例。因此，在人民币国际化上合作将会增加互信，为实施好"一带一路"战略创造条件。

## 第五节　两岸合作推动"一带一路"和人民币国际化的政策措施

人民币国际化与"一带一路"是中国经济的两大战略，它们的实施具有内在的相互促进关系。台湾地区作为大中华经济圈的重要组成部分，目前在人民币国际化中发挥的作用仍然有限。因此，未来应该加强两岸合作互信，便利人民币在台湾地区使用。大陆是台湾的第一大贸易伙伴，台湾则是大陆的第五大贸易伙伴；大陆是台湾地区名列日本之后的第二大亚洲投资地，台湾对大陆直接投资亦一直位居前列。两岸密切的经贸往来为扩大台湾地区人民币资金供求奠定了坚实基础。两岸合作推动"一带一路"战略实施和人民币国际化，具有广阔的空间。

一、加快两岸金融合作制度建设的顶层设计和制度性安排

相比制造业、农业等实体经济的合作，两岸金融合作具有一定的风险和不

确定性,真正能深化两岸金融交流关系的基础在于两岸制度性合作的建立。两岸应超越过去仅在遇到问题时才被迫协商的方式,在两岸积极协商的基础上确定两岸金融合作的战略方向,面向未来从战略高度对两岸金融合作进行"顶层设计"。当前应着重考虑以两岸货币清算合作备忘录的签订为契机,实现新台币与人民币的直接结算,不断完善资金清算和货币互换机制。同时,借鉴大陆与香港货币互换协议的签订及续签的经验,加快协商进程及早签订两岸货币互换协议,为台湾岛内的人民币业务发展提供更大空间。

相对于香港地区的金融自由化制度,台湾的货币当局和金融监管机构的政策倾向总体上严重偏于谨慎,对于银行业务的管控也可谓事无巨细,日常经营的汇报制度相当繁琐,而对于业务准入资格,也往往对各个产品逐项审批,而非统一授权,对经营效率造成的影响很大。而陆资银行作为人民币业务的枢纽,目前在政策方面受到限制仍然较多,甚至作为人民币清算行的中银台北也未能幸免,一些重要的金融业务一直不能开办。这就使得人民币清算行本身的一些优势难以得到进一步发挥,从而在一定程度上阻碍了人民币业务的推进,限制了台湾地区开展人民币业务的竞争力。两岸应该在金融机构的市场准入方面展开进一步合作,促进人民币在台湾地区的使用。

以"宝岛债"为突破口,规划建设台湾人民币离岸中心。自 2013 年 3 月首笔"宝岛债"正式上柜挂牌以来,台湾已发行多笔人民币债券,并于近期开放大陆企业赴台发行"宝岛债"。由于大陆的优质企业和台资企业都存在旺盛的资金需求,但融资成本比台湾地区高出不少。因此,以金融市场合作为抓手,进一步拓宽金融合作领域,实现两岸资本市场相互开放推动大陆企业在台发行"宝岛债",同时协助台湾地区建立人民币回流机制,开始进行台湾地区人民币离岸中心建设的前期工作。

二、利用台湾地区产业优势在"一带一路"沿线国家扩大人民币的使用

二战胜利后,台湾地区摆脱了日本的殖民统治,产业结构也从以农业和资源为主的结构向现代产业结构转变。随着全球产业分工向水平分工和混合分工发展,全球产业价值链加速重构,台湾地区积极融入全球产业价值链,通过承接国际产业转移加快推进工业化进程,积极推进劳动密集型产业向资本密集型和技术密集型产业转型,石化、钢铁、汽车和造船、电子电器产业和纺织服装业发展成为主导优势产业。工业化加快推进使台湾地区第一产业所占比例加速递减,第二产业所占比例逐年提高。到 20 世纪 80 年代,随着产业规模的扩大

以及受惠于全球产业新技术的出现，台湾地区产业结构又开始加快向高科技产业、高附加值制造业和第三产业转型，高新技术产业和服务业逐渐发展成为台湾地区的主导产业。2008年，台湾地区第三产业所占比例达到历史最高点，三次产业结构演变为1.69∶25.04∶73.27。2007—2014年，台湾地区生产性服务业产业规模超过消费性服务业。2014年，台湾地区服务业生产规模为10万亿新台币，其中生产性服务业为5.17万亿新台币，消费性服务业为4.86万亿新台币；2007—2014年生产性服务业年均增长速度为2.09%，消费性服务业年均增长速度为2.69%。

台湾地区生产性服务业的优势可以与大陆的加工贸易优势相互配合，共同推进人民币在"一带一路"沿线地区的使用。生产性服务是制造业知识、技术密集化的构成要素，是现代制造业发展竞争力的重要源泉，在制造业转型升级中起着至关重要的作用。随着制造业将内部的生产性服务业独立出去，使企业的生产效率得以提高；另一方面，生产性服务业是提升制造业价值链的关键和核心，通过知识和技术的输出，可以提高制造业的创新能力，提高产品的附加价值，最终打造制造业的核心竞争力。2013年中国服务领域（包括房地产、零售、金融等）在GDP中占比46%，其中，生产性服务业在服务产品、服务手段、配套制度等方面的创新能力较弱，整个产业能级较低。生产性服务业研发投入的比例远低于发达国家的平均水平，并且以政府投入为主，主要集中在计算机、邮电通信、金融服务等少数行业，造成顾客满意率低，全球化程度不高，国内市场对高端生产性服务业的需求不足。中国大陆生产性服务业的相对滞后导致产品的国际竞争力不强，在选择国际贸易和计价结算货币时处于劣势，限制了人民币的国际使用。如果由台湾地区生产性服务业机构为大陆企业的制造业产品提供服务，共同提高产品国际竞争力，有可能达到1+1>2的效果。

### 三、利用台湾地区金融优势为"一带一路"战略提供人民币融资服务

相比于大陆的金融机构，台湾地区金融机构受到的保护较少，市场竞争压力更大，这导致了台湾地区金融机构的竞争优势。在银行业方面，大陆商业银行长期处于政府的过度保护下，严格的利率管制使得大陆商业银行缺乏动力去进行风险管理，同时其绝对的垄断地位也造成了大陆商业银行在应对市场风险方面能力不足。台湾地区商业银行的不良贷款率、中间业务收入占比等指标要好于大陆商业银行，体现了台湾地区商业银行在风险管理、服务创新以及产品

多元化等方面的优势。

在资本市场发展方面，台湾地区资本市场层次多样化，从台湾集中交易市场到上柜市场、兴柜市场和盘商市场，层层细分，环环相扣，不同层次的资本市场有不同的上市标准、不同的服务对象及不同的交易规则，几乎所有寻求融资的企业都可以在多层次市场体系中找到适合的平台，这样有利于资源的充分利用。相比之下，大陆资本市场虽已形成主板、中小板、创业板等多个层次，但从发行、上市、交易、监控到退市制度等方面的差异性并不大，大陆创业板、中小板与主板市场上市门槛同质化程度高，准入条件严格，代办股份转让系统市场规模很小，交易也不活跃；地方性产权市场结构割裂，各地的产权交易机构的组织体制差异较大，各地产权市场间信息传导渠道不畅，难以形成资源共享，缺乏统一的监管主体和法律规章。

"一带一路"战略需要大量的资金投入。虽然中国大陆的 GDP 总量居世界第二位，但是由于人口众多、区域经济发展不平衡、金融市场效率不够高，推进"一带一路"战略仍然需要来自其他渠道的资金支持。台湾地区经济发展已经处于后工业化阶段，地区内的投资机会减少，投资收益率下降。因此，两岸在为"一带一路"战略提供人民币融资服务方面具有合作的巨大潜力。随着人民币在台湾地区使用规模的不断增长，可以考虑由台湾地区商业银行向"一带一路"沿线地区企业发放人民币贷款，以及"一带一路"沿线地区企业在台湾地区资本市场发行人民币债券融资。

## 参考文献

1. Calvo and Reinhart, *fear of floating*, NBER working papers No.7993, Nov. 2000.

2. F. Mishkin, *the Economics of Money*, Banking & Financial Markets, 9e, 2010.

3. 陈莹：《我国台湾地区人民币债券市场发展动态与思考》，《国际金融》，2014 年第 2 期。

4. 戴双兴：《海峡两岸多层次资本市场比较及合作路径探析》，《台湾研究集刊》，2014 年第 1 期。

5. 贾莹：《生产性服务业对制造业转型升级的作用机制研究》，《技术与创新管理》，2016 年第 1 期。

6. 李公辅：《人民币清算行与人民币市场发展：基于台湾的分析》，《特区经济》，2014 年第 5 期。

7. 林景沛：《台湾地区人民币债券市场发展契机与展望》，《福建金融》，2014 年第 9 期。

8. 姚大庆：《对欧元区共同边界效应的检验——兼论欧元区是否满足最优货币区的条件》，《世界经济研究》，2012。

9. 章颖薇:《基于层次分析法下两岸商业银行竞争力比较研究》,《亚太经济》,2014 年第 4 期。

10. 中国人民银行:《2016 年人民币国际化报告》,中国金融出版社,2016 年 7 月。

11. 中国人民银行福州中心支行课题组:《台湾地区人民币业务发展分析及推进之策》,《福建金融》,2014 年第 7 期。

# 第四章　"一带一路"框架下的两岸金融之合作

2008 年美国金融海啸与随后的欧债危机发生，对全球经济造成重大的冲击，之后欧、美、日等国经济持续疲软，已开发经济体本身成长动能大幅衰退，更难以肩负推动全球经济成长与发展的重责大任，造成世界经济成长大幅下滑。而近年来由于新兴市场经济体快速的崛起，俨然已成为全球经济成长的新动力，中国大陆与东南亚各经济体的表现更是亮眼。

中国台湾地区与东南亚各经济体一直维持相当密切的经贸关系，过去三波的"南向政策"（1994—1996 年、1997—1999 年、1999—2002 年），使台商大量前往东南亚投资。虽然 2002 年后未再有"南向政策"名称出现，但台商在东南亚的投资亦未曾间断。根据台湾"投审会"资料，台湾地区对东南亚投资的金额在 20 世纪 90 年代开始上升，在 2000 年左右达到最高峰，2000 年对东南亚投资金额达 13.77 亿美元，2006 年为历史次高，达 12.76 亿美元，之后虽时有波动，但均在 2 亿美元以上。以投资比重而言，1990 至 2000 年对外投资中几乎每年均有 10%—20% 的比重投资于东南亚各经济体，是除了中国大陆之外，台湾地区对外投资的重点区域，2000 年后虽然比重有所下降，但亦多在 5%—10% 之间。

2016 年政权轮替后，新执政当局着手积极推动"新南向政策"。时任民进党主席的蔡英文在竞选时即提出若民进党执政，将推动"新南向政策"，建立多元、多面向伙伴关系。当选之后，经过数月的规划，"新南向政策纲领"（以下简称"纲领"）于 2016 年 8 月 16 日正式公布。

从内容上看，"新南向政策"秉持"长期深耕、多元开展、双向互惠"的核心理念，整合各行政单位、地方政府，以及民间企业与团体的资源与力量，从经贸合作、人才交流、资源共享与区域链结四大面向着手，期望与东盟、南亚及新西兰、澳大利亚等经济体，创造互利共赢的新合作模式。"新南向政策"提出总体与长程目标包括两项：

一方面，在于促进中国台湾地区和东盟、南亚及新西兰、澳大利亚等经济体的经贸、科技、文化等各层面的链接，共享资源、人才与市场，创造互利共赢的新合作模式，进而形成"经济共同体意识"与建立起广泛的协商和对话机制，深化与东盟、南亚及新西兰、澳大利亚等经济体的合作共识，并有效解决相关问题和分歧，逐步累积互信及共同体意识。依据这一规划，台湾行政主管部门于2016年9月5日提出"新南向政策推动计划"（以下简称"推动计划"），且随之成立经贸谈判办公室，负责统筹与协调"新南向政策"之相关执行工作。

另一方面，国家主席习近平于2013年提出建构"一带一路"倡议与成立亚洲基础设施投资银行（Asian infrastructure investment bank, AIIB, 简称亚投行）的倡议。"一带一路"是"丝绸之路经济带"与"21世纪海上丝绸之路"的简称，这是习近平主席继提出"中国梦"后的另一个重要的国家整体经贸发展战略。其中"一带"包括三个走向，从中国大陆出发，一是经中亚、俄罗斯到达欧洲，二是经中亚、西亚到达波斯湾和地中海，三是中国大陆到东南亚、南亚、印度洋。而"一路"则有两个走向，一是从中国大陆沿海港口过南海到印度洋，延伸至欧洲，二是从中国大陆沿海港口过南海到南太平洋。而亚投行则是与金砖国家银行（BRICS）、丝路基金（Silk Road Fund）相同，均是对"一带一路"沿线国家和区域基础建设的重要金融支持。

虽然新兴市场国家的经济表现不俗，市场规模亦日益扩大，甚至超越许多先进国家，然而在目前国际性的经贸组织如世贸组织（WTO）、世界银行（World Bank）、国际货币基金会（International Monetary Fund, IMF）、亚洲开发银行（Asian Development Bank, ADB）等均是由美国、日本、欧盟等先进国家主导，在经贸谈判上发展国家往往居于劣势。然而，在新兴经济体快速崛起之下，这些国家或地区在上述的经贸规则下却难有发言权，就连世界第二大经济体的中国大陆（若以IMF公布利用购买力平价计算已经超过美国，成为第一大经济体）亦无法获得与其经济实力相符的对待。因此中国大陆认为既然美国参议院对美元货币体系改革关上大门，中国大陆何不走出这些机构，与其他国家创建新的体系，无论是新开发银行或是亚投行，"如果进入旧秩序的成本太高，那么不妨建立新的国际规则"[①]，由此可见，中国大陆极力推动"一带一路"战略与亚投行、新开发银行与丝路基金等金融组织，相当程度是要在现有架构下，建构出一个中国大陆倡导的、由发展中国家主导（或相对主导）的国际经贸与金融体系。

由前所述可以发现，在一定程度上，台湾的"新南向政策"与中国大陆的

---

① 史可、杨为学：《亚投行金融攻略》，http://www.xzbu.com/3/view-6418944.htm。

"一带一路"具有若干相同的地方。如两者均以强调"走出去"的区域经济合作为政策重点，且在区域布局上有相当程度的重合；"一带一路"中的"海上丝绸之路"与台湾"新南向政策"中锁定的重点区域均主要是东南亚与南亚经济体。就现阶段情况看，虽然"一带一路"初期是以基础建设为主，但未来仍会扩展到贸易与投资等领域合作，与"新南向政策"所涉及的领域有重叠。

然而，无论是"新南向政策"或是"一带一路"，无论是基础建设、投资或贸易，均离不开金融方面的支持。因此，在两项战略规划中都不约而同地突显出金融配合的重要性，甚至中国大陆还特别设立如亚投行等金融组织。由此可见，两岸金融业借此都将会有非常大的发展空间。

从目前情况分析，两岸金融业发展各有其优劣势，若可以进行优势互补，两岸金融业应适时把握此机会，共同合作拓展"新南向政策"与"一带一路"沿线的商机，并共同规避融资的风险，可以为两岸金融业的合作发展提供更广阔的空间。

缘此，本研究从金融的角度讨论台湾"新南向政策"和中国大陆"一带一路"战略对两岸金融业合作与发展之意涵，分析两岸在"一带一路"战略下的金融合作之机会与挑战。

# 第一节 "新南向政策"对两岸金融合作之意涵

## 一、"新南向政策"的提出

根据 Global Insight 预估，东盟十个经济体及南亚六个经济体未来五年（2017—2026 年）平均每年经济成长率分别达 4.8% 及 5.8%，远高于全球经济成长率 3.0%；东盟经济体中以柬埔寨、老挝、越南与缅甸等的成长速度最大，平均经济成长率突破 6%；南亚各经济体中的印度亦高达 7.2%（请见表 1）。

另外，东盟经济共同体（ASEAN Economic Community, AEC）亦已于 2015 年年底正式成立，AEC 所涵盖的人口数达 6.26 亿人，是全球人口数量第三大市场，仅次于中国大陆及印度。东盟及南亚人口结构年轻，70% 的人口年龄不满 40 岁，且中产阶级大量兴起，内需消费潜力庞大。以经济规模来看，AEC 加计南亚及新西兰、澳大利亚的 GDP 约占全球 8.8%，由此看来，东盟、南亚与新西兰、澳大利亚的市场规模庞大且未来成长可期。

表 1 东盟、南亚及澳洲未来预期经济成长率

| 经济体 | 2017 | 2018 | 2019 | 2020 | 2021 | 2022 | 2023 | 2024 | 2025 | 2026 | 平均 |
|---|---|---|---|---|---|---|---|---|---|---|---|
| 印度尼西亚 | 5.1 | 5.2 | 5.3 | 5.5 | 5.5 | 5.4 | 5.1 | 5.1 | 5.0 | 4.9 | 5.2 |
| 菲律宾 | 6.0 | 6.0 | 5.9 | 5.7 | 5.4 | 5.3 | 5.1 | 4.8 | 4.6 | 4.5 | 5.3 |
| 泰国 | 3.0 | 3.1 | 3.0 | 3.4 | 3.5 | 3.6 | 3.6 | 3.6 | 3.5 | 3.5 | 3.4 |
| 马来西亚 | 4.0 | 4.4 | 4.9 | 5.2 | 5.1 | 5.1 | 5.1 | 4.8 | 4.6 | 4.6 | 4.8 |
| 新加坡 | 1.8 | 1.9 | 2.3 | 2.8 | 3.1 | 3.1 | 2.9 | 2.9 | 2.8 | 2.6 | 2.6 |
| 文莱 | 1.3 | 1.4 | 1.5 | 1.5 | 1.6 | 1.7 | 1.8 | 1.9 | 1.9 | 1.8 | 1.6 |
| 越南 | 6.3 | 6.6 | 6.4 | 6.2 | 6.2 | 6.1 | 6.0 | 6.0 | 5.8 | 5.6 | 6.1 |
| 缅甸 | 7.3 | 7.3 | 7.0 | 6.8 | 6.6 | 6.3 | 6.1 | 5.9 | 5.7 | 5.5 | 6.5 |
| 柬埔寨 | 6.9 | 6.8 | 6.6 | 6.5 | 6.3 | 6.3 | 6.2 | 6.1 | 6.1 | 6.0 | 6.4 |
| 老挝 | 7.0 | 6.9 | 6.8 | 6.6 | 6.5 | 6.4 | 6.3 | 6.2 | 6.1 | 6.0 | 6.5 |
| 印度 | 7.5 | 7.7 | 7.8 | 7.7 | 7.6 | 7.4 | 6.8 | 6.5 | 6.4 | 6.1 | 7.2 |
| 巴基斯坦 | 5.3 | 5.1 | 5.4 | 5.2 | 5.1 | 5.4 | 5.5 | 5.4 | 5.0 | 5.2 | 5.2 |
| 孟加拉国 | 1.1 | 5.9 | 6.5 | 8.1 | 8.3 | 7.6 | 7.2 | 6.8 | 6.5 | 5.4 | 6.4 |
| 尼泊尔 | 4.4 | 4.2 | 3.9 | 4.0 | 4.1 | 4.2 | 4.3 | 4.4 | 4.4 | 4.3 | 4.2 |
| 斯里兰卡 | 5.5 | 5.6 | 5.8 | 5.6 | 5.4 | 5.3 | 5.3 | 5.2 | 5.1 | 5.1 | 5.4 |
| 不丹 | 6.0 | 7.6 | 7.9 | 6.8 | 6.4 | 6.3 | 6.2 | 6.1 | 6.0 | 5.9 | 6.5 |
| 澳大利亚 | 2.5 | 2.7 | 2.9 | 2.8 | 2.8 | 2.8 | 2.7 | 2.6 | 2.5 | 2.5 | 2.7 |
| 新西兰 | 2.0 | 2.2 | 2.1 | 2.2 | 2.4 | 2.4 | 2.3 | 2.3 | 2.3 | 2.2 | 2.2 |

数据源：Global Insight（2016—11—15）。

从另一方面看，台湾地区与东盟各经济体的贸易与投资占比相当高，2015年台湾地区与东盟贸易额占台湾地区贸易总额的 15.56%，出口占比为 18.16%，仅次于大陆。台商对东盟的投资累计高达 869 亿美元，亦仅次于大陆。截至2016 年 7 月，台湾外籍配偶累计近 51.7 万人，其中来自东盟的人数已突破 14.5万人。此外，蓝领外劳已接近 59 万人（2015 年），主要来自印度尼西亚、越南、菲律宾及泰国，由此可见台湾地区与东盟的经贸连结程度非常高。

表 2　中国台湾地区与东盟、南亚与澳洲主要经济体 2015 年贸易概况

| 区域 | 经济体 | 贸易金额（亿美元） | 比重(%) | 出口金额（亿美元） | 比重(%) | 进口金额（亿美元） | 比重(%) |
|---|---|---|---|---|---|---|---|
| 东盟 | 新加坡 | 243.669 | 4.787 | 172.563 | 6.155 | 71.106 | 3.110 |
| | 马来西亚 | 136.493 | 2.682 | 71.337 | 2.544 | 65.156 | 2.850 |
| | 越南 | 119.861 | 2.355 | 94.720 | 3.378 | 25.141 | 1.100 |
| | 泰国 | 95.974 | 1.886 | 56.615 | 2.019 | 39.359 | 1.722 |
| | 菲律宾 | 92.799 | 1.823 | 74.451 | 2.655 | 18.347 | 0.803 |
| | 印度尼西亚 | 89.674 | 1.762 | 30.383 | 1.084 | 59.291 | 2.593 |
| | 柬埔寨 | 7.445 | 0.146 | 6.780 | 0.242 | 0.664 | 0.029 |
| | 文莱 | 3.726 | 0.073 | 0.238 | 0.008 | 3.488 | 0.153 |
| | 缅甸 | 2.704 | 0.053 | 2.170 | 0.077 | 0.534 | 0.023 |
| | 老挝 | 0.175 | 0.003 | 0.033 | 0.001 | 0.142 | 0.006 |
| 南亚 | 印度 | 48.113 | 0.945 | 29.335 | 1.046 | 18.779 | 0.821 |
| | 孟加拉国 | 9.875 | 0.194 | 9.005 | 0.321 | 0.870 | 0.038 |
| | 巴基斯坦 | 6.523 | 0.128 | 4.279 | 0.153 | 2.244 | 0.098 |
| | 斯里兰卡 | 4.628 | 0.091 | 4.084 | 0.146 | 0.545 | 0.024 |
| | 尼泊尔 | 0.078 | 0.002 | 0.060 | 0.002 | 0.018 | 0.001 |
| | 不丹 | 0.002 | 0.000 | 0.002 | 0.000 | 0.000 | 0.000 |
| 新西兰 | 新西兰 | 12.689 | 0.249 | 4.278 | 0.153 | 8.410 | 0.368 |
| 澳洲 | 澳大利亚 | 89.140 | 1.751 | 32.029 | 1.142 | 57.111 | 2.498 |

数据源：台湾"经济部国贸局"。

因此，蔡英文在竞选期间即提出"新南向政策"的主张，2015 年 9 月 22 日，蔡英文在民进党党庆"外交使节酒会"上首度公开表示若重新执政将推动"新南向政策"，在当选后即开始积极筹备"新南向办公室"，并于"5·20"上任后成立。2016 年 8 月 16 日蔡英文召开"对外经贸战略会谈"，正式通过"新南向政策纲领"（以下简称"纲领"），兑现其选前之承诺。而后，2016 年 9 月 5日"行政院"亦通过"新南向政策推动计划"（以下简称"推动计划"）与"新南向政策工作计划"（以下简称"工作计划"）。

（一）"新南向政策"简介

"纲领"对"新南向政策"提出了总体及长程目标与短中程目标。如前所述，台湾过去亦曾提出三次"南向政策"（此称之为"旧南向"），然过去的"旧

南向"是以经贸投资为主，鼓励台商赴东南亚投资，但主要是将工厂移到东南亚国家，利用东南亚廉价劳动力与土地从事代工出口。然而"旧南向"成效有限，台湾"经济建设委员会"即曾经于1999年"南向政策简报"中坦承，"南向政策"成效并不显著。

然而，"新南向政策"有别于过去，要求拓展经贸、科技、文化等各层面合作，并建立广泛的协商与对话机制，累积互信，进而与东盟、南亚与新西兰、澳大利亚形成"经济共同体"，而"国发会"（"国家发展委员会"）亦提出此次南向计划不同于过去的地方即在于强调"以人为本"，与中国大陆"一带一路"战略（见第三部分讨论）有异曲同工之处。

至于短中程目标则包括：1. 结合政府意志、政策诱因及企业商机，促进并扩大贸易、投资、观光、文化及人才等双向交流；2. 配合经济发展新模式，推动产业的"新南向"战略布局；3. 充实并培育"新南向"人才，突破发展瓶颈；4. 扩大多边和双边协商及对话，加强经济合作，并化解争议和分歧。

"纲领"中提出"新南向政策"的十大行动准则，包括：

1. 长期深耕，建立"经济共同体意识"；

2. 适切定位台湾在区域发展的未来角色；

3. 推动包括软实力、供应链、区域市场、人和人链接等四大连结策略；

4. 充实及培育南向人才；

5. 推动双边和多边制度化合作；

6. 规划完整配套及有效控管风险；

7. 积极参与国际合作；

8. 全面强化协商对话机制；

9. 两岸善意互动合作；

10. 善用民间组织及活力。

在实际推动上，"推动计划"提出"新南向政策"的愿景为"创造互利共赢的新合作模式，建立'经济共同体意识'"，并与"新南向"所涉及的主要经济体发展成"经济发展的繁荣伙伴、人才资源的共享伙伴、生活质量的创新伙伴与国际链结的互惠伙伴"。

在推动重点上，"新南向政策"目前锁定包括东盟、南亚与澳大利亚、新西兰共18个目标市场，以长期深耕、多元开展与双向互惠为核心理念，并由经贸合作、资源共享、人才交流与区域链结四大面向进行合作，以人为本，因地制宜。

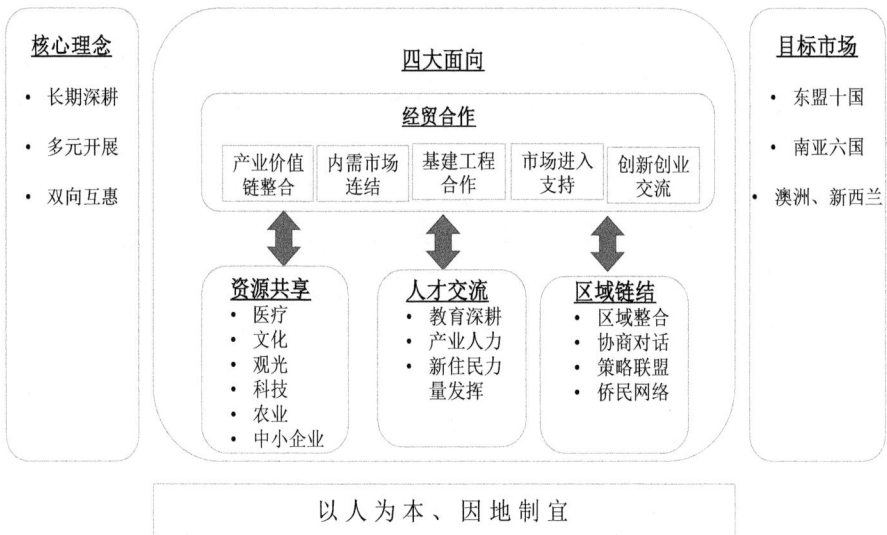

图 1 "新南向政策"推动重点

数据源:"新南向政策"推动计划。

(二)"新南向政策"有关金融业的规划

所有的经济、产业、贸易或是投资的政策,无可避免一定需要金融的支持,而金融本身功能主要亦是为实体经济服务,故在推动"新南向政策"时,金融相关的支持与配合便非常重要。台湾地区所规划的"新南向政策"金融支持,权责机关主要在"金融监督管理委员会"(简称"金管会"),并由"经济部国贸局"、"中小企业处"与"侨委会"等单位协助,而以"中国输出入银行"(简称"输出入银行")为最重要的执行单位。

在"工作计划"中,有关金融支持的政策目标为"增加输出入银行及海外信用保证基金之资本或基金规模,必要时可结合公民营银行资源,充分提供厂商拓展海外市场及进行海外布局所需资金,包括融资、保证、保险及买主征信等;另亦应鼓励岛内银行于"新南向"国家设立分支机构,提供台商在地服务"。

根据"经济部国际贸易局"所建置的"新南向政策专网"中提出的"新南向政策"有关金融服务之部分,主要包括了七项(表3):

表 3 "新南向政策"金融服务相关规划

| 项目 | 说明 | 权责机关 |
|------|------|---------|
| 海外投资贷款与输出融资 | ● 厂商拓展全球市场,欲建立海外营销据点、发货仓库、从事股本投资或从事海外并购等,可向银行申请海外投资贷款。<br>● 银行提供各类短期出口贷款、中长期出口贷款、一般出口贷款及国际应收账款承购业务等,可协助厂商取得出口周转金或提早收回贷款,减轻积压资金压力。<br>● 透过与国内外金融机构合作,由中国输出入银行提供资金予国外合作银行,由其再将资金转贷国外买主购买台湾产品,亦即以间接方式提供国外进口商分期付款融资以采购台湾产品,提高国外买主采购台湾产品之意愿。 | "金管会银行局" |
| 海外工程融资与保证 | ● 为协助厂商拓展海外营建工程市场,厂商于承揽海外营建工程时,如有营运资金或相关工程保证需求,可洽询中国输出入银行。 | "金管会银行局 " |
| 海外投资保险与输出保险 | ● 协助台湾厂商规避海外投资因没收、战争或禁止汇款等政治危险因素导致投资之股份、持份或其股息、红利可能无法收回之风险。<br>● 协助厂商规避从事国际贸易所生之政治及信用危险,并针对不同付款条件提供相关输出保险商品。另,厂商尚可依需求运用海外投资保险、海外工程保险及最长承保期间 1080 天之信用状贸易保险。 | "金管会保险局" |
| 海外工程保险 | ● 协助厂商规避承包海外工程可能因当地国政治危险或契约相对人破产等,导致价款、相关支出无法收回或设备遭受损害致生损失等风险。 | "金管会保险局" |
| 银行联贷、共同保证与联贷平台 | ● 为提供有意于东协及南亚市场大型投资或营建工程标案的台湾厂商之资金或保证需求,办理银行团联合贷款或共同保证业务。<br>● 为配合政府政策,"中国输出入银行"设置"系统、整厂及工程产业输出联贷平台",透过各经贸单位转介机制,推介优质之系统、整厂及工程产业输出案件,进行金融支持项目规划,经由本联贷平台办理,结合公股银行金融资源,扩大对业者金融支持能量。 | "金管会银行局" |
| 服务据点 | ● 在"新南向"十八个目标市场设立分支机构。 | "金管会银行局、保险局" |

| 融资协助与保证 | ● 协助中小企业拓销海外市场，针对赴海外投资且在岛内仍有营业实绩之中小企业提供"外销贷款优惠信用保证方案"及"绿能与产业设备输出贷款"等融资保证措施。 | "经济部中小企业处" |
| :---: | :--- | :---: |
| | ● "经济部国际贸易局"与"中国输出入银行"合作，提供优惠出口贷款，协助出口厂商以较优惠利率取得资金融通，拓销海外市场。 | "经济部国际贸易局" |
| | ● 透过提供信用保证，协助东南亚地区侨台商向金融机构取得营运所需资金，促进事业发展。另提供就学贷款保证协助来台就读高职建教侨生专班之学生顺利完成学业，落实执政部门揽才政策。 | "侨务委员会" |

数据源："新南向政策"专网。

除此之外，台湾行政主管机构将以平台的方式，化零为整，运用"输出入银行"作为对台商提供保证、保险及各项融资平台进行协助，希望可以达成群聚效果，并在到达一定规模之后鼓励台商回台上市，届时金流、物流即可由此得到双向交流。

另外，台湾"金管会"在 2016 年 12 月 20 日以新闻稿方式宣布，将自 2017 年 1 月 1 日起实施为期四年的"新南向金融支持计划"，并提出关键绩效指标（KPI）与具体做法，以落实金融支持，其他有两大重点：协助企业取得业务发展资金与协助台湾地区的银行于"新南向"目标对象增设据点。

在协助取得资金部分，有两项主要政策：

1. "输出入银行"增加输出融资、保证及保险。其 KPI 为"输出入银行"对"新南向政策"市场目标对象贷款核准额度年增率 4.95%、保证额度年增率 2% 及输出保险承保额度年增率 3%—7%，并视情形滚动检讨。而其具体做法为"输出入银行"就相关融资、保证及输出保险案件，提供优惠融资及保证条件、提高保险费优惠幅度等优惠措施，加强对厂商之金融支持。

2. 鼓励台湾的银行扩大对台湾企业与投资当地的台商授信。其 KPI 为台湾银行对"新南向政策"市场目标对象的授信总额成长，参酌东盟经济成长率，以成长率 3%—7% 为目标，并视实际情况滚动检讨。具体做法为利用"金管会"已订定之"台湾银行加强办理中小企业放款方案"与"奖励本国银行办理新创重点产业放款方案"，协助中小企业及新创重点产业取得营运资金，包括对"新南向"目标地区投资或经营业务所需资金；订定"奖励台湾银行加强办理于'新南向政策'目标对象授信方案"，除将台湾银行于该地区之授信金额及其成长率列入评分标准，亦将台湾银行于"新南向"目标对象授信经海外信用保证基金承保之融资金额列为评比项目之一，增加银行放款意愿，对绩优者予以表扬。

另外，在协助"新南向"目标市场对象增设据点上，KPI为每年核准台湾银行申请于"新南向政策"目标对象增设据点数三家。"金管会"将持续协助台湾银行在当地增设据点，以利金融业贴近"新南向政策"目标对象的市场，就近为台商提供服务。其相关做法为监理合作、资料搜集、法规松绑及储备人才，均属"金管会"持续推动的措施。

除了银行与保险外，"金管会证期局"也于2016年12月19日宣布，配合"新南向政策"，将积极推动"辅导台商运用台湾资本市场筹措资金"，请证交所及柜买中心每年积极赴"新南向"目标对象办理招商说明会并拜会当地台商企业，促进其回台上市柜，以支持其实体经济发展。

# 第二节　"一带一路"战略对两岸金融合作的意涵

一、"一带一路"战略简介

国家主席习近平于2013年9月出访哈萨克时，首次提出共同建设道路联通、贸易畅通与货币流通的"丝绸之路经济带"倡议。同年10月，习近平出访印度尼西亚，提出中国大陆应加强与东盟国家互联互通建设，期盼共建"21世纪海上丝绸之路"。"一带一路"战略将贯穿欧亚大陆，东边连接亚太经济圈，西边深入欧盟市场，将加速连结沿线国家的共同利益。历史上，陆上丝绸之路和"海上丝绸之路"是中国大陆与中亚、东南亚、南亚、西亚、东非、欧洲经贸和文化交流的大通道，隐含对古丝绸之路文化与历史的传承和提升，因此获得欧亚相关国家认同。

根据发改委、外交部与商务部联合发布的《推动共建丝绸之路经济带和21世纪海上丝绸之路的愿景与行动》（以下简称《行动》），"一带一路"战略是致力亚欧非大陆及附近海洋的互联互通，建立和加强沿线各国互联互通伙伴关系，构建全方位、多层次、复合型的互联互通网络，实现沿线各国多元、自主、平衡与可持续的发展。由此可见"互联互通"是"一带一路"最重要的关键任务，而合作的重点在于"五通"，即"政策沟通、设施联通、贸易畅通、资金融通与民心相通"。由于"一带一路"沿线各国经济发展程度差异大，且许多国家为开发中国家，基础设施较为落后，因此"一带一路"中最为优先处理的是基础设施的互联互通。

然而，由于基础设施的投资具有资金需求量大、投资周期长、收入不确定与具公共财与外部性的特性，因此民间融资相对较为困难，通常需要政府的资金挹注。但一般基础设施落后的国家，经济发展也相对落后，其国家财力难以负担庞大的基础设施投资，而落后的基础设施亦拖累了其经济成长，而造成恶性循环。此时其他国家若适时伸出援手，这些国家也许即可脱离该恶性循环，且其经济成长后增加的总需求亦可对其他国家经济有所帮助，"一带一路"战略所扮演的角色即是各国互助合作，以带动区域经济之发展。

根据亚洲开发银行（简称"亚银"）的报告，2010 年至 2020 年间亚洲各国要维持现有的经济成长，则内部基础设施投资至少需要 8.2 万亿美元，平均每年 8000 亿美元。但作为亚洲国家基础设施建设提供融资的主要机构，亚洲开发银行于 2013 年全年仅提供贷款 210 亿美元。可见，亚太地区现有的融资机构远远不能满足此一资金需求 ①。

因此，中国大陆国家主席习近平在 2013 年 10 月与印度尼西亚总统会谈时提出将成立"亚洲基础设施投资银行"（简称亚投行），国务院总理李克强同月出访东南亚时亦提出相关倡议，2014 年 4 月 10 日，博鳌亚洲论坛年会开幕式上，李克强指出中方正争取早日成立基础设施投资银行。2016 年 1 月 16 日，亚投行正式在北京开业，共计有 57 个创始会员国，其中域内国家有 37 个，域外国家 20 个。除了亚投行外，中国大陆亦主导成立了"丝路基金"，以支应"一带一路"基础建设的资金支持。而在 2015 年时中国大陆、巴西、俄罗斯、印度与南非所共同成立新开发银行（也有人称之为"金砖国家国家银行"），亦可为中国大陆"一带一路"之资金需求提供支持。

以下本研究以《行动》为蓝本，配合相关的研究与媒体报告，说明"一带一路"主要的战略内容，并由其中讨论对两岸金融业合作的机遇。

（一）五大原则与四个坚持

中国大陆所推动的"一带一路"战略必须有周边国家与地区的配合，因此其强调的是推动与其他国家与地区"共建"的战略，为避免各国对中国大陆的政治疑虑，因此提出五大原则，包括尊重各国主权和领土完整、互不侵犯、互不干涉内政、和平共处与平等互利。

而四个坚持则包括：（1）坚持开放合作："一带一路"相关的国家基于但不限于古代丝绸之路的范围，各国和国际、地区组织均可参与，让共建成果惠及

---

① 魏本华：《中国投资》，封面故事，"展望亚投行"，2014 年 11 月 5 日。

更广泛的区域。(2)坚持和谐包容：尊重各国发展道路和模式的选择，加强不同文明之间的对话，求同存异、兼容并蓄、和平共处、共生共荣。(3)坚持市场运作：遵循市场规律和国际通行规则，充分发挥市场在资源分配中的决定性作用和各类企业的主体作用，同时发挥好政府的作用。(4)坚持互利共赢：兼顾各方利益和关切，寻求利益契合点和合作最大公约数，体现各方智慧和创意，各施所长，各尽所能，把各方优势和潜力充分发挥出来。

根据以上的五大原则与四个坚持，可以发现台湾在参与"一带一路"的战略仍是有机会的。首先，其《行动》中表示在"一带一路"中不一定要求主权国家的地位，因此在中国大陆的眼里台湾仍是有资格参与，虽然台湾并未纳入"一带一路"，但在《行动》中亦提出沿海和港澳台合作，"为台湾地区参与'一带一路'建设做出妥善安排"。在"一带一路"周边的国家与地区，台湾经济发展相对成熟，与东南亚国家之经贸交流亦行之有年，且台湾位于"海上丝绸之路"的地理范围内，若将台湾纳入"一带一路"的规划，对中国大陆而言是给台湾地区很大的实质优惠。另外，中国台湾地区与西方欧美先进国家已有相当长久的交往经验，相较于许多"一带一路"沿线国家，市场经济发展亦较为成熟，且由于"一带一路"并非正式的国际组织，可以仿照APEC架构，在政治上各自表述，除了可以达成中国大陆对台湾让利与妥善安排之外，亦可以淡化相关的政治的争议。

（二）合作机制与合作重点

在"一带一路"的合作机制上，主要是利用现有的多、双边合作机制进行沟通协调来推动。在双边合作上，开展多层次、多渠道沟通协商，推动签署合作备忘录或合作规划，发挥现有的联委会、混委会、协委会、指导委员会、管理委员会等双边机制作用，协调推动合作项目实施。

在多边合作机制上，发挥上海合作组织（SCO）、东盟加一（ASEAN+1）、亚太经合会（APEC）、亚欧会议（ASEM）、亚洲合作对话（ACD）、亚信会议（CICA）、中阿合作论坛、中国－海合会战略对话、大湄公河次区域（GMS）经济合作、中亚区域经济合作（CAREC）等现有多边合作机制作用，相关国家加强沟通，让更多国家和地区参与"一带一路"建设。

除此之外，在"一带一路"沿线各国区域、次区域相关国际论坛、展会以及博鳌亚洲论坛、中国－东盟博览会、中国－亚欧博览会、欧亚经济论坛、中国国际投资贸易洽谈会，以及中国－南亚博览会、中国－阿拉伯博览会、中国西部国际博览会、中国－俄罗斯博览会、前海合作论坛等平台亦是推动的平台。

由此可知，"一带一路"的合作机制并不会如联合国或是世界贸易组织（WTO）般成立一个专责机构负责，而是借由强化现有的国际合作组织（如APEC）与对话平台（如各个论坛、博览会）的沟通协调机制推动。

二、"一带一路"对金融支持的相关安排

如前所述，亚洲各国的基础设施投资的资金缺口非常庞大，因此金融支持的安排是在推动"一带一路"的战略时最重要且关乎成败的重点。因此中国大陆在推动"一带一路"时，亦积极主导成立两行一基金，即新开发银行、亚投行与丝路基金。

（一）亚投行

2014年10月24日，中国、印度、新加坡等21国在北京正式签署《筹建亚投行备忘录》，印度尼西亚因政府换届，于2014年11月25日签署备忘录，成为第22个意向创始成员国。随后，马尔代夫、新西兰、沙特阿拉伯、塔吉克、约旦等国陆续加入。2015年3月12日英国宣布加入亚投行的创始成员国后，产生指标性带头作用。其他欧洲国家包括法国、意大利、德国等重量级欧洲国家相继宣布加入，而后卢森堡、瑞士、伊朗、韩国等国亦加入，最后在4月15日宣布共有57国成为创始成员国。

2015年6月29日，57个意向创始成员国中有50个成员国在北京正式签署《亚洲基础设施投资银行协议》（简称《亚投行协议》），2015年底所有国家均完成签署，并由其国会通过，2016年1月16日亚投行正式成立于北京，金立群被任命为第一届行长。

（二）新开发银行

2013年3月第五次金砖国家领导人峰会决定建立类似国际货币基金会（IMF）但规模较小的联合储备借贷体系，当时被称为"迷你IMF"，以简化金砖国家间的相互结算与贷款业务，2014年7月15日于上海正式宣布成立，名为新开发银行。初期由五国平均出资分摊500亿美元的资本额，最终规模设定为1000亿美元，首任银行总裁由印度推举、任期五年，接下来由五国轮流出任，总部则是设在上海。在宣布成立新开发银行的同时，五国领导人也决定设立一个仿效IMF的"应急储备基金"（Contingency Reserve Arrangement, CRA），初期资本1000亿美元，中国出资410亿美元最高，巴西、印度和俄罗斯各出180亿美元，南非50亿美元。

中国大陆积极推动亚投行与新开发银行的主要目的除了"一带一路"筹措

基础建设资金外，亦包括了提高未来亚洲甚至世界经济与金融的话语权、分散风险与推动人民币国际化等。

1. 应当不合理的国际经济秩序。现有的国际金融组织包括国际货币基金会（IMF）、世界银行（WB）与亚洲开发银行（ADB）等均是由美、日等先进国家主导，尤其是美国在 IMF 与 WB 均有一票否决权，中国已成为全球第二大经济体，但其在 IMF、WB 与 ADB 之投票权却远不如日本。因此中国认为现有的国际金融组织对于开发中经济体并不合理，积极的要求该些国际货币组织进行改革。例如，新开发银行成立之时，金砖五国领袖亦提出 WB 与 IMF 有必要进一步改革，给予新兴国家更大的投票权。而亚投行之成立亦有建立一个有别于上述组织的国际金融机构，以提高其在国际金融界的话语权之意图。

2. 有效分散风险。由于亚投行与新开发银行协助的国家多为开发中国家，风险相对上较高，虽然是以中国大陆为主导，但亚投行中亦有许多的国家均加入融资行列，亦可以分摊其倒账风险，对中国大陆而言有分散风险的功效。

3. 推动人民币国际化。亚投行与新开发银行除了用于支持"一带一路"的基础建设之外，尚肩负着推动人民币国际化的重要使命。"一带一路"战略包括全球 63% 的人口与 29% 的 GDP，有庞大的基础建设与未来多边贸易的商机，中国大陆推动以人民币计价、交易与结算，将会使得人民币作为国际交易媒介、计价标准的金融功能之规模相对扩大，且由于国际货币具有网络外部性等特性，一旦人民币的交易与使用跨越门槛后，交易与使用量成长的速度便会变得非常快，因此将加速人民币国际化目标的达成。

4. 提升人民币的国际地位。人民币已于 2016 年 10 月 1 日正式纳入国际货币基金会（IMF）之特别提款权（SDR）计价篮中，而且中国大陆正积极推动 SDR 计价之金融商品的交易，未来 SDR 的重要性将会有所提升。与此同时，人民币在国际间的地位亦会有所提升。

（三）丝路基金

2014 年 11 月 8 日，国家主席习近平于《加强互联互通伙伴关系对话会》中宣布，将出资 400 亿美元成立"丝路基金"，将向"一带一路"沿线国家的基础设施、资源开发、产业和金融合作等与互联互通有关项目提供投融资支持，打破亚洲互联互通瓶颈。随后，由中国的外汇储备、中国投资有限责任公司（中投公司）、中国进出口银行与国家开发银行共同出资，首期资本金 100 亿美元，于 2014 年 12 月 29 日在北京正式注册成立"丝路基金有限责任公司"，由金琦出任公司董事长。依照《中华人民共和国公司法》，按照市场化、国际化、专业化原则设立的中长期开发投资基金，重点是在"一带一路"发展进程中寻找投资机会并提供相应的投融资服务。

（四）亚投行、新开发银行与丝路基金的异同

亚投行、新开发银行与丝路基金相当程度上都是依托"一带一路"的战略规划而来，且主要为"一带一路"提供基础建设的金融支持。三者之间有相同点亦有相异的特色。

1. 就相同的部分而言，新开发银行、亚投行和丝路基金都是多边国际金融机构。它们在机制和运营上都和现有国际金融开发机构类似，贷款也将更多流向中国大陆之外的发展中国家。但是与其他多边国际金融机构不同的是，新开发银行与亚投行均将重点投资放在基础设施领域上。

2. 新开发银行是一个全球性的开发银行，是金砖国家集团的一个国际发展援助机构，类似于世界银行，只是目前规模上相差悬殊。然与世界银行不同的是，新开发银行更加着重在基础设施投资领域。另外，新开发银行原为金砖银行，在开业时更名，隐含将吸引更多的国际组织、机构、风险评价组织与在上海自贸区的机构参与进来。

3. 亚投行是一个区域性多边发展援助机构，将成为包括亚洲开发银行、非洲开发银行、泛美开发银行、加勒比开发银行等众多区域性开发银行网络中的一员，其架构和运营方式也将与现有的地区开发银行相似。除亚投行，现有的地区开发银行也对成员国的基础设施建设进行优惠贷款，但无一将基础设施建设作为其专长领域。除了投资领域的专门化，新开发银行和亚投行在机构设置和运营方式上都将和现有多边开发银行类似。

4. 丝路基金则是以中国大陆外汇储备为启动资金来源的开放性政府多边合作基金，和新开发银行或亚投行并无隶属关系。丝路基金从性质上应属于主权财富基金，但主权财富基金罕有向基础设施领域进行政策导向性重点投资，而丝路基金建立的目标却是为实现"一带一路"战略和互联互通，将其投资方向定为跨境基础设施建设，因此也有人认为丝路基金不能算为主权财富基金，而更类似于产业基金。与亚投行和新开发银行不同，无论作为主权财富基金或产业基金，丝路基金需要讲求投资收益率，也更加商业化、市场化和公司化。

新开发银行、亚投行与丝路基金虽然均是支持开发中国家基础建设的金融支持组织，但对象上略有不同。亚投行主要着眼于亚洲开发中国家，而新开发银行与丝路基金着眼的广度较广。另外，在新开发银行与亚投行，中国大陆仅是参与主导（虽然主导能力最强），而丝路基金则是由中国大陆主导。

（五）"一带一路"战略与人民币国际化

"一带一路"与亚投行的建设相当程度上可以加速中国大陆离岸人民币金融投资工具的发展，由于"一带一路"中的国家对基础建设投资需求庞大，初期虽然仍然会以美元为计价货币，但据中国银行副行长高迎欣指出中国政府主导下的"一带一路"未来势必推动以人民币计价①，如此将有助于人民币国际化的进程。

虽然人民币目前尚未有成为国际货币的实力，但根据国际清算银行（Bank for International Settlements；BIS）三年一次的调查报告 *Central Bank Survey of Foreign Exchange and OTC derivatives markets in 2016*，人民币作为国际交易货币的比重有明显的提升。该份报告指出，2016 年 4 月全球外汇市场日平均交易量为 5.1 万亿美元，较 2013 年的 5.4 兆美元略为衰退 5.56%，而美元的国际地位仍未受到挑战，透过美元进行的外汇交易占总交易金额比例高达 87.6%，且较 2013 年的 87.0% 为高。在其他主要国家的货币部分，英镑和加拿大元的比重略有上升，但欧元、日元、澳元与瑞士法郎的比重均呈下降。而值得注意的是，中国大陆人民币比重快速地上升，由 2010 年的 0.9% 上升至 2013 年的 2.2%，再上升至 2016 年的 4.0%，名次亦由 2010 年的 17 名大幅提前到 2013 年的第九名，2016 年再提升一名，为第八名，而此名次在 1998 年为 30 名（请见表 4）。以人民币用于交易的比重快速的成长可以预见，"一带一路"之投资、贸易等用人民币计价结算的未来发展趋势。

表 4 各国各地区货币占全球外汇交易金额之比重

单位：%

| 通货 | 1998 | | 2007 | | 2010 | | 2013 | | 2016 | |
|---|---|---|---|---|---|---|---|---|---|---|
| | 比重 | 排名 | 比重 | 排名 | 比重 | 排名 | 比重 | 排名 | 比重 | 排名 |
| 美元 | 86.8 | 1 | 85.6 | 1 | 84.9 | 1 | 87.0 | 1 | 87.6 | 1 |
| 欧元 | — | 32 | 37.0 | 2 | 39.1 | 2 | 33.4 | 2 | 31.3 | 2 |
| 日元 | 21.7 | 2 | 17.2 | 3 | 19.0 | 3 | 23.0 | 3 | 21.6 | 3 |
| 英镑 | 11.0 | 3 | 14.9 | 4 | 12.9 | 4 | 11.8 | 4 | 12.8 | 4 |
| 澳元 | 3.0 | 6 | 6.6 | 6 | 7.6 | 5 | 8.6 | 5 | 6.9 | 5 |
| 加拿大元 | 3.5 | 5 | 4.3 | 7 | 5.3 | 7 | 4.6 | 7 | 5.1 | 6 |
| 瑞士法郎 | 7.1 | 4 | 6.8 | 5 | 6.3 | 6 | 5.2 | 6 | 4.8 | 7 |

① 《"一带一路"将促人民币计价》，《工商时报》，2015 年 4 月 28 日。

| | | | | | | | | | | |
|---|---|---|---|---|---|---|---|---|---|---|
| 人民币 | 0.0 | 30 | 0.5 | 20 | 0.9 | 17 | 2.2 | 9 | 4.0 | 8 |
| 港币 | 1.0 | 8 | 2.7 | 8 | 2.4 | 8 | 1.4 | 13 | 1.7 | 13 |
| 新加坡币 | 1.1 | 7 | 1.2 | 13 | 1.4 | 12 | 1.4 | 15 | 1.8 | 12 |
| 韩元 | 0.2 | 18 | 1.2 | 14 | 1.5 | 11 | 1.2 | 17 | 1.6 | 15 |
| 新台币 | 0.1 | 21 | 0.4 | 22 | 0.5 | 23 | 0.5 | 23 | 0.6 | 23 |

数据源：BIS，*2016 Central Bank Survey of Foreign Exchange and OTC derivatives markets in 2016*。其中一笔外汇交易涉及两种货币，故所有货币占外汇交易金额比重之合计为200%。

## 第三节　新区域发展格局下加强两岸金融合作的机会与挑战

由上述之分析可以发现，两岸不约而同地提出重要的区域经贸发展政策，尽管提出的背景因素不尽相同，但其"以人为本、促进区域合作、共建经贸共同体"的互助合作概念不谋而合，而且眼光也同时的指向东协与南亚诸国等新兴市场经济体，可见未来这些经济体将会成为众所瞩目的焦点。

中国大陆"一带一路"的战略规划，涵盖范围非常广，除沿线经过的国家非常多外，各国环境与制度亦有非常大的差异，贸易与投资所面对的问题相当复杂，更遑论金融的往来更是困难。然而，"一带一路"不仅是投资与贸易的拓展之外，其精神更是各国各区域间的相互合作，共同追求区域经济的发展与成长。因此，各国与各地区应以更加开放的思维，抛开政治的包袱，以经济发展为重点，合作双赢。

虽然台湾地区的"新南向政策"目标市场不若大陆的"一带一路"范围广，但基本上与海上丝路的经济体有相当程度的重合。而且台湾的地理位置亦是大陆连接海上丝路的一个重要节点，台商在东南亚投资的金额与数量仅次于对大陆的投资，过去台商在东南亚投资经营的历史亦非常久远，相关环境与交易习惯已相当熟悉，台湾金融机构在东南亚亦多有布局，且在"新南向政策"之前，台湾"金管会"亦推动台湾金融机构参与亚洲区域合作，主要市场即是在东南亚，两岸可以利用彼此的优势共同切入东南亚的市场，共享其基础建设投资与经济发展的商机。因此，两岸若在"新南向政策"与"一带一路"上积极合作，势必可以获得优势互补之功效。

两岸可进行的合作内容广泛，基于本文之取向，仅就金融方面之合作进行讨论。本文提出若干两岸可进行之合作方向，供两岸决策者进行参考。

（一）重大基础建设金融融资之合作（如联贷等）。东盟与南亚经济体除了新加坡、文莱与马来西亚外，多属开发中经济体，其基础建设仍有待加强，而"一带一路"短期的规划亦是以基础设施的互联互通为主。然而，基础建设所需经费十分庞大，单一经济体或机构恐难以负担，而且由单一经济体或机构进行融资风险亦非常高，故重大基础建设常需要许多金融机构进行联贷。台湾地区与大陆均对于重大基础建设工程的资金有联贷的规划，两岸可以在此方面进行合作，共同分摊建设经费与风险。

（二）人民币债券融资之合作。虽然"一带一路"目前仍以美元作为最主要的融资与交易币种，然而随着中国大陆人民币国际化的深入，未来以人民币计价、结算的规模将会愈来愈大，人民币融资的需求亦会愈来愈高。另外，银行联贷融资相对适合用于短中期之融资，但基础建设所需资金有期限长、回收慢的特性，未来人民币债券融资的需求亦会持续上升。台湾地区拥有世界第二大的离岸人民币存款，截至 2016 年 11 月止，不含可转让定期存单（NCD），台湾仍有 3088.20 亿人民币存款，若包括 NCD 则人民币存款高达 3090.23 亿元。且近一年半以来人民币汇率大幅贬值，人民币存款排名第一的香港存款大幅减少35%左右，由 2014 年 12 月突破万亿元大关降至 6500 亿元左右；台湾则仅从2015 年 8 月的 3382.18 亿元减少了 8.6%，降幅相对较小。且台湾利率相对大陆为低，未来在"新南向"目标对象基础建设的融资，若以发行人民币债券融资，台湾相对具备比较优势，两岸可在人民币债券发行上进行合作，如此大陆可取得较为便宜的资金，而台湾地区亦可借此发展人民币离岸中心，对两岸均有利。

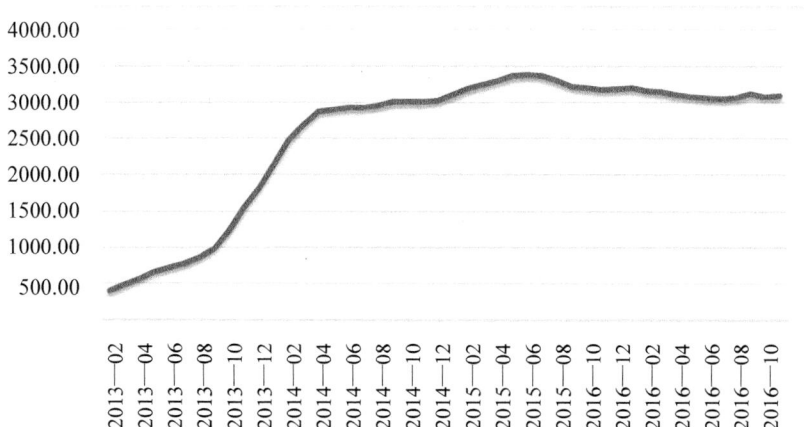

图 2 中国台湾人民币存款变化

数据源：台湾"中央银行"。

（三）金融风险预警与控管的合作。如前所述，无论是"新南向"的目标对象还是"一带一路"沿线国家，许多均是开发中经济体，甚至有许多与我国有领土争议，政治上亦有相当程度的不稳定性。虽然"新南向政策"与"一带一路"重叠的经济体相对于中亚、西亚较无战乱等问题，但其政治、官员清廉程度、治安等问题仍多，尤其是台湾地区较不熟悉的南亚，因此，对于相关经济体的融资有一定的风险。虽然可以透过联贷或分散投资以分散风险，但若能事先对于投资风险进行预判与预警，则可大幅降低投融资风险。故两岸可以对于上述经济体合作进行风险预警机制的建构，互相分享风险信息，趋吉避凶，降低投融资可能造成的损失。

（四）强化两岸金融业合作布局东南亚市场，产生优势互补之效。目前中国台湾地区银行业在"新南向"目标对象中的泰国、菲律宾、柬埔寨、新加坡、印度尼西亚、印度、澳洲、马来西亚、越南、老挝、缅甸等11个经济体中，共设有194个分支机构，其中越南、柬埔寨、菲律宾等分行数目非常多，在越南分行数甚至超越大陆。虽然台湾具有在东南亚银行布局的经验优势，但相对而言规模太小，是其劣势。大陆近年来亦强调"走出去"战略，鼓励金融业走出去，虽然其规模大，进入市场较为容易，但相对而言布局的经验较为缺乏。两岸金融业可以在东南亚以合资或策略联盟方式成立银行或其他金融机构，进行优势互补。

除了投资布局的合作外，亦可以考虑进行某种方式的海外通路合作，利用两岸在东协、南亚与新西兰、澳大利亚的营业据点，共同分享通路，在"一带一路"的融资上进行合作，除了可以降低通路布点的成本，亦可创造群聚效果，扩大两岸金融业在目标市场的知名度。两岸金融业更可以在"一带一路"沿线进行相互持股，策略联盟，开展更紧密的合作。

（五）强化台湾与大陆产业合作，共同标案。目前东南亚需要的多为铁路、公路、机场、港口等基础设施，这些设施普遍需投入庞大的资金，台湾较无竞争优势。但除了主体工程外，前述交通建设仍需要智能服务模块（如公路收费系统），此部分台湾已具有经验及竞争力。在基础建设上，两岸制造业各有其比较优势，如大陆对于基础建设所需的重要原物料（钢铁、水泥等）有其比较优势，土建工程亦有其规模的优势，而台湾在工程设计与电子电机设备上亦有相当的比较优势。两岸若能在相关工程的国际标案中进行合作，相对于其他竞争对手亦会有一定的竞争优势。因此，两岸金融业可以和两岸制造业合作，对于重大基础工程的建设，共同规划一站到底（由设计、投资、制造、融资、经营规划等）的蓝图，提高取得国际标案的得标率。

（六）两岸可在各自贸区进行合作，利用其先行先试的优势共同争取国际市场。在"一带一路"的行动方案中，中国大陆对于各地方政府均有不同的安排，而目前中国大陆 11 个自贸区，亦将与"一带一路"战略对接视为是重要的规划方向。由于两岸目前政治情势较为紧张，连带使两岸大型合作协议难以签署与推动。然因为自贸区是对全世界各国各地区开放，是两岸打破政治僵局影响到经济合作的一个突破点。中国大陆的自贸区有许多先行先试的措施，其中又以金融领域开放程度相对其他领域更高，在四大自贸区中上海自贸区是对全世界开放，且开放程度最高，福建自贸区则是更多强调对台经济合作与开放，且福建的定位为"一带一路"的核心区，仅福建省政府提交给国务院的总体方案中，有近 2/3 之篇幅均在突出"对台"方面，可见福建自贸区对接"一带一路"规划的重要性。两岸可以自贸区为合作试点，开启合作试验。

（七）利用"一带一路"的场域进行 Fintech 之合作。金融科技（大陆称之为互联网金融）是全球金融界目前非常热门的一项发展趋势，而两岸在此趋势上各有优势。如大陆互联网金融发展速度较快，但对于信息安全与个资保护方面台湾则有相当优势。另大陆金融业规模庞大、银弹充足，而台湾则是在科技的基础建设与软硬件上仍有一定的比较优势。因此，两岸可以在相应的场域进行 Fintech 之试验与合作，除可以降低布局成本外，亦可以将成功经验引回大陆与台湾内部，降低在国内进行试验的风险。

（八）争取国际产物保险和再保险的商机。如前所述，"新南向"的目标对象和"一带一路"沿线国家多为开发中经济体，投资风险非常高，因此保险是不可或缺的。而因为"一带一路"的建设重点在于跨境信道、资源能源及基础设施等，所需的建设资金庞大，若由单一保险公司进行保险，则风险亦非常高。因此两岸保险业者可以合作，获取投资当地的产物保险与再保险的商机。

由于两岸近年来经济发展上均遇到一定的瓶颈，大陆遭遇了 2008 年全球金融海啸与随后发生之欧债危机等外在环境冲击，内部又有产能过剩、结构转型压力与改革步入深水区的难题，以致其迈入经济下行的"新常态"。台湾则有外部经贸与自由贸易协议拓展不顺利和大陆经济下行对贸易的双重影响，内部亦面临薪资停滞、内需不足与政治纷扰而影响经济发展的困境。因此两岸不约而同地提出与国际间进行相互合作的区域经贸战略，且目标对象多所重叠，发展方向也有某种程度的契合，均是与其他经济体进行相互合作、共同发展的新思维，而与过去只是利用当地天然资源、低成本劳工的旧思维有所不同，两岸均希望与各国各地区共生共赢、共同发展，建立经济共同体意识。

两岸在新的区域合作格局下有着巨大的合作空间，例如台湾在"新南向政策"中，十大行动准则中即提出两岸善意互动合作，而在"一带一路"《行动》中亦提出"为台湾地区参与'一带一路'建设做出妥善安排"。因此，如两岸解决政治上的分歧，将有助于"新南向政策"与"一带一路"之间进行有机、良好的配合，抑短扬长，为两岸经济及金融发展注入一股新动力。如此，不只有助于大陆跨越"中等收入陷阱"，亦可以为台湾经济找到新出路，更为两岸金融业与金融市场开创出更为光明的前途，使两岸在国际经济与金融领域取得更重要的话语权。

**参考文献：**

1. 国家发改委、外交部与商务部：《推动共建丝绸之路经济带与 21 世纪海上丝绸之路的愿景与行动》。

2. "行政院经贸谈判办公室"、"国家发展委员会"："新南向政策工作计划"。

3. "行政院经贸谈判办公室"、"国家发展委员会"："新南向政策推动计划"。

4. "行政院经贸谈判办公室"、"国家发展委员会"："新南向政策纲领"。

5. 吴明泽：《以区对区合作探索两岸证券金融业合作之新契机》，《证券公会季刊》，2014 年第 2 季，P55—58。

6. 吴明泽：《一带一路、亚投行与人民币国际化》，《经济前瞻》，2016 年 163 期，P79—84。

7. 黄士真："中国大陆一带一路推动概况及对台启示"，《经济前瞻》，2016 年 166 期，P96—100。

8. "经济建设委员会"："南向政策简报"。

9. 魏本华：《展望亚投行》，《中国投资》，2014 年 11 月 5 日。

10. BIS（2016），*2016 Triennial Central Bank Survey of Foreign Exchange and OTC Derivatives Markets*, March 2016.

# 第五章 "一带一路"与中国大陆产业发展战略的内外协同

## 第一节 国际产业竞争与合作趋势的重大变化

### 一、发达国家"再工业化"与制造业回迁

（一）"再工业化"战略是欧美国家应对第三次工业革命的国家战略

第三次工业革命使在一线直接从事制造的劳动力占行业全部劳动力的比例越来越小，而设计、研发、维修、销售等服务要素的投入越来越大，这就是制造业服务化现象。简单说，制造业服务化就是制造业从提供有形产品向提供产品加服务组合转型，而这一趋势使制造业的全球产业分布格局、要素配置模式均发生了巨大变革。

在制造业服务化趋势下，企业赢得竞争靠的是能够提供有特色的服务要素，以及具有把各种服务要素和产品有机的整合起来以满足市场需求的能力，而并非简单靠研发或品牌而获胜。在制造业服务化趋势下，小批量生产变得更加划算，生产也更灵活。传统的规模化制造模式，向更加个性化的生产模式转型。

一方面为了应对这一系列变革，另一方面作为对国际金融危机教训的总结，欧美国家提出了"再工业化"（Re-industrialization）战略。尽管"再工业化"战略的实际效果尚待时间的检验，但应该看到，欧美国家积极把握科技发展与产业变革时机，培育新兴产业与扶持传统产业并举，且通过制定国家战略的方式对其实施予以保障的既定方向正日益明确。

（二）欧美政府的行为表明"再工业化"进程中的"国家战略"与政府主导发挥了重要作用

从欧美政策动向看，奥巴马政府是"再工业化"战略的积极支持者，具体是通过一套所谓"重振制造业"（Revitalizing Manufacturing）的框架机制加以实

施的。该框架机制从理论上的准备，到法律保障，再到政策措施，直至实施平台的建立，经历了逐步完善的过程。根据该战略，政府对新材料、机器人、先进制造技术、清洁能源制造、网络通信基础设施等领域提供了从几千万到几十亿美元不等的拨款和税收优惠等鼓励措施。

除美国外，欧洲国家也纷纷提出本国的"再工业化"战略。如法国政府筹资 2 亿欧元直接向制造企业发放"再工业化"援助资金。英国出台了"制造业振兴""促进高端工程制造业"等政策举措。德国也有很多学者和企业家主张以"再工业化"来摆脱金融危机的不利影响，建议德国率先启动新一轮工业化进程，并将其作为德国的一项长期战略。

从企业的响应情况看，波士顿咨询集团 2011 年的一项调查显示，在接受调查的工业行业经理人中，超过 1/3 的经理人打算或考虑将公司生产业务从中国迁回美国。调查样本只包括年销售收入超过 10 亿美元的美国公司。而收入超过 100 亿美元的美国企业中更有约 48% 表示愿意迁回美国。波士顿咨询集团估计，回迁可能为美国带来 200 万到 300 万个就业机会。这一过程才刚刚开始，两到三年后有望达到高峰。

表 1　美国公司的回迁计划

| 公司 | 计划时间 | 生产业务 | 之前产地 | 增加工作人数 |
|---|---|---|---|---|
| 通用电气 | 2014 年前 | 冷冻器 | 中国 | 1300 |
| 卡特彼勒 | 2013 年前 | 挖掘机 | 日本 | 3200 |
| NCR | 2014 年前 | ATM 机 | 中国 | 870 |
| 福特汽车 | 2015 年前 | 中型轿车 | 墨西哥 | 5750 |
| 通用汽车 | 2015 年前 | 中型汽车 | 中国、墨西哥 | 6400 |
| 克莱斯勒 | 2015 年前 | | 中国、墨西哥 | 2100 |

资料来源：胡一帆：《美国制造业回巢对中国有何影响》，《华尔街日报》中文版网站，http://cn.wsj.com/gb/20120803/HYF084130.asp?source=UpFeature。

（三）"再工业化"的特征

在后危机时代，这一概念再度流行，其背后有显著的时代特征：

1. 强调政府的积极作用。

2. 说明了制造业在重振经济、保障就业的重要性。

3. 重视现代化技术的重要作用。

4. 扶持政策间缺乏协调。从政策具体内容看，制造企业只要带来就业增加，资本回流就能获得政府扶持。从出台政策的部门看，以美国为例有科学院、国防部、教育部等不同部门，可谓政出多门。但当前的扶持政策并未考虑到不同行业与技术之间的联系，各类鼓励政策间缺乏协同性。

（四）"再工业化"将加快改变制造业的权力结构和竞合关系

初现端倪的第三次工业革命对制造业的最深远影响是生产模式的变革。而"再工业化"战略会进一步强化这一变革的过程。随着规模经济优势的弱化，处于制造业金字塔顶端的传统大企业的权力将被削弱，而广大中小企业的话语权将日益增加。互联网的存在使知识的传递、分享、复制与模仿比以往任何时候都方便快捷，因此企业很难再依赖专利而保持行业垄断地位，原先的竞争将日益为平等合作所取代。未来很有可能形成大规模制造企业（如零部件制造业）、少数高端定制型制造企业（如奢侈品制造业）和服务型制造企业（如3D打印制造业）三分天下的局面。

（五）"再工业化"将对中国大陆的制成品出口造成一定冲击

鼓励制造业回迁的政策在一定程度上降低了欧美制造企业的生产成本，这些企业回迁后，欧美市场上本国产品供给的增加势必挤出中国大陆的制成品。欧美厂商可以更好地了解当地市场需求情况，及时的投放适应市场需求的产品。而中国大陆的制成品因远离欧美本土，在满足需求的时效性上将略输一筹。而且劳动力成本在最终产品中比重下降，政府还对回迁企业给予补贴，中国大陆制成品的低成本优势将受到削弱，从而对中国大陆出口造成不利影响。

（六）"再工业化"对中国大陆外资政策导向形成压力

当前中国大陆的外资政策正经历从招商引资向招才引智转变，希望通过引进符合产业发展方向外资来促进我国经济转型。但是，外资企业可能以制造业回归本土为筹码，在放宽投资门槛、降低市场准入和行业准入方面提出更多要求。在外商投资可能流失的背景下，大陆的外资政策导向的贯彻落实将受到限制。因此应在外资政策的制定、宣传与实施过程中预留充足的战略缓冲带，以免受制于人。


二、国内许多劳动密集型、资源密集型的产业从东部转向中西部

当前东部沿海的大量劳动密集型制造业正向中西部地区转移，发生在中国大陆的区际产业转移可以看作是国际产业转移在中国内地的延伸，2004年以后，中国大陆由东向西大规模的区际产业转移开始出现。这种极富趋势性、方向性的区际产业转移已深刻影响着国内的产业空间结构和区域发展格局，是中国大陆的经济保持中高速增长、维持较大发展潜力并留有较大回旋余地的空间路径。

特别在 2008 年金融危机爆发后，相比日渐庞大的国内市场，外部需求恶化和人民币大幅升值使得出口市场相对萎缩，企业将生产基地设在内陆更有利于拓展国内市场。同时东部沿海地区的劳动力成本急剧上升、土地资源日渐稀缺、环保约束趋紧，进一步加速了产业特别是劳动密集型制造业向中西部转移的趋势。

从区际产业转移的动力机制看，承接地由要素低廉、政策优惠、市场成长而形成的吸引力越来越强势，而转出地原有产业集聚而形成的集群黏性是产业转出的最大阻力。从区际产业转移的空间矢量看，由省级政府强力推动的省域内转移快于跨省间的转移，产业转移的方向受要素流动和市场寻求多重因素综合影响。从区际产业转移的模式和政策看，承接地要依托制度创新筑起起点优势并提升转移效率，政策的因势利导能加速产业的有序转移和合理承接，但产业转移园区的持续发展需要产城融合式的城市化做支撑。对于充满极大热情的转出地和承接地政府而言，引导和推进国内产业有序转移是一项长期、复杂而艰巨的任务。

## 第二节　"一带一路"与中国大陆产业发展目标选择

### 一、"一带一路"与产业发展的区域平衡

中国大陆经济东快西慢、区域差距扩大态势，带来一系列经济社会新问题、新矛盾。在世界经济复苏动力不足、主要经济体纷纷寻找复苏之路、国内经济进入"新常态"之际，"一带一路"重大战略构想，在继续深化对外开放的同时，为推动我国区域协调发展提供了战略抓手。中央提出"一带一路"的战略后，国内"一带一路"沿线的各个地区为了响应中央的号召并寻求自身的发展机遇，纷纷制定和出台了本地的区域经济政策和规划。

（一）大陆各省市对接"一带一路"的政策还不够协调

总体而言，当前内地各省市对接"一带一路"的政策协商尚处于探索之中。具体体现在以下方面：

1. 区域经济政策理念上的碎片化。目前各省明文发布将规划实施的经济、贸易、交通、金融、物流、文化等提法纷呈、数量繁多的"中心"超过 30 个。这说明，区域经济发展规划仍然有待于找到真正的独特性和区域优势。

2. 区域经济政策思路上的趋同化。落后地区为了经济发展而承接沿海地区产业转移来复制发达区域的发展道路，建设低附加值行业或"三高"产业。通过梯度推移，这些节点城市固定投资和 GDP 增速喜人，然而产业结构的初级和

低端注定了一段时期后就会碰到增长的极限,落入"追赶陷阱"。应该认识到,仅仅依靠国家特殊优惠政策或者低端产业链的暴利已经不能拉动经济的复苏,学习和应用先进的产业技术,促进产业升级才是经济可持续增长的正确方向,不应以一时的 GDP 速度来判断经济的活力与否。

3.区域经济政策之间有待加强协调与配合。区域规划相互关联程度的提高,才能从根本上转变原有利益格局,打破传统行政区域发展模式,整合协调大区域资源配置。各地的"一带一路"方案,使得基础设施数量变多、区域交流时间缩减,但各省市却没有一套行之有效的对话协商机制,出台的区域通道规划还是各行其是。只是在少数省份的规划中,看到与相邻省份协作的只言片语,但都没有具体项目的沟通落实。"一带一路"的交通建设是投资较大,周期较长的重要基础工作,各省还是缺乏科学的系统协调机制,未来面临的建设和沟通困难重重,有恶性竞争、重复建设的风向。

(二)大陆各省市对接"一带一路"的目标任务

随着"一带一路"倡议的发展与延伸,内地各省市也在不断调整自身的政策,加大对接"一带一路"的力度。具体而言,在发展政策上,需要进行有针对性的调整:

1.应对地方经济目标进行重新定位。改革开放以来,各地经济都逐渐形成了自身特色。面对"一带一路"发展战略,地方经济特色是否保持、如何保持、能否保持,对区域经济的可持续发展都有重要影响。从地方经济发展的短期看,特色经济能够为地方带来直接的经济利益,对地方的 GDP 增长、就业率提升都有积极作用;但是从长远发展的角度看,如果这些特色经济在"一带一路"区域内出现了重叠,或者受到了外来经济的冲击,必将面临重新洗牌。目前,"一带一路"方案重点圈定了 18 个省份,包括新疆、陕西、甘肃、宁夏、青海、内蒙古等西北六省份,黑龙江、吉林、辽宁等东北三省份,广西、云南、西藏等西南三省份,上海、福建、广东、浙江、海南等沿海五省份,内陆地区则是北京和重庆。实际上,上榜的城市不意味着有特殊待遇,而没上榜的城市也不意味着被"冷落",关键是"有为才有位"。因此,在迎接"一带一路"战略带来的机遇的同时,必须理性地对地方经济进行重新定位。要制定有效的包容性发展战略,做好本地区规划,有效衔接国家规划。要摆准定位,练好内功,在保持优势特色的同时,积极谋求创新发展。不能为了融入新区域经济而扔掉自己的特色,也不能为了自身特色而拒绝融入新区域经济,坚持稳定可以防止地方经济出现大的波动,坚持发展可以推动地方经济与"一带一路"战略同步进行。

2. 应对区域职能进行科学分工。"一带一路"战略使传统的区域经济范围发生了巨大变化，区域经济已经不仅仅局限于省市之间的联合，而是已经注入了国际化的因素。从国际形势看，"一带一路"战略中欧洲处于工业、农业的高端地位，非洲的设施农业高度发达；我国区域经济的优势并不明显，高端制造业的水平还不高，技术密集型企业数量还不多，现代农业的发达水平还不够，但作为"一带一路"的源头，具有庞大的消费市场；中亚诸国因基础设施薄弱、资源约束以及政情不同等原因，除能源输出外，并没有充分融入亚洲的价值链生产网络，只是在轻工业消费品上有一定的需求。

从国内形势看，长期以来由于资源禀赋、地理位置的差异，中国经济发展并不均衡，呈现"东部沿海领先、中西部欠发达"的局面，东部产能过剩问题一直没有彻底解决。因此，解决我国东部地区和东南亚国家过剩产能，提升亚洲各国经济竞争力和协同发展能力就成为振兴亚洲经济的重中之重，而这也是"一带一路"战略提出的深层次背景。要保持"一带一路"的畅通，必须确保沿线各地职能清晰、分工明确，避免出现"战略定位相似、同质化竞争"的问题。因此，在"一带一路"背景下发挥各地优势，对区域职能进行科学分工成为面临的新挑战。对区域职能的科学分工，要建立在对话协商机制之上。由于"一带一路"各国的文化背景、宗教信仰、社会制度以及经济发展阶段等存在很大的不同，有的国家政局不稳定、气候环境脆弱以及资源瓶颈（水资源严重不足）等问题需要克服，因此在确定区域发展规划时，必须将区域定位与发展趋向、产业布局和资源整合等重大事项综合考虑，促进与沿线国家上下游产业链和关联产业的有效衔接，形成优势互补、协同发展。同时要尊重市场发展规律，整合"一带一路"沿线地区的需求和供给条件，沿着"一带一路"进行生产力的再造和优化，这是区域职能科学分工的一条主线。

3. 应加快区域配套服务建设。服务业已经成为世界经济发展新的增长点，服务业既为广大人民提供便利，也是三大产业发展过程中的内在动态调节。发达国家服务业所占比重较大，我国服务业正处于快速发展时期，非洲各国服务业发展相对落后。经济发达地区通常具有完善的配套服务，服务是区域经济发达到一定程度的必然需求，同时服务又是区域经济发展初期的重要吸引力。"一带一路"战略横跨东西，距离长、地区多、人文风俗不同，面临的服务需求旺盛。

在金融服务方面，建立人民币跨境结算制度是保持贸易流畅的基础。无论是"丝绸之路经济带"，还是"海上丝绸之路"，都离不开金融支持，特别是丝绸之路经济带。目前中资银行参与程度并不高，如果这些地区获得大发展，需要中国企业走进去，相应的金融支持便成为必须。

在运输服务方面，交通运输是优先发展领域，以加快提升我国与周边国家交通基础设施的互联互通水平，并形成区域交通运输一体化。"丝绸之路经济带"要继续加大铁路、公路和航空建设，特别是在西部交通枢纽区域，要构建现代化的物流仓储服务。"21世纪海上丝绸之路"要充分发挥东部沿海的港口优势，深化关税改革，保障海上货运安全。

在信息服务方面，要尽快在沿线落后地区构建互联网、移动通信基础设施，为"一带一路"打通信息通道。目前，不少处于"一带一路"区域范围内的发展中国家和地区，都存在较大的"数字短板"，这也为我国的软件信息服务业带来了巨大的商机。中国大陆企业"走出去"，不光是出资金、卖设备，更要讲运营、提供智能服务，向沿线国家输出"有中国特色"的中、高端产品，其中最核心的就是软件和信息服务产业。

## 二、"一带一路"与产业自主创新战略协调

我国所倡导的"一带一路"是一条协同创新之路。在国家大力倡导大众创业、万众创新的"双创"背景下，通过协同创新驱动"一带一路"战略的实施。具体包括合作机制协同创新、合作模式协同创新，金融、科技及人才培养协同创新等几个方面[①]。

（一）合作机制协同创新。"一带一路"战略的核心理念是"合作共赢"，实现"五通"首要任务是政策沟通，这可以解读为只有在良好、共赢的合作机制下，合作政策才能沟通，合作才能实现共赢，其中合作机制协同创新是确保实现合作共赢的关键。有必要将现有与"一带一路"战略相关的区域合作机制，统一纳入"一带一路"战略合作机制的框架内，与"一带一路"战略实施过程中的合作机制进行联结、协同和匹配，最大限度的发挥现有区域合作机制的作用，形成多种区域合作机制的良性互动与互相促进。构建"一带一路"区域合作新机制，充分利用互联网＋"一带一路"的环境特性，打造"一带一路"区域合作平台，建立"一带一路"标识、品牌、纲领、网络，开展与"一带一路"相关的展销会、博览会、交易会、研讨会，树立标杆瞄准，营造社会舆论，引

---

① 余晓钟、高庆欣：《"一带一路"战略实施过程中的协同创新研究》，《科学管理研究》，2016年6月。

领地方政府、企业尽快走出去，参与"一带一路"经济与文化建设，促使"一带一路"战略落地生根。通过"一带一路"合作机制的包容性，不断创新区域间合作机制，构建高效开放的创新资源共享网络，以协同创新牵引"一带一路"沿线国家协同发展。

（二）合作模式协同创新。"一带一路"在包容、吸收多种合作模式的基础上，需要沿线各国协同创新。目前，区域间、国际间资源、项目、经贸、文化等方面的合作模式有多种可借鉴，如国际资源市场的股权与非股权合作模式；在资源合作开发方面，市场主导的合作共赢模式，国际地缘战略合作模式；我国与中亚矿产及能源采取的合作模式；直接投资模式；这些合作模式在"一带一路"战略背景下可协同改进、完善，并充分利用。

模式设计以"一带一路"沿线核心城市、关键节点和综合交通运输干线为轴线，搭建协同创新服务平台，完善硬件和软件，通过建设"一带一路"产业园区、自由贸易区、开发区等多功能综合试验区，实现政、产、学、研、资五方协同发展。

（三）金融融资协同创新。金融融资协同创新是实现"一带一路"战略的基本保证。"一带一路"要实现"五通"中的资金流通，必须协同沿线各国进行金融和融资的协同创新，建立推动"一带一路"战略实施过程的金融体系和融资平台建设，解决"一带一路"实施过程中的融资缺口。"一带一路"建设内容广泛，包括所有产业领域，除必要的基础设施建设外，涉及资源能源、生态、文化等多方面，工程和项目类型多，需要大量的投资和资金，要在沿线60多个国家实现金融融通和货币流通，必须协同创新更多的融资模式和金融体系，打造具有"一带一路"特点的专业化的融资平台。因此，在"一带一路"的背景下，要进行全面的金融协同创新。

"一带一路"建设要引入企业、社会、私人资本共同参与，协同创新，采取灵活多元化的融资模式。如采取债权、基金、股权等形式；采取公私合营等多种融资模式；也可采取多种融资模式的优化与组合。通过金融和融资模式协同创新，为"一带一路"企业提供长期外汇资金帮助，使资金链最大限度的满足"一带一路"建设的需求。

（四）科学技术协同创新。科学技术协同创新是实现"一带一路"战略的根本和关键。"一带一路"战略实施，必须依靠科技引领，科技协同创新为合作模式和合作机制的良好运行提供保障，只有依靠科技协同创新，才能实现可持续发展。"一带一路"不仅是经贸、文化、人流、物流、资金流、信息流的交流融合区域，更是不同区域科技人才集聚和科技协同创新的平台。我国与"一带一路"国家的科技合作还有待进一步加强，应关注不同国家的特色研究领域与优势重点学科，鼓励多国合作，实现科技优势互补。"一带一路"建设应当以科技协同创新为切入点，加快与相关国家的科技合作，促进科技成果的转化和应用。目前，基于"一带一路"战略，中国大陆率先成立了相关的丝路科技研究院、科技智库、"一带一路"研究中心、"一带一路"论坛、开启了"一带一路"科技创新的先河。

政府科技管理部门要以"一带一路"战略的行动纲领为指导，组织科技调研团队，对"一带一路"沿线各国的科技现状、科技需求、技术水平、技术标准、合作意愿等进行全面深入的调查研究，摸清真实情况。然后，根据国内高校、科研院所的科研实力、科研方向统筹规划、整合力量成立国家层面的"一带一路"科技协同创新研究中心，依据不同的科技方向设置研究机构，进行相应的科技攻关，针对性的解决"一带一路"战略实施中的各种技术难题。要与"一带一路"相关国家的科学研究机构以联盟、联合的方式共同组建实验室、科研机构、联合举办国际会议、共同制定相关技术标准等方式解决合作发展中的共性科学技术，促进"一带一路"国家间的科技协同创新，通过合作创新"溢出效应"，实现技术成果共享。

应协同加强"一带一路"科技人才的培养，立足长远，制定实施科技人才的合作交流、科技人才合作培养的长期计划，为"一带一路"建设和技术进步提供人才保障。在"一带一路"合作机制和合作平台下，科技协同创新人才培养可采取"走出去，请进来"的双边或多边合作培养模式，沿线各国可互派科技人员学习技术，通过互访、互学、互培的交流合作培养机制，促进科技人才交流，提升科技人才协同创新的能力和水平。

### 三、国际产能合作与包容性发展目标协调

产能国际转移是通过国际贸易、国际投资等方式，将产能从一个国家或地区转移到另一个国家和地区的过程，从而实现生产要素在全球范围内的重新配置组合。通过产能国际转移化解产能过剩是发达国家业已形成的共性规律。发达国家在经济崛起过程中普遍存在着产能过剩问题，如19世纪末的德国、20世纪50年代的美国以及90年代的日本都曾受到产能过剩问题的困扰。通过扩大对外投资和贸易在全球范围内转移产能、化解国内产能过剩、助推产业结构升级、改善贸易条件并借此向他国"植入"本国技术格式、产业标准、控制产

业链，是发达国家占据国际竞争优势地位的一条重要的成功经验。

国际产能合作是指两个存在意愿和需要的国家或地区之间进行产能供求跨国或跨地区配置的联合行动。产能合作可通过两个渠道进行：既可以通过产品输出方式进行产能位移，也可以通过产业转移的方式进行产能位移。我国提出的产能合作超越了传统的资本输出，它既是商品输出，也是资本输出。

国际产能合作概念最初来自 2014 年 12 月 14 日国家总理李克强与哈萨克斯坦总统纳扎尔巴耶夫的会谈，两位领导人将中国优势产能与哈国基础设施需求对接达成"中哈产能合作"计划。国际产能合作反映了国际经济合作的一种新方式，在我国推动共建"一带一路"战略中具有重大的政治经济意义。

## 第三节 "一带一路"对合作方产业
## 转型升级的机遇与挑战分析

### 一、"一带一路"倡议下的国际产能合作对合作方经济发展意义重大

（一）为对外开放开创新方式、新局面

"一带一路"战略是未来中国大陆对外开放的重大战略。战略的远期目标是构建区域合作新模式，近期目标是道路联通与贸易畅通，着重加强贸易、交通、投资及金融领域的合作。国际产能合作是一种国家间产业互通有无、调剂余缺、优势互补的合作方式，是一种国际产业转移与对外直接投资相结合的新模式。国际产能合作是我国参与共建"一带一路"的重要实现形式，是大陆对外开放新方式的重要创新，是我国国际经济合作的新范式、新模式。

（二）促进国内经济发展，推动产业转型升级，跨越中等收入陷阱

近年来一些长线产业产能过剩问题严重。跨境产能合作可以将这些过剩产能转变成为优质产能，盘活和带动整体经济发展。目前中国大陆国际产能合作的主要任务是抓好大型项目，包括产业园区和装备制造业合作项目，尽快把产业过剩的产能、非核心的产能转移到"一带一路"沿线国家去。因此，做好国际产能合作将会有力弥补我国外贸和经济增长下行压力，推动世界经济复苏，也有助于中国大陆经济向智能、绿色发展的转型升级，促进产业迈向中高端水平，更加聚焦国际分工的关键核心业务，打造以中国制造业为中心的体系。

中国大陆必须有发达的产业经济，才能跨过中等收入陷阱。跨过中等收入陷阱必须要有能够承受较高收入的较高生产力和较高的产业水平。国际产能合作既可以解决当前中国大陆存在的一些过剩产能，也可以为产业结构调整、产

业转型升级提供战略机遇。

（三）拓展产业发展新空间，推动经济全面深度融入全球化

国际产能合作是国际直接投资、国际经济合作的创新方式，利用这种新方式可以把中国经济与欧美技术、亚非拉市场需求紧密联系起来，促进中国大陆与全球产业链对接和分工合作，从而把过去囿于国内的产业融入全球产业链之中，极大地扩展产业发展空间。

（四）打造经济增长新动力，主动适应经济"新常态"

过去中国大陆经济增长主要依靠国内投资与消费以及出口的规模增长。国际产能合作则带来新的经济增长动力，不仅国内增加投资支撑这种产能合作，而且要有持续不断的技术创新、商业创新、管理创新、制度创新，形成新的经济增长动力来源。推动中国大陆经济增长模式将逐步从数量、规模扩张转换为质量、效益型经济发展方式。

（五）中国大陆对外产能和装备制造合作惠及"一带一路"沿线各国，增强中国大陆经济影响力

国际产能合作实质上是一种对外直接投资代替原有对外贸易的双向互惠互利合作方式。互通有无、互补性强的产能合作比贸易方式更受欢迎。中国大陆把相应的产能转移到一些缺少这些产能的国家，可以推动东道国产业发展，填补当地市场需求，减少进口，可以增加当地税收，促进当地经济发展，还有利于降低基础设施建设成本，也有利于扩大内需、增加就业，提升工业化水平，是一举两得的事。以国际产能合作方式共建"一带一路"可以促进各国经济发展，实现共同富裕，增加中国大陆经济在全球经济中的份额，提高中国经济的全球影响力，还可以赢得沿线各国对中国和平崛起的信任，而且通过经济发展有效抑制地区恐怖主义，给区域经济社会发展带来巨大的战略收益。

二、中国大陆国际产能合作的成效及面临的挑战

（一）中国大陆国际产能合作取得了初步成效

自 2013 年中央政府提出"一带一路"倡议以来，中国大陆企业对外投资合作快速增长。2014 年，中国大陆对"一带一路"沿线国家和地区的投资流量为136.6 亿美元，年末存量达到 924.6 亿美元。2015 年，中国大陆企业在与"一带一路"相关的 49 个国家有直接投资，投资额合计 148.2 亿美元，同比增长18.2%，在相关的 60 个国家承揽对外承包工程项目 3987 个，新签合同额 926.4亿美元，占同期中国大陆对外承包工程新签合同额的 44%。截至 2015 年年底，

中国大陆企业正在推进的合作区共计 75 个，其中一半以上是与产能合作密切相关的加工制造类园区，建区企业累计投资 70.5 亿美元，入区企业 1209 家，合作区累计总产值 420.9 亿美元，上缴东道国税费 14.2 亿美元，带动了纺织、服装、轻工、家电等优势传统行业部分产能向境外转移。2015 年以来，在全球需求放缓和全球外商直接投资下滑的大背景下，中国大陆与"一带一路"沿线国家的贸易投资合作实现了逆势增长，与"一带一路"沿线各国的产能及装备制造合作取得了初步成效。

中国大陆对"一带一路"沿线国家外贸增长较快。2015 年 1—6 月，中国大陆对"一带一路"沿线国家出口 2957.7 亿美元，比上年同期增长 1.9%，对印度、东盟、阿富汗、孟加拉国、巴基斯坦、斯里兰卡出口分别增长 10.7%、9.4%、5.1%、27.9%、25.9%、17.6%；对非洲出口增长 12.9%；对大多数中东国家出口取得较大幅度正增长。同期中国大陆成套设备出口达 600 亿美元，同比增长 10%。但是 1—6 月自沿线国家进口仅 1896 亿美元，同比下降 20.9%。进口降幅过大，将影响贸易的进一步增长。

在"一带一路"沿线，中国大陆对外投资存量达到了 1634 亿美元，占对外投资总额的两成左右。2015 年 1—7 月中国大陆企业共对"一带一路"沿线的 48 个国家进行了直接投资，累计投资额 85.9 亿美元，同比增长 29.5%，投资主要流向新加坡、印度尼西亚、老挝、俄罗斯、哈萨克斯坦、泰国等。同期，中国大陆企业在"一带一路"沿线的 60 个国家新签对外承包工程项目合同 1786 份，新签合同额 494.4 亿美元，占同期中国大陆对外承包工程新签合同额的 44.9%，同比增长 39.6%；完成营业额 344.6 亿美元，占同期总额的 43.6%，同比增长 4.2%。

2015 年由国家领导人亲自推动签署的产能合作和装备制造项目数量多、规模大。2015 年 3 月 27 日，国务院总理李克强与来华访问的哈萨克斯坦总理马西莫夫共同见证两国签署涵盖广泛领域的 33 份产能合作文件，项目总金额达 236 亿美元。2015 年 5 月 19 日，李克强总理与巴西总统罗塞夫达成和签署了 35 项具体合作协议，总金额超过 270 亿美元。2015 年 7 月 2 日，李克强总理访问欧盟以及比利时、法国，见证 70 余项合作协议的签署，总金额近 700 亿美元。

（二）中国大陆企业与"一带一路"沿线国家产能合作的方式日益多样化

在轨道交通和基础设施建设方面，逐步探索"建设—移交"（BT）、"建设—运营—移交"（BOT）等方式，探讨利用资源和能源换项目，由此建立长效合作机制，保障双方权益。电力行业参与国际市场的方式，从最初的设备供货，发展到目前的"设计—采购"（EP）、"设计—采购—建设"（EPC）、"独立电站"（IPP）、"建设—拥有—运营"、BOT、公私合营（PPP）、融资租赁、并购等多种形式，中国大陆电力企业"走出去"的水平不断提高。在对外承包工程方面，中国大陆承包企业在发挥传统承包优势的同时，充分发挥技术、资金优势，积极探索开展"工程承包＋融资""工程承包＋融资＋运营"等方式的合作，有条件的项目多采用 BOT、PPP 等方式。

境外经贸合作区是推进"一带一路"倡议和国际产能与装备制造合作的有效平台，已成为促进中国大陆和东道国经贸合作的载体，在推动中国大陆企业"抱团出海"、形成海外产业集聚、维护企业合法权益等方面发挥了积极作用。据统计，截至 2015 年 11 月底，中国大陆企业建设境外经贸合作区 75 个，累计投资 179.5 亿元，入区企业 1151 家（中资控股企业 723 家），建区企业和入区企业总产值 419.3 亿美元。75 个合作区中 53 个分布在"一带一路"沿线国家。通过考核的 13 个合作区中，10 个位于"一带一路"沿线国家，涉及服装、轻工、食品、家电、机械、电子、建材、化工等行业。特色产能合作方式包括：广西钦州与马来西亚彭亨州的关丹于 2015 年建设的"两国双园"——中马钦州产业园和马中关丹产业园顺利开园，这开辟了新时期国际经济和贸易合作的新模式，为中国大陆与"一带一路"沿线国家尤其是东盟国家推进产能合作、促进双向投资提供了有效载体。今后，"两国双园"模式还有可能扩展成"两国多园""多国多园"模式。

（三）当前中国大陆推动国际产能合作面临的挑战

1. 国际国内政治经济环境错综复杂，国际产能合作的供需双方都受到不利因素影响。中国大陆经济正处于前期刺激政策消化期、结构调整阵痛期和增长速度换档期"三期叠加"的特定阶段，经济增长速度下行的压力依然较大，经济增长新动力不足和旧动力减弱的结构性矛盾依然突出，技术创新和技术更新速度慢，一些产能过剩行业的企业面临严峻的经营形势，国际产能合作的供给能力受到一定的不利影响。与此同时，美国经济复苏迹象不明朗，欧洲、日本、俄罗斯经济出现不同程度的萎缩，全球经济增长动力疲弱，正处于深度调整期，主要新兴经济体增长乏力，特别是资源型经济体受到国际资源价格下跌的影响较大，"一带一路"沿线国家对产能合作的需求疲软。

2. 中国大陆推动国际产能合作的国内体制机制不清晰、不健全，政府支持政策还不到位、未落实。这是中国大陆推动国际产能合作的瓶颈。近期国家发改委、商务部已经对境外直接投资管理体制进行改革，除少数敏感投资国别、投资项目必须经过审批之外，其他境外投资一律取消项目核准，实行备案管理体制，清理取消束缚对外投资的各种不合理限制和收费。除了前置审批之外，事中事后监管体制机制尚待完善。目前仅国内投资项目涉及的 16 个中央部委、数十项前置审批事项在线审批监管平台仍在探索和试验之中。特别是涉及国有企业的海外投资管理体制机制一直处于"放"与"管"的摸索之中，至今不清晰更不健全。国际产能合作要采取政府推动、企业主导、市场运作、项目化管理的合作机制，这个合作机制还有待设计、塑造和健全。在国际产能合作中，政府既不能缺位，也不能越位，更不能越俎代庖，但是政府的政策、职能和服务必须到位。我国各级政府对国际产能合作还没有做好准备。由于许多政策还没有落实，企业缺乏足够支持，难以"走出去"，实际开展产能合作面临许多困难，难以满足国际市场需求。

3. 国际产能合作是新的合作方式，各国都处于探索之中，对它的认识、接受和管理体制及政策建设都需要时间。中国大陆对国际产能合作的认识和探索还不到一年，其他伙伴对这种新的国际合作方式还处于审视时期，对它有个认识、熟悉和接受的过程，然后才可能建立有效的国际产能合作管理体制及政策。因此，中国大陆推动国际产能合作要面临伙伴的滞后反应问题。此外，大陆企业与"一带一路"沿线各国开展国际产能合作还可能面临当地产业配套能力弱、政策法规缺失、当地社会抵触、市场需求和生态链条没有培养起来等一系列困难。

4. 中资企业还面临国际产能合作风险高和境外融资条件差等困难。中国大陆企业的国际合作可能面临一些难以驾驭的政治风险、法律风险和商业风险。一些投资合作风险可能通过一些管理手段化解，但也有些投资合作风险不是单个企业可以掌控的。尤其在中国银行体系没有覆盖的国家，中资企业往往难以获得当地融资，占用自有资金规模较大，更加大了投资的风险。因此，中国大陆企业在开展国际产能与装备制造合作的进程中，要科学评估投资风险，做好风险防范预案，同时积极寻求中国大陆在当地的使领馆、国内中介机构以及华人华侨社团给予帮助，化解风险，维护合法权益。

5. 中国大陆对外产能和装备合作的质量与技术服务水平与最发达国家仍有一定的距离。德国、日本在高铁、核电、造船等领域有国际先进的技术和工艺；法国、美国在大飞机、通讯装备方面拥有最先进的技术。中国大陆企业长期追踪世界领先技术，在许多领域通过引进、吸收和再创新方式获得了较大的技术进步，但是与最发达国家的技术水准仍有或长或短的差距，中国产能和装备国际合作的品牌建立时间不长，声誉不够牢固。尤其是中国大陆在许多工业领域没有掌握最高国际标准。所以，中国大陆国际产能合作的国际竞争力仍不够强，在国际市场上与最发达国家跨国公司竞标中可能会处于下风。因此，中资公司有必要在项目融资、项目报价、项目工期、技术转让、项目后期服务等方面提高竞争力，加强与当地企业合作，给当地更多实惠，才能赢得竞标。此外，中资公司还有必要加强中欧在"一带一路"中产能合作以及对第三方市场合作开发。

6. 中资公司对国际项目运作和工程承包的经验不足。国际产能合作是一种复杂的系统工程，与当地政府、政党、工商界、学术界、宗教界以及各种社会中介或团体都有或多或少的联系。任何一个方面公共关系没有做好，都可能导致合作项目失败。中国大陆与墨西哥的高铁合作项目失败就是一个典型案例。不仅要重视与当地政府建立好沟通关系，而且要重视与社会中介组织、大学加强关系，遵纪守法，加强跨文化沟通，尊重当地宗教信仰及风俗习惯。然而中资公司对这些国际合作的风险还不够敏感，缺乏判断力和经验。因此，中国大陆商务、产业各有关部门要分国别、分产业做好国际产能合作的各项风险调查与预警。加强国家外交在国际产能合作项目争夺中的重要作用，不仅要重视政治、军事、文化外交，更要重视经济外交，把外交功能扩展到国际经贸和国际合作等领域。

### 三、实施国际产能合作的区域分析

综合中国大陆近年对外直接投资数据和"一带一路"沿线国家可发现，中国大陆当前对外直接投资增长较为迅速的"一带一路"国家主要分布在东南亚、南亚、中亚、西亚、北非和中东欧地区。因此我们主要对这几个地区的实施国际产能合作的可行性展开分析。

（一）东南亚地区

东南亚是指亚洲东南边的 11 个国家，面积约 457 万平方公里，人口约 5.6 亿。这些国家中，新加坡、文莱已经是高收入国家，不在讨论之列。先看这些国家和地区承接制造业转移的优势：

劳动力优势。越南、泰国、马来西亚、印度尼西亚和菲律宾经济情况较好，而且人均收入与中国刚好形成一定级差，成人识字率均在 92% 以上，教育水平较高。缅甸、柬埔寨、老挝和东帝汶经济较为落后，劳动力价格优势明显。此外，劳动力供应也较为充足，总体为 29877 万。

区位优势。从距离上看，东南亚各国和中国比较接近，运输成本较低。东南亚已经形成了东盟自由贸易区，未来还将和中国、日本、韩国形成 10+3 或者 10+1 的自由贸易区，货物、人力和技术的流动的障碍将越来越小，这对承接制造业的转移是非常有利的。

自然资源优势。东南亚各国大都处于热带，气候高温多雨，热带暖和的温度节约了御寒的成本，有利于制造业的开展。从资源禀赋上看，东南亚各国的石油、铁矿石、铜矿石、木材、橡胶等资源供应较为充足，水源也非常充足。南中国海周边的国家，还有着较为丰富的油气资源。

语言和文化优势。从文化传统上看，东南亚和中国非常接近，东南亚国家有大量的华侨，是世界上外籍华人和华侨最集中的地区，特别是马来西亚、越南、印度尼西亚、菲律宾等国，这些华侨将成为中国制造业对外转移的推手，吸引中国企业向这些国家和地区投资。目前中文在这些国家的普及程度也越来越高，语言环境也有利于吸引制造业向这些地区转移。

再来看看这些国家和地区存在的劣势：

部分国家政局不够稳定，如印度尼西亚、泰国、菲律宾和马来西亚、缅甸等国，近些年都纷纷出现了军事政变和其他政治冲突，这种政治上的不稳定会带来投资的风险，影响了东南亚吸引外来投资。

部分国家基础设施较差，教育水平低。部分国家成人识字率不高，除了缅甸是 92% 以外，老挝为 73%，柬埔寨为 78%，而东帝汶仅 51%。这些因素制约了这几个国家成为制造业转移的主要承接国。

自然灾害较多。多雨的天气容易引发水灾，菲律宾、印度尼西亚等岛国还极易受海洋性气候的影响。

容量有限。东南亚劳动力供应总体规模有限，不到中国劳动力人口的 37%，加之这些国家的劳动参工率并不低，新增劳动力的空间有限，如果制造业完全向这些国家转移，会使劳动力供不应求，带来劳动力价格的迅速上升，抵消掉这些国家的劳动力资源优势。

总之，中国大陆制造业向东南亚国家转移是目前国际制造业转移的主要趋势，未来这一转移还将继续，但由于容量原因，东南亚并不能完全取代中国大陆，制造业中心并不会在东南亚出现，但东南亚会以"副中心"的形态存在，对中国大陆的制造业形成有益地补充。

（二）南亚地区

南亚指亚洲南部的七个国家和一个地区，面积约 437 万平方公里。人口约 15.64 亿，占世界总人口的 22.34%，是目前世界上人口最为稠密的地区，也是目前世界上最不发达的地区之一。印度、巴基斯坦、孟加拉、尼泊尔和斯里兰卡都有承接制造业转移的可能，马尔代夫、不丹等国可以排除在外。

这些国家和地区承接制造业转移的优势：

劳动力价格和供应的优势。这一地区劳动力价格均较低，尼泊尔、孟加拉等国是世界上最不发达的国家，印度和巴基斯坦的人均国民收入也仅相当于中国大陆的 1/3 至 1/4。而且这一地区的劳动力供应非常充足，南亚地区劳动力总量 60951 万人，与中国大陆的劳动力总量 79954 万人差距不大，能够容纳的空间很大。2010 年印度新增劳动力为 2514.6 万人，超过了中国大陆的 2440 万人，到 2016 年时，预计印度新增劳动力将达到 2589.4 万人，超过中国大陆预计增加的劳动力 1512.9 万人 1000 万人以上，而且目前印度农业从业人员在总劳动人口中占到了 60%，还蕴藏了 1.5 亿—2 亿的富余劳动力，这保证了在未来 20 余年内，都不会存在劳动力供应不足的问题，因此这些国家劳动力价格上涨会比较缓慢。单从劳动力价格的因素来看，南亚地区的确是承接中国制造业转移的首选。

地理优势。从地理条件来看，南亚也具有非常大的优势，一是气候较好，大部分地区位于亚热带，既没有防寒的需要，也较少受热带海洋气候的影响。另外，这一地区与我国距离不远，其中巴基斯坦、印度、尼泊尔、不丹同我国相邻，转移成本相对较低，而且印度、孟加拉、斯里兰卡等国邻海，海上运输较为便捷。从地理条件来看，南亚也适合承接制造业的转移。

这些国家和地区承接制造业转移的劣势：

劳动力素质较低。这些国家劳动力素质总体水平不高。从教育水平来看，南亚地区是世界上教育水平最低下的地区之一，成人识字率大都在 60% 以下，仅斯里兰卡为 91%，无法保证投资者达成想要的劳动生产率，培训和再教育的成本较高。另外，印度、孟加拉和巴基斯坦等国的文化传统与制造业所需要的从业人员素质相悖，导致了劳动生产率低下。从劳动参工率就能看出这些国家存在着问题。这些国家劳动力虽然丰富，但大量的劳动力处于闲置状态，从参工率来看，印度的参工率为 58%，巴基斯坦仅为 54%，说明这些国家的适龄人口从事工作的意愿并不强。印度教中所崇尚的"无欲无求"的观念，使许多人宁愿甘守贫穷，也不愿意去工作。印度文化传统中没有守时的看法，他们认为时间早一点晚一点都一样，印度工人迟到、早退是家常便饭，许多到印度投资办厂的人都表示管不好印度的工人。这些文化传统无疑给南亚国家吸引外来投资造成了极大的负面影响。

文化宗教因素影响。作为世界上人口第二多的国家，印度有着丰富的人种、语言和宗教类别，号称是世界人种、语言和宗教的博物馆。这些多样化的文化，在人类学家的眼中是瑰宝，在制造业的投资者眼中却是灾难。印度没有统一的语言，语言差异造成沟通困难，印度宗教间存在着矛盾，经常引发冲突。种姓制度也造成了人与人的不平等，这些都让外来的投资者感到头痛。

基础设施方面。南亚国家的基础设施建设也非常落后，印度高等级国家公路的比例仅占2%。铁路系统也老旧不堪，晚点率非常高，机场和港口也非常破旧，没有一家机场能够进入世界前50强，物流服务远远达不到经济发展的需要。印度的电力设施也很缺乏，2010年时，印度的装机总容量为中国大陆的1/3。电力缺口为8.9%，农村有70%的地方不通电，电力负荷高峰时，供需缺口高达15%。印度还缺少干净饮用水和现代的排污系统，有近一亿生活在城镇的居民没有获得供水和卫生设施。印度存在的问题，在其他南亚国家大都普遍存在。

社会环境因素。有些南亚国家还存在着政局不稳定问题，如巴基斯坦就多次发生军事政变，印度国家的不同教派经常发生冲突，印度和巴基斯坦之间存在着矛盾，克什米尔地区的归属悬而未决。这些也给外来的投资者带来了投资风险。这些负面因素严重制约了南亚地区在制造业上的发展。目前南亚地区的制造业增加值约为2820亿美元，仅占世界制造业2.39%，这与占世界人口22.34%的比例极不相称。总的来看，南亚地区在未来较长一段时间里都不可能成为中国制造业的主要竞争者。但如果这些国家能够在未来克服这些困难，消除这些不利因素，这一地区将有可能成为下一个制造业中心。

（三）中亚地区及其合作领域

中亚地区国家均以石油产业、重工业为主，基础设施建设落后，油气资源丰富，铁、煤等矿产资源富足，且位于"丝绸之路经济带"的重要地理节点上。在"一带一路"战略中，我国可与沿线中亚国家重点合作的领域集中在公路、铁路、管道交通建设，以及工业园区建设、能源资源合作等领域。

哈萨克斯坦位于亚洲中部，与我国、俄罗斯等国家相邻，是"丝绸之路经济带"中重要的陆上节点国家。该国矿产资源在种类上和数量上都很丰富，奉行以巩固独立和主权为中心的"全方位务实平面"外交，与世界主要大国均有交往。中资企业在哈萨克斯坦的主要投资和承包项目主要集中在石油勘探开发、电力、农副产品加工、电信、皮革加工、食宿餐饮和贸易等方面。"一带一路"战略中，中国大陆可与哈萨克斯坦在电子设备、机械设备、化工生产设备和轻工业制成品等装备制造业领域实现产能合作，在公路铁路交通建设、空港建设、火力发电建设、水利枢纽建设、工业园区建设等基础设施建设领域实现产能合作，同时基于哈萨克斯坦在关税、国家实物赠予、税收优惠、外籍劳工免除配额限制等方面的政策红利，中国大陆与哈萨克斯坦在原油开采、地质勘探、钻井技术领域的基础设施、工业设备和技术开发领域存在产能合作的可能性。

（四）西亚北非地区

本文将北非地区和西亚地区看作一个整体进行研究，因为北非地区和西亚地区在地理上相邻，而且北非在"一带一路"战略中只有一个国家。西亚北非地区有 19 个国家，2014 年经济总量最大的国家是沙特阿拉伯。该地区所在国家以石油产业为主，是世界主要石油产出国，部分产油国资金储备充裕。但该地区的基础设施建设相对落后。在"一带一路"战略中可重点突破能源领域、基建领域和金融领域的产能合作。

沙特阿拉伯西临红海，与世界著名的苏伊士运河相邻，东临阿拉伯海，在"21 世纪海上丝绸之路"中占有重要的地理优势。该国石油和天然气储量丰富，矿产资源也十分丰富。其实行睦邻友好、不干涉他国内政、不结盟政策，将与美国的关系放在外交首位，且与世界主要大国均有交往。2008 年中国与沙特阿拉伯建立战略性友好关系。中资企业在沙特阿拉伯新签的主要投资和承包项目有：阿美 5+2 年钻机 11 部项目、沙特阿拉伯吉达防洪项目合同包和沙特阿拉伯电信项目。

在"一带一路"战略中，中国大陆可与沙特阿拉伯在农用机械设备、化工生产设备、食品生产设备、纺织品生产设备、钢铁生产设备、水泥生产设备等装备制造业领域实现产能合作，在石油天然气管道建设、配套电力建设、海水淡化建设、工业园区建设等基础设施建设领域开展产能合作，在工业生产体系建立、工业产成品质量标准、工业人才培养管理等方面也可实现产能合作。此外，中国与沙特在食品、纺织品、钢铁、水泥产品等方面还有进一步贸易合作的潜力。

（五）中东欧地区

中东欧地区有 16 个国家，多数国家位于亚欧大陆桥上，经济战略意义重大。整体来看产业结构需要进一步调整，基础设施建设相对滞后，矿产资源丰富。在"一带一路"中可以重点发展进出口贸易、资本密集型产业转移和基础设施投资。

波兰地处亚洲和欧洲交汇点，是"一带一路"战略由亚洲延伸至欧洲的重要国家。该国矿产资源丰富，多种能源和矿产的产量及出口量位居世界前列。该国长期持有理性务实的外交主张，积极构建全方位的外交格局，并与世界主要大国均有交往。2004年中国大陆与波兰建立友好合作伙伴关系，2011年两国建立战略伙伴关系。中资企业在波兰投资和承包的项目主要集中在通信设施、工程机械、采矿设备和电厂建设。新签大型项目有400KV变电站及线路项目、ZP2075波兰岸桥项目。

"一带一路"战略中，中国大陆可与波兰在纺织机械设备、矿产开采、冶炼设备、交通机械设备、化工生产设备和船舶加工设备等装备制造业领域实现产能合作，在公路铁路交通建设、通信网络、管道运输建设、生态保护园建设、工业园区建设等基础设施建设领域开展产能合作，同时在金融、商业、电器维修等服务业也存在产能合作的可能。此外，中国大陆与波兰在食品、纺织服装、化工产品、金属制品、交通设备等方面也有产品贸易机会。

（六）独联体（含蒙古）地区

俄罗斯横跨亚欧大陆，包括欧洲东部和亚洲西部，是世界上国土面积最大的国家。该国自然资源十分充裕，能源、矿产资源、水资源极为丰富。国际政治立场主要是维护地区和全球稳定，对外政策的优先目标是苏联地区一体化，次要优先目标是欧洲伙伴，最后目标是美国。2013年中国大陆与俄罗斯建立全面战略协作伙伴关系，并在多个领域展开大量工作。

中资企业在俄罗斯的投资和承包项目主要集中在能源、矿产资源开发、林业、建筑和建材生产、贸易、轻纺、家电、通信、服务等领域。新签大型项目有内蒙古森林工业集团有限责任公司承建的俄罗斯6.5亿美元森林采伐木材加工项目、华为技术有限责任公司承建的俄罗斯电信项目等。

"一带一路"战略中，中国大陆可与俄罗斯在食品生产机械设备、纺织机械设备、矿产开采设备、交通机械设备、化工生产设备和金属加工设备等装备制造业领域实现产能合作，在居民住宅建设、铁路交通建设、管道运输建设、火力水力发电建设、生态保护园建设、工业园区建设等基础设施建设领域开展产能合作，同时在金融、商业、电器维修等服务业领域也存在产能合作的可能。此外，中国与俄罗斯在食品、农业原料、纺织服装、化工产品、金属制品、交通设备等方面也有产品贸易机会。

## 第四节 "一带一路"战略下的两岸产业合作

2015 年 3 月中央政府发布的《推动共建丝绸之路经济带和 21 世纪海上丝绸之路的愿景与行动》文件。文件中"中国各地方开放态势"部分的"沿海和港澳台地区"一节专门涉及了台湾地区。文件指出:"利用长三角、珠三角、海峡西岸、环渤海等经济区开放程度高、经济实力强、辐射带动作用大的优势,加快推进中国(上海)自由贸易试验区建设,支持福建建设"21 世纪海上丝绸之路"核心区。充分发挥深圳前海、广州南沙、珠海横琴、福建平潭等开放合作区作用,深化与港澳台合作,打造粤港澳大湾区。推进浙江海洋经济发展示范区、福建海峡蓝色经济试验区和舟山群岛新区建设,加大海南国际旅游岛开发开放力度。"在这些与台湾地区经济发展密切相关的内容之后,特别强调"为台湾地区参与'一带一路'建设做出妥善安排"。大陆正在推行的"一带一路"战略,已将两岸经济关系、台湾经济发展考虑和纳入其中,将给台湾经济带来更多利好,将为两岸经济合作搭建新平台、注入新活力。

表 2 2014 年中国台湾地区对"一带一路"区域内主要经济体的出口额

| | | 名次 | 出口额<br>(百万美元) | 占比% | |
|---|---|---|---|---|---|
| | 中国大陆 | 1 | 82 119 | 26.18 | 39.74 |
| | 中国香港 | 2 | 42 532 | 13.56 | |
| 东南亚 | 新加坡 | 4 | 20 536 | 6.55 | 18.90 |
| | 越南 | 7 | 9 980 | 3.18 | |
| | 菲律宾 | 8 | 9 528 | 3.04 | |
| | 马来西亚 | 9 | 8 612 | 2.75 | |
| | 泰国 | 11 | 6 094 | 1.94 | |
| | 印尼 | 14 | 3 835 | 1.22 | |
| | 柬埔寨 | 33 | 690 | 0.22 | |
| 南亚 | 印度 | 16 | 3 426 | 1.09 | 1.43 |
| | 孟加拉 | 27 | 1 068 | 0.34 | |

| | | | | | |
|---|---|---|---|---|---|
| 西亚 | 沙特 | 18 | 2 025 | 0.65 | 2.00 |
| | 土耳其 | 21 | 1 700 | 0.54 | |
| | 阿联酋 | 23 | 1 639 | 0.52 | |
| | 伊朗 | 29 | 910 | 0.29 | |
| 中欧 | 德国 | 10 | 6 142 | 1.96 | 2.24 |
| | 波兰 | 30 | 872 | 0.28 | |
| 西欧 | 荷兰 | 12 | 4 928 | 1.57 | 3.80 |
| | 英国 | 13 | 4 196 | 1.34 | |
| | 法国 | 24 | 1 526 | 0.49 | |
| | 比利时 | 26 | 1 261 | 0.40 | |
| 南欧 | 意大利 | 20 | 1 885 | 0.60 | 0.92 |
| | 西班牙 | 28 | 985 | 0.31 | |

说明：中国台湾地区与"一带一路"沿线国家及地区存在密切的贸易往来，其主要进出口均集中在此区域。2014 年台湾地区排名前 35 的出口目的地中，27 个是属于"一带一路"区域内的经济体，出口总值占据中国台湾地区全年总出口的 71.06%。其中，大陆及香港是台湾地区的主要出口目的地（39.74%），其次是东南亚地区（18.90%）。

资料来源：华晓红，官毓雯，张裕仁：《台湾参与"一带一路"建设的区域经济基础与可行途径》，《台湾研究集刊》，2016 年第 4 期。

### 一、探索建构两岸协调的产业政策体系

随着祖国大陆产业发展水平不断提高，产业链不断完善，两岸产业竞争呈现加剧迹象，未来应逐步改变过去以"台湾接单—大陆生产—海外销售为主"的产业方式，向两岸合作、共同创造、全球销售的新方式转变。两岸应充分依托产业合作工作小组、产业搭桥专案、两岸产业合作论坛等平台进一步加强宏观政策、产业政策的沟通与协调，避免重复建设和恶性竞争，逐步建立和完善产业规划对接机制、产业政策协调机制、两岸产业共同治理机制、产业资源共享机制。借助"一带一路"倡议的新契机，构建新的产业合作机制。大陆与台湾的"一带一路"产业合作措施，在实施面向上应加大对台湾中南部地区的力度，并力争使更多的中小企业从两岸"一带一路"产业合作中受益。

### 二、深化区域经济合作体制机制

应积极推动大陆自由贸易试验区和台湾自由经济示范区的试点对接，在区内相互开放，推行更加自由、更加便利的包括贸易、投资、金融活动及产业合

作、人员往来等在内的两岸经贸政策措施，以此扩大两岸经济自由化程度加深所带来的利润空间。

借助福建自由贸易区的建设契机，进一步深化闽台合作。福建作为"21世纪海上丝绸之路"核心区，在国家自贸区战略布局中成为三个新自贸区之一。这种"'一带一路'+自贸区"模式使福建"不仅全然改变昔日'边陲地位'形象，亦将成为新一轮欧亚非经济发展热潮中的要角"。台湾与福建隔海相望，参与"一带一路"和自贸区建设有着天时地利和人文之便。福建作为"海上丝绸之路"核心区的高定位将辐射到邻近的台湾，为台湾经济发展和两岸经济合作提供难得的历史机遇。

### 三、加强在高新技术产业领域的协调

在一些高新技术产业领域，台湾具有较为先进的技术和创新能力，大陆拥有庞大的制造能力、完善的产业体系和巨大的市场潜力。两岸加强在这些领域的合作就能打造出国际领先的产业和国际知名的产品。"一带一路"有助台商开拓亚洲新兴市场，可在"三通"基础上加强港口的全方位合作，最终形成两岸大物流格局。从地理位置看，台湾更容易与大陆实现制造业的分工合作，双方可以共同开发自主核心技术，分享大陆经济转型的红利。

### 四、加强两岸投资领域的合作

加速两岸合作对外投资的规模与范畴，是有效参与"一带一路"建设的关键。从共同发展的角度看，两岸应加快合作对外投资的步伐，尤其要利用台商在"一带一路"区域内的既有产业网络，深化两岸合作规模，可以通过相互参股、相互持股与合作投资方式，积极参与"一带一路"的基础设施建设与产业园区发展，实现合作效益的外溢，为两岸深化经济合作提供新动力。台湾应积极探索参与"亚投行"的各种方式，从分享投资受益和后续项目建设中获得自身发展。

### 五、加强两岸"一带一路"信息沟通渠道

无论两岸政治关系如何发展，应确保两岸经济合作沟通渠道畅通。在"一带一路"携手开发国际市场时，信息畅通更为重要。通过建立"一带一路"资讯平台，一方面将有益于台湾全面了解大陆政策意图，建立两岸经济互信基础，促进经贸交流发展，达成合作新共识；另一方面也有益于两岸企业随时掌握商

业信息，把握投资机会。

**参考文献：**

1. 丁任重、陈姝兴：《中国区域经济政策协调的再思考》，《南京大学学报》，2016 年第 1 期。

2. 郭朝先、邓雪莹、皮思明：《"一带一路"产能合作现状、问题与对策》，《中国发展观察》，2016 年第 6 期。

3. 郭朝先：《"一带一路"倡议与中国国际产能合作》，《国际展望》，2016 年第 3 期。

4. 华晓红、宫毓雯、张裕仁：《台湾参与"一带一路"建设的区域经济基础与可行途径》，《台湾研究集刊》，2016 年第 4 期。

5. 李丹、崔日明：《"一带一路"战略与全球经贸格局重构》，《经济学家》，2015 年第 8 期。

6. 李义虎：《"一带一路"与台湾》，《北京大学学报（哲学社会科学版）》，2015 年 11 月。

7. 刘瑞、高峰：《"一带一路"战略的区位路径选择与化解传统产业产能过剩》，《社会科学研究》，2016 年第 1 期。

8. 孟祺：《基于"一带一路"的制造业全球价值链构建》，《财经科学》，2016 年第 2 期。

9. 王永中、李曦晨：《中国对一带一路沿线国家投资风险评估》，《开放导报》，2015 年 8 月第 4 期。

10. 吴凤娇：《海峡两岸制度性经济合作新格局的创建》，《广西师范大学学报》，2016 年 8 月。

11. 夏先良：《构筑"一带一路"国际产能合作体制机制与政策体系》，《国际贸易》，2015 年第 11 期。

12. 杨海洋：《中国制造业向海外转移的区位分析》，《国际贸易问题》，2013 年第 4 期。

13. 尤小波：《"一带一路"对台湾发展的机遇及两岸前瞻》，《中国党政干部论坛》，2016 年第 9 期。

14. 余晓钟、高庆欣：《"一带一路"战略实施过程中的协同创新研究》，《科学管理研究》，2016 年 6 月。

15. 郑蕾：《中国对"一带一路"沿线直接投资空间格局》，《地理科学进展》，2015 年 5 月。

16. 卓丽洪：《"一带一路"战略下中外产能合作新格局研究》。

# 第六章 "一带一路"的商机拓展

## ——智慧化及环境友善的城市建设与产业合作

随着经济不断成长、人民生活日渐富裕，城市人口的比重亦快速上升；然在全球经济快速发展的同时，人类的资源耗用也快速增加，土地资源的开发、森林砍伐、石化燃料的消耗等，皆破坏了全球碳循环，造成近年来的暖化现象，气候也受到显著影响。20世纪90年代以来，各项国际公约、协议陆续订定，试图针对地球可持续发展提出解决之道，环境友善的概念从中逐渐被确立。为满足人类对于城市之需求，并兼顾地球永续发展，环境友善的概念已逐渐纳入智慧城市建设的概念当中。如是概念对于经济快速发展、城市人口快速增加的东盟而言，当可作为城市发展的规划方向。另一方面，与东盟国家有着密切经贸关系的中国台湾地区与大陆近年亦戮力于智慧城市建设，且已累积相当的经验。在此议题下，两岸的产业合作不仅可以结合双方产业优势，提升两岸产业发展，亦可扩及带动东盟国家的跳跃式经贸发展，有利两岸与东盟国家的经贸关系，或可成为两岸产业合作的新契机。

## 第一节 智慧化及环境友善之城市建设的意义与趋势

### 一、智慧化及环境友善的城市建设的重要性

（一）智慧城市的源起与意义

随着经济不断成长、人民生活日渐富裕，城市人口的比重亦快速上升，依据联合国于2016年3月公布的"世界城镇化展望2014"更新版统计，[①]1900年全球城市人口仅占所有人口的13%，2016年时城市人口占比提升为54.5%（约40.34亿人），但到2030年时，预计将有60%（约50.58亿人）的人口住在城市，

---

① 联合国：*The World's Cities in 2016*，参考网址：http://www.un.org/en/development/desa/population/publications/pdf/urbanization/the_worlds_cities_in_2016_data_booklet.pdf，最后浏览日：2016—12—26。

其中又以亚洲及非洲的开发中经济体城市成长最快。然而，这些经济体为了满足不断增长的城市人口，亦将面对住房、基础设施、交通、能源、就业、教育，以及环境卫生等需求方面的挑战。如是发展，将形成对城市基础建设的强大需求，而在经济成长速度跟不上人口成长速度时则产生城市基础建设不足之问题。

另一方面，随着网络及相关技术的快速发展，人们生活中诸如手机、汽车、道路、电力供应、水道、甚至冰箱等电器结合计算能力而逐渐智慧化，与智能相联结的物品形成一个又一个的系统而成为物联网，并造就可供分析管理的大数据，可作为"以人民需求为本"的智慧城市建设之重要基础工具。

2008 年的金融危机中，IBM 便是在人类的经济发展趋缓而网络技术快速发展的背景下，为解决城市基础建设不足的问题，提出"智慧地球"概念，力倡以智能运算系统来改善现在以及未来的生活，其中"智慧城市 (smart city)"便是其中重要一环。IBM 希冀以智能城市建设，减轻都市区域在交通运输、维安、治理等方向的压力。依据 IBM 所提的概念，所谓"智慧城市"系指透过长期和全面性的数据分析，进行规划管理，让城市保持活力与安全，并透过规划管理、基础建设和市民满意度等，串联成一个相互联系的生态圈，在推动经济的可持续增长之时，亦建立一个更聪明的城市。[1]

（二）环境友善 (Environment Friendly) 的意义

随着全球经济快速发展，能源使用量亦快速增加，土地资源的开发、森林砍伐、石化燃料的消耗等，皆破坏了全球碳循环，造成近年来的暖化现象，对气候产生显著的影响。各地激烈气候（如台风、高温等）频繁发生，并对人类赖以生存的基础建设，包括如住房、水电供应、交通建设、环保设施等造成立即性的破坏，为人类经济社会带来巨大损失及生存风险。[2]针对前述问题，国际组织包括联合国、OECD 等自 20 世纪 70 年代起即陆续提出环保倡议，并透过 20 世纪 80 年代世界气象组织和联合国的研究评估，逐渐形成各国对环保议题的国际共识。20 世纪 90 年代以来，各项国际公约、协议陆续订定，试图针对地球永续发展等议题提出解决方法，而环境友善的概念亦从中逐渐建立。

所谓"环境友善"在国际上并无明确的定义及认定标准，但大致上"环境友善"泛指商品、服务、建筑物、建设，乃至政策等对环境损害少，而欧美为

---

① IBM 智慧城市网站，参考网址：http://www-07.ibm.com/tw/dp-cs/smartercity/overview.html，最后浏览日：2016—12—27。

② 科技部网站，参考网址：https://scitechvista.nat.gov.tw/zh-tw/articles/c/0/1/10/1/1006.htm，最后浏览日：2016—12—27。

推广此概念，亦推行相关认证，例如美国自 1992 年为降低温室气体排放而提出"能源之星 (Energy Star)"计划，透过认证及提升能源效率产品，协助企业或个人会员认识并降低能源消耗；欧盟亦针对其成员国推行能源标章 (Ecolabel) 等。

（三）环境友善概念与智慧城市的发展

近年来，环境友善的概念已逐渐纳入智慧城市建设的概念当中，期在城市发展建设的同时亦兼顾地球永续发展。如是概念对于亚洲及非洲等对城市发展有最强烈需求的国家而言，亦宜作为城市发展的规划方向。依据观察，东亚地区包括东盟人口不断向都市聚集，已形成都市面积快速向外扩充，然而此种都市"蔓延"或"蛙跃式"①的发展方式却冲击整个都市景观及环境质量，进而影响基本居住的质量。其所造成的实质面冲击包括：公部门公共设施投资成本增加、生态敏感土地（如农地）逐渐丧失、郊区基础设施及公共设施不足、旧市中心居住环境质量恶化等问题。②对于前述城市成长最快，并将面对城市人口对于住房、基础设施、交通、能源、就业、教育，以及环境卫生等需求之挑战的亚洲（如东南亚）及非洲国家而言，如能利用智慧化及环境友善的概念一并进行城市发展之规划，将可避免所谓"蔓延"或"蛙跃式"的土地无效率利用及公共设施的浪费。

二、智慧化及环境友善的城市建设的发展趋势

随着已开发经济体完善其因特网基础建设之布建，以及科技产品与技术的创新发展，近年城市建设已逐步转向"智慧城市"的建设。以下简述美国及欧盟之发展现况与趋势。③

1.美国

2009 年年初，美国总统奥巴马公开肯定 IBM 提出的"智慧地球"理念，

---

① 依据廖淑蓉 (2010)《都市移居与客家聚落文化变迁之研究——以美浓客家聚落为例》研究计划内容说明："狭义的都市蔓延是指初期之蛙跃式，或沿高速公路之带状，或超越都市界线之零星低密度发展；规划文献上所称之都市蔓延为'无计划的、不受约束的、不协调的单一用途发展，它无法提供一个有吸引力与机能结合之使用，且在功能上与周遭土地使用也没关联。它所显露出来之形式一般是低密度、带状或细长的、散布的、蛙跃的、或孤立的发展'"。而所谓蛙跃式发展展是一个不连续的都市化模式，指开发的土地彼此不相连，与可辨识出来的都市边界也不相连，容易造成都市景观破坏、土地使用无效率亚浪费公共设施之现象。

② 张隆盛：《东亚地区都市化及人类居住问题初探》，参考网址：http://www.wendangmao.com/669217453/，最后浏览日：2017—01—18。

③ 整理自中国智能城市建设与推进战略研究项目组：《中国智能城市建设与推进战略研究》，浙江大学出版社。

并着手进行相关建设规划。依据 2012 年 12 月美国国家情报委员会 (National Intelligence Council) 所发布的"全球趋势 2030"报告,"智慧城市"便是将对全球经济发展产生最大影响力的四项技术中的信息技术内容之一。

近年来,美国政府利用财政资金推动其国内重点智慧城市基础设施的建设,并透过财政、金融政策,以外包及购买的方式吸引民间企业参与建设运营,引导企业、学校以及各类研究机构带领智能城市业务和产业模式的创新,建设以互联网、物联网、宽带网等网络组合为基础的智能城市。其中,信息基础设施、智能电网、智慧交通、智慧医疗等建设,是美国当前智慧城市建设的重点。

在美国智慧化城市的发展下,其后续规划及趋势包括:

精准可靠的城市感测网络:结合物联网、互联网、宽带网和云端计算等技术发展,使得精准、可视、可靠、智能的城市运作管理网络可满足所有城市所需。

虚拟化、个性化、便捷化的居民生活方式:利用新一代智能信息基础设施来满足随时、随地、任何物、任何人皆可上网以及所有人或物的联通。并运用远程教育、远程医疗、数字娱乐等网络化的公共服务逐渐优化人们的学习、工作和生活环境。

智慧产业发展:知识的创造与利用,将促进知识和技术密集的高科技产业和现代服务业成为智慧城市最主要的支柱产业。

透明且有效率的政府管理:数据实时透明开放,以及政府组织进一步扁平化,使政府业务得以一体化管理,提高行政效率,降低行政成本,加速公众参与民主治理的进程。

2. 欧盟

为推进欧洲智慧城市的发展,欧盟透过其 i2010、《欧洲 2020 战略》和《智慧城市和小区欧洲创新伙伴行动》等规划循序推动其成员国建设低碳、环保、绿色发展的智慧城市,[①] 并给予资助。欧洲智慧城市的建设系采取政府和企业合作的形式,由政府进行统一规划和组织,企业积极参与,共同推动智慧城市建设。在执行上主要有政府投资管理、研究机构与非营利组织参与、公私合资建设和管理、电信企业投资开发等多种形式,且体现自然禀赋与人类活动智慧融合的特色。

---

① 2011 年 5 月,欧盟 NedWorks 论坛出版《智能城市应用与要求 (Smart Cities Applications and Requirements) 白皮书》,强调智慧城市的发展方向为低碳、环保、绿色发展,并将"智慧城市"订为第八期科研架构计划 (Eighth Framework Programme, FP8 ) 重点发展内容。

在前述规划下，欧盟后续规划与趋势包括城市信息系统与经济发展、城市管理和公共服务紧密结合，提高城市生活质量。并且通过公众的参与和自上而下的信息回馈机制，推动城市建设与社会融合，使经济社会智慧化、可持续发展，具体主要有以下五点：(1)加强智能城市网络信息基础建设；(2)强调绿色通信技术，实现向低碳经济的转型；(3)将物联网作为欧盟智慧城市建设的关键环节；(4)鼓励公众参与，强化社会性基础设施建设；(5)打造宜居的城市环境，提高公众生活的网络化程度和城市公共服务水平。

综上所述，明显可见因应地球环境变迁、人口结构变动、技术创新的发展，智慧化与环境友善的都市建设已成为近来已开发国家的发展重点之一，事实上环境的维护并不应仅是已开发国家所应为，地球上的任一国家均有责任参与；至于智能化的建设发展随着科技产品的创新应用可作更广泛的扩散，带动开发中经济体的跳跃式成长，而非必定遵循以往发达国家的发展轨道逐步而行。鉴于智慧化及环境友善的都市建设除包含传统基础建设的相关工程硬设备产业之外，更包括金融及专业服务、智能制造、交通运输工具、资通讯产业、新能源产业、跨境电商，乃至生物科技、医疗、环保、天然资源运用等相关产业的结合与综合规划，此等范畴正与两岸致力推动发展的智能制造、生技医疗、环境资源、资通讯等相关产业密切相关，两岸或各自有其优势，或仍需努力突破，基于此，台湾地区与大陆当可在前述产业或部分环节寻得合作空间。而与两岸经贸关系皆密切，且均为两岸努力推动互利经贸合作、拓展市场的东盟，也正对城市发展有强烈需求，此或可成为两岸产业合作的海外潜力市场，不仅减少以往两岸合作的市场竞争压力，更将两岸合作利及东盟，以跳跃式的基础建设，带动东盟都市发展的智慧化与环境友善。

## 第二节 东盟城市基础建设之需求与限制

东南亚经济正快速成长，加上其各国普遍具有人口庞大与人均所得快速提升的趋势，致使拥有大量的就业机会与生活环境相对便利高度工商化的都市地区，成为乡村人口不断流向聚集之区，都市规模愈趋扩大，可预期东盟对于城市建设的需求将十分迫切。有鉴于涵盖环境友善概念的智慧城市发展已是全球重要趋势，东盟可在现阶段的发展需求下，直接介接到智慧化及环境友善的城市建设，不仅可以避免城市发展过程中所产生之"蔓延"或所谓"蛙跃式"的土地无效率运用等问题，同时亦有利于维护地球的永续发展。

一、东盟的城市发展趋势：大都市的发展与需求提升

随着经济的快速成长，东南亚地区居住于都市的人口快速增加，东盟也逐步扩大其都市范围。以整个东盟而言，2015 年，达 100 万人以上的大都市共 25 个，人口规模最大者为马尼拉，人口数达 1290 万人，其次依序为雅加达 (1030 万人)、曼谷 (930 万人)、胡志明市 (730 万人)、吉隆坡 (680 万人) 等，预计到 2025 年时，人口数在百万以上的都市会增加到 36 个，其中人口数最多的印度尼西亚将由 2015 年的 11 个增为 16 个百万人口规模的大都市。①

依据世界银行全球消费数据库数据，表 1 汇整东盟中印度尼西亚、泰国、菲律宾、越南、柬埔寨与老挝整体与中高所得家庭的都市人口比例。前述除泰国系属世界银行归类之中高所得国家以外，其余皆为中低所得的经济体。整体而言，在表中所列国家之中，以印度尼西亚与菲律宾的都市化程度分别达到 49.92% 及 48.65% 为最高，全国有接近一半的人口住在都市地区；而都市化比例最低的国家则为柬埔寨，全国仅 1/5 的人口居住在都市。

同时，表中数据亦清楚显示，东盟中高所得族群中的都市人口比例皆明显高于全国比例，显示随着各国经济发展及人均所得提升，无论基于工作机会或是生活环境质量，各国都市人口比例皆将逐渐提升，对都市建设的需求亦将快速增加。

表 1 2010 年东盟国家所得及都市人口比例

| 国别 | 所得类别 | 都市人口比例 (%) |
|---|---|---|
| 印度尼西亚 | 全部家户 | 49.92 |
| | 高所得 | 100 |
| | 中所得 | 94.54 |
| 泰国 | 全部家户 | 33.73 |
| | 高所得 | 88.49 |
| | 中所得 | 63.03 |
| 菲律宾 | 全部家户 | 48.65 |
| | 高所得 | 100 |
| | 中所得 | 93.96 |

---

① The ASEAN Secretariat&United Nations Conference onTrade and Development (UNCTAD), *ASEAN Investment Report 2015- Infrastructure Investment and Connectivity*, Jakarta: ASEAN Secretariat, November 2015.

| | | |
|---|---|---|
| 越南 | 全部家户 | 30.39 |
| | 高所得 | 94.81 |
| | 中所得 | 90.88 |
| 柬埔寨 | 全部家户 | 19.81 |
| | 高所得 | 100 |
| | 中所得 | 83.01 |
| 老挝 | 全部家户 | 33.12 |
| | 高所得 | 82.56 |
| | 中所得 | 84.53 |

注：1. 数据库中无新加坡、马来西亚、文莱、缅甸等国的资料。

2. 所得分类之依据来自全球开发中国家所得分配，由低至高看，前 50% 为最低所得 ( 人均每日所得低于 2.97 美元 )、51%—75% 为低所得 ( 约 2.97—8.44 美元 / 每日 )、76%—90% 为中所得 ( 约 8.44—23.03 美元 / 每日 )、91% 以上为高所得 ( 高于 23.03 美元 / 每日 )，表中数据为 2010 年调查数据。

数据源：World Bank Global Consumption Database.http://datatopics.worldbank.org/consumption/.

### 二、东盟对于基础建设发展的需求

整体而言，东盟对于城市的基础建设的需求仍十分庞大，尤其在电力及交通运输的需求皆很高，而供水及卫生设备建设虽目前所占比重不高，但随着经济成长及人民对用水及卫生要求提高，未来供水及卫生设备之需求将逐渐提高。由联合国贸易暨发展会议 (UNCTAD) 估计 ( 参表 2)，2015—2025 年，东盟每年基础建设需求将高达 1100 亿美元，其中电力 380 亿美元、交通建设 550 亿美元、通讯 92 亿美元、供水及卫生设施 78 亿美元。虽然前述基础建设所需资金非公部门所能完全支应，但其在东盟仍占有举足轻重之地位，如社会相关产业 ( 如教育、水资源、健康照护 ) 仍由公部门主导，而在通讯与电力产业则因为利润诱因，私部门投资金额渐渐超越公部门。

表 2 2015—2025 年东盟每年基础建设需求

| | 亚洲开发银行-亚洲开发银行研究所 (2009) | 麦肯锡全球研究院 (2013) | 安侯建业联合会计师事务所 (2014a) | Bhat-tacharyay et al.(2012) | 高盛 (2013) | 联合国贸易暨发展会议估计 |
|---|---|---|---|---|---|---|
| 预估全年投资需求(亿美元) | 600 | 1330 | 1460 | 1000 | 690 | 1100 |
| 涵盖业别 | 电力、交通、电信、水供应和卫生 | 电力、交通、电信、水供应和卫生 | — | 电力、交通、电信、水供应和卫生 | 电力、交通 | 电力、交通、电信、水供应和卫生 |
| 涵盖期间 | 2010—2020 | 2013—2030 | 主要是2013—2030 | 2010—2030 | 2013—2030 | 2015—2025 |
| 涵盖国家 | 所有东盟成员国，除了文莱和新加坡。 | 所有东盟成员国。 | 所有东盟成员国，除了文莱、新加坡。 | 所有东盟成员国，除了文莱、新加坡。 | 只有印度尼西亚、马来西亚、菲律宾和泰国。 | 所有东盟成员国。 |

数据来源：UNCTAD( 2015)。

另整理国内外研究报告及政府相关单位报告，显示东盟近年来在基础建设方面以电力、通信系统及交通设施为重要政策方向。

在电力方面，根据 UNCTAD 的研究指出，在 2012 年东盟每人平均电气化率为 78.5%，2020 年则预估可增至近 90%，且文莱、印度尼西亚、马来西亚、新加坡、泰国、越南等六个成员国的电力将可全面普及，若其余四个成员国（老挝、柬埔寨、菲律宾、缅甸）的电力政策皆能如期完成，则 2030 年东南亚区域的每人平均电气化率将可达 97%。因此，为了达到电力普及化，东盟个成员方都必须持续投资电力建设，尤其在扩张产能及加强电力传输等方面。

表 3 东盟国家平均每人电气化率

单位：平均每人电气化率 (%)

| | 2012 | 2020 | 2030b |
|---|---|---|---|
| 东盟 | 78.5 | 88.1 | 97 |
| 文莱 | 100 | 100 | 100 |
| 柬埔寨 | 34 | 54 | 70 |

| | | | |
|---|---|---|---|
| 印度尼西亚 | 76 | 97 | 100 |
| 老挝 | 78 | 90 | 100 |
| 马来西亚 | 100 | 100 | 100 |
| 缅甸 | 32 | 47 | 100 |
| 菲律宾 | 70 | 90a | 100 |
| 新加坡 | 100 | 100 | 100 |
| 泰国 | 99 | 100 | 100 |
| 越南 | 96 | 100 | 100 |

注：a. Based on 2017 indicative rate.

b. Except for Lao PDR the numbers are based on national plans.

数据来源：UNCTAD, based on World Energy Outlook 2014, national and other sources.

通信系统方面，东盟部分成员的电信渗透率在开发中国家中名列前茅，并吸引很多私部门的投资，对产业的快速成长有极大的贡献。近十年，东盟电信部门成长十分快速，尤其是在移动电话与数据网络上。移动用户率在 2005 到 2014 增加了五倍，且除了老挝及缅甸外，所有东盟成员现在的行动用户数皆大于人口数。然纵使 2G 行动网络的覆盖率在东盟相对高，但仍有六千万人口没有办法接收到讯号，显示城市与偏远地区的通信建设仍有很大的差距。

另在交通运输建设的需求方面，可分为桥梁、道路、铁路、机场与海港等面向。首先在桥梁方面，为了链接各国国内区域或是相邻国家，目前东南亚仍有许多建设中或处于计划阶段的桥梁。例如，越南当地企业正与外资连手建造当地最长的海底隧道。

在道路方面，东南亚道路状况差已为外资所诟病，因此道路建设亦为东南亚国家积极兴修的基础建设之一。例如，柬埔寨连接 3 号与 4 号国道的 41 号国道由中国大陆承包商兴建；印度尼西亚则兴建综合隧道，以及连接十个省份、全长 2700 公里的苏门答腊横贯高速公路；马来西亚亦于 2015 开始兴建七条公路。

在铁路方面，东盟正在兴建 MRT 系统，或者扩展其城内及城间铁路系统。例如印度尼西亚雅加达预计在 2018 年着手兴建 MRT 系统；马来西亚吉隆坡预计开通更多条线的 MRT 系统；新加坡则预计在 2030 前从目前 178 公里的线路增加至 360 公里；泰国也持续扩展曼谷 MRT 及 BTS 建设以满足国内对大众运输的需求；越南河内地铁系统于 2015 开始新建，胡志明市则预计在 2020 年动工。

在机场与海港方面，根据"2015 年东盟投资报告"指出，未来五年预估东盟至少需要 330 亿美元的资金扩建或建造新机场。其中，印度尼西亚、马来西亚、缅甸、菲律宾、新加坡、越南等国均已提出扩建或建造新机场的需求。而欲成为"海洋轴心国"的印度尼西亚、拥有数千岛屿的菲律宾，以及马来西亚等拥有海岸线的国家，亦积极进行海港扩建与兴建工程，期能提高海运运输量。

### 三、东盟智慧化及环境友善的相关政策

除全国性的基础建设之外，东盟近年亦积极加强环境相关产业之合作，最主要的计划即为"2016—2025 东盟能源合作行动计划 (ASEAN Planof Actionfor Energy Cooperation 2016—2025, APAEC)"。2016 年 7 月，在老挝永珍召开的东盟外长会议中，东盟再度确认能源为区域合作六大优先事项之首，并提出将加强在电网、天然气管线、净煤科技、能源效率、再生能源、区域合作、民用核能等不同主轴之合作。2016 年 8 月，东盟发布为期十年的"东盟 2016—2025 年能源合作行动计划"，以东盟能源部长会议（ASEAN Ministers of Energy Meeting, AMEM）为东盟能源合作行动计划 (APAEC) 主导机关，负责拟定东盟能源合作行动计划 (APAEC) 政策方向，并为东盟能源合作行动计划 (APAEC) 提供指导与建议。此计划将以 2020 年为分水岭：第一阶段 2016—2020 年，着重推动能源安全合作之措施与促进整合与相互联结性，预计于 2018 年进行目标检讨与讨论，再于 2021 年进入第二阶段。

东盟能源合作行动计划 (APAEC) 第一阶段发展目标如下：

1. 东盟电网（ASEAN Power Grid, APG）

2016—2020 年间，东盟将着手进行多边电力贸易，以加速实现东盟电网。依据报告中估计，东盟电力需求年成长率约为 5%—6%，为满足此电力需求，东盟预计先从跨边境的双边电力联结开始，再逐渐拓展至子区域（Sub-region）内部链接，主要分为：北区、东区、南区 ( 参图 1)，最后才整合成东盟电网。相关具体计划包含：在 2018 年以前，在北区、东区、南区三个子区域中，至少在一个子区域内建立电力贸易机制，并研究解决跨边境电力贸易的各种障碍。

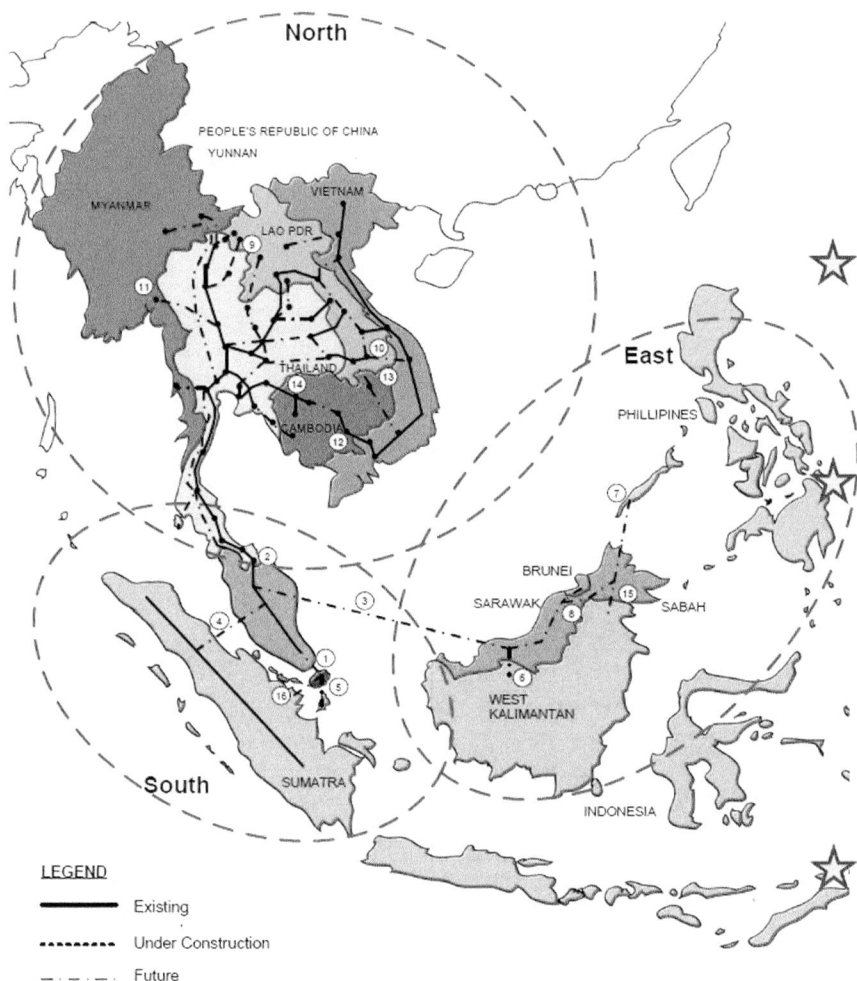

图 1 东盟电网连接现况与未来计划

数据来源：ASEAN plan of action for energy cooperation (APAEC) 2016—2025_ phase I: 2016-2020

2. 东盟跨境天然气管线（Trans ASEAN Gas Pipeline, TAGP）

东盟各国本即针对天然气之运送建置跨境管线，而东盟能源合作行动计划 (APAEC) 为加强跨境天然气管线在东盟国家之间的连结，规划将透过管线及汽化站，加强东盟国家之间的能源安全性并增进能源的可取得性。截至 2015 年，东盟各国／区域间已完成之双边天然气管线计划汇整如表 4；而东盟跨境天然气管线 (TAGP) 主要目标则为链接东盟现有及计划中的管线，达到跨边境的天然气输送并确保天然气供应的安全性。基于东盟能源部长会议 (AMEM) 于 2002 年 7 月签署的备忘录，除管线工程设施之外，东盟各国亦将研究跨边境供应、输送及配送天然气的相关法规架构。关于跨境天然气管线之具体计划包含：在 2020 年以前，至少兴建一座新的液化天然气（Liquefied Natural Gas, LNG）汽化站或新的跨边境天然气管线，以及建立东盟天然气基础设施整合数据库、建立区域性的环境污染物排放指导原则等。

表 4　东盟各国至 2015 年已完成的双边天然气管线计划

|  | 管线连结范围 | 长度（公里） | 时间 |
|---|---|---|---|
| 1 | 新加坡—马来西亚 | 5 | 1991 |
| 2 | 缅甸—泰国 | 470 | 1999 |
| 3 | 缅甸—泰国 | 340 | 2000 |
| 4 | 印度尼西亚西纳土纳—新加坡 | 660 | 2001 |
| 5 | 印度尼西亚西纳土纳—马来西亚 Duyong | 100 | 2001 |
| 6 | 马来西亚 / 越南商业区 (CAA)—马来西亚 | 270 | 2002 |
| 7 | 印度尼西亚南苏门答腊—新加坡 | 470 | 2003 |
| 8 | 马来西亚—马来西亚 / 泰国联合开发区 (JDA) | 270 | 2005 |
| 9 | 新加坡—马来西亚 | 4 | 2006 |
| 10 | 马来西亚 / 越南商业区 (CAA)—越南 | 330 | 2007 |
| 11 | 泰国 / 马来西亚 JDA—泰国 | 100 | 2009 |
| 12 | 缅甸藻迪卡 (Zawtika Block M9)—泰国 | 302 | 2013 |
| 13 | 泰国 / 马来西亚 JDA 17 区—马来西亚科特 | 352 | 2015 |

数据源：ASEAN plan of action for energy cooperation (APAEC) 2016-2025_phase I: 2016-2020.

### 3. 净煤科技与煤炭发展（Coal & Clean Coal Technology）

净煤科技与煤炭发展之目的在于透过净煤技术的推广，改善传统上对煤炭使用的印象及实际环境效益的提升。煤炭目前仍为东盟主要燃料发电来源，其产量与使用量自 1990 年至 2013 年不断增加（参图 2）；自 2010 年至 2013 年，煤炭发电占东盟总发电量已从 27%，逐渐增加至 2013 年 31%，预估此比例未来还会继续增加，这也意味东盟将提升净煤科技之需求。基于此，东盟煤炭论坛（ASEAN Forum on Coal, AFOC）规划持续与日本、澳洲、美国等伙伴合作执行各项活动以强化净煤技术的发展，同时进行净煤技术移转。东盟煤炭论坛 (AFOC) 也将持续与日本的煤炭能源中心（JCOAL）及澳洲的全球碳捕存协会

(Global Carbon Capture and Storage Institute, GCCSI）在净煤技术方面做出努力。

在此面向上，东盟能源合作行动计划 (APAEC) 的具体计划包括：透过举办东盟煤炭竞赛 (ASEAN Coal Award, ACA)、净煤技术之可行性研究等活动，推广净煤技术，同时增进一般社会大众对于煤炭使用之好处的认知。此外，亦将建立涵盖煤炭价格及交易、煤炭政策新闻等信息的"东盟煤炭数据库及信息系统 (ASEAN Coal Database and Information System, ACDIS)"，并透过发展完善的商业及融资模式，鼓励公、私部门采用净煤技术。

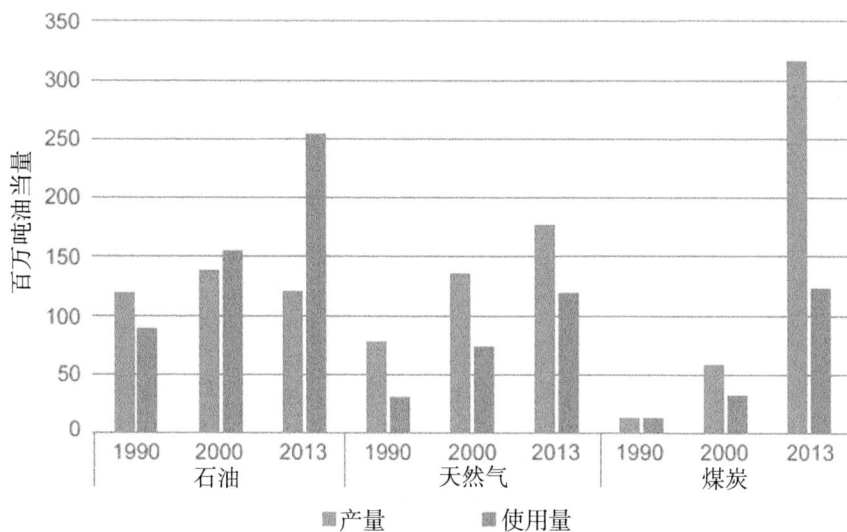

图 2　东盟燃料历史产量与使用量

数据源：ASEAN plan of action for energy cooperation (APAEC) 2016—2025_ phase I: 2016-2020

4. 能源效率与节约能源 (Energy Efficiency & Conservation)

增进能源效率被视为强化能源安全、处理气候变迁，及强化经济竞争力最具成本效益的手段，故提升能源效率亦是东盟能源合作行动计划 (APAEC) 的重要目标。于 2016—2020 年期间，规划于 2020 年较 2005 年降低 20% 能源密集度[1]，并订定于 2025 年达到降低 30% 密集度的目标。其具体计划则包含：针对如照明、空调等耗能设备产品，订定效率标准，并持续举办每年的东盟能源竞

---

[1]　能源密集度 = 初级能源总供给 (Total Primary Energy Supply, TPES)/ 实质 GDP( 按 PPP 计算，以 2005 年为基期 )

赛 (ASEAN Energy Award) 以提高消费者的能源效率认知。另将参考国际绿建筑法规及审视现存的绿建筑法规，草拟出东盟绿建筑法规，并建立银行及金融机构网络，以提供各式能源效率计划资金融通。

5. 再生能源 (Renewable Energy)

东盟各国再生能源的发展涵盖水力、地热、太阳光电、太阳热能、风力、生质能等样态。其中海洋发电 ( 潮汐及海浪发电 )、燃料电池及煤气化与液化尚处于研究发展阶段，至于太阳能与风力发电则仍不具成本效益，因此东盟各国需要更多的技术移转及合作，增加此类再生能源使用的可行性，其目标希望在 2025 年之前使东盟能源组合 (ASEAN Energy Mix) 中有 23% 来自于再生能源。为达到此目标，其具体计划包括：执行各种市场研究，以确认生质能的潜在市场性；建立再生能源信息分享机制，让东盟各国得以取得再生能源信息、政策工具与政策上的更新，以强化政策制定单位及公、私部门对再生能源的认知。

6. 区域能源政策及计划 (Regional Energy Policy & Planning)

由于东盟各国在能源领域的发展程度不一，使得能源政策的发展各自为政，因此东盟的能源政策整合上还处于很初步的阶段，东盟能源合作行动计划 (APAEC) 希冀以"区域能源政策及计划"进一步推动能源部门国际化。故东盟能源合作行动计划 (APAEC) 将定期发布区域能源展望、东盟能源统计资料与政策回顾，并公布与东盟能源合作行动计划 (APAEC) 计划有关之议题分析等资料，向外界传达东盟能源部门的发展。此外，也将透过部长与执行长对话 (Ministers-CEO Dialogue)、东盟能源商业论坛 (ASEAN Energy Business Forum, AEBF) 等场域，进行能源发展相关对话，强化与对话伙伴 (Dialogue Partner, DP) 和国际组织 (International Organisation, IO) 的关系。

7. 民用核能 (Civilian Nuclear Energy)

鉴于民用核能有助于满足东盟各国日渐增长的能源需求，东盟于 2008 年即已建立核能合作次部门网络 (Nuclear Energy Cooperation Sub-Sector Network, NEC-SSN)，负责引领东盟各国在核能发电方面的合作、信息共享与交换、技术协助等。东盟能源合作行动计划 (APAEC) 在民用核能方面的目标在于构筑核能政策、技术、法规方面的发展能量。具体内容包含：研究区域核能协议的可行性；透过完善核能法规架构、民用核能紧急应变与准备的建置等，建构核能发展能量；以及透过区域性的大众沟通策略，强化民众对于核能发电的认知。

综合前述可知，东盟经济体积极强化各国之间在能源及绿建筑等环保议题的合作，且为完善东盟国家之国内基础建设以进一步带动经济成长并改善人民生活环境，东盟各国近年多积极投入基础建设相关发展。然即便东盟国家已加速基础建设，但在经济快速发展下，其仍逐渐面临都市建设的需求快速增加之压力，因而环境友善概念的智慧城市建设当是东盟区域内发展的重要课题与方向。另东盟国家近年推动的政策执行方式系采用公私伙伴关系 (Public-Private Partnership, PPP) 模式吸引私部门的参与，如老挝、缅甸、菲律宾、越南等都实施或宣布实施公私伙伴关系 (PPP) 政策，显示对部分东盟国家而言，投入基础建设的资金及相关技术仍是执行相关政策的主要障碍。

此外，部分东盟国家为提升技术并解决资金问题，亦积极吸引外商直接赴当地投资，据联合国贸易暨发展会议 (UNCTAD) 统计，在 2012—2014 年间，合计不动产投资，基础建设等外人直接投资 (FDI) 的投资金额占东盟国家吸引外人直接投资 (FDI) 总额的 12%—15%。惟外资投资于各国之基础建设项目略有差异，如印度尼西亚主要为运输及仓储、信息通信 (information and communications technology，ICT)、不动产，泰国主要是信息通信 (information and communications technology，ICT)，越南则为营建业及不动产。显示东盟国家虽由公部门主导基础建设相关工程，但资金及技术方面仍须仰赖私部门的合作，此将提供具相关技术及资金之企业潜在商机。然而，若仅由各国私人企业决定投资地区及标的，又往往仅偏重于各国相对较具发展潜力或具商业利益者，难以兼顾各国之需求及永续发展。故若两岸能联结公部门，针对东盟各国或区域需求、加入两岸在此议题之相关产业优势进行较全面的规划合作，当有助于强化两岸合作，协助东盟国家绿色经济的发展，并在东盟市场获取商机。

## 第三节 两岸智慧化及环境友善城市建设的发展

汇整东盟的潜在需求与发展方向之后，将针对台湾地区及大陆在智慧城市与环境友善等议题方面的发展实绩进行说明，并尝试从中挖掘两岸具合作之潜在空间。

### 一、台湾智慧化及环境友善的城市建设的发展

（一）台湾智慧化与环境友善城市建设的缘起与发展

台湾地区的全岛网络布建工作，始于 1975 年蒋经国先生的"村村有电话"计划，至 2006 年台湾将通讯传播普及服务扩展至数据宽带服务，从"公私立中小学与公立图书馆有 100Mbps 宽带网络""村村有宽带"，再延展至"部落邻有

宽带",提供每一部落(邻)里的每一个村民至少2Mbps以上的带宽上网速率。至2011年,台湾宽带网络的带宽更从每户2Mbps提升至12Mbps以上的速率。目前台湾地区的宽带上网普及率已达95%以上。[①]

而在完整网络布建的基础上,台湾近年更积极投入智慧城市建置、治理、交通、安防等工作。目前主要成果除全岛各主要城市多次在美国智慧城市论坛(Intelligent Community Forum, ICF)中获奖(参图3)外,台湾智能交通发展具电子票证(悠游卡)、电子收费、车流监控、聪明公交车及港口RFID自动化系统、街道摄影机加上信息通信(information and communications technology,ICT)技术所构成之城市安全系统已具实际运行成效。

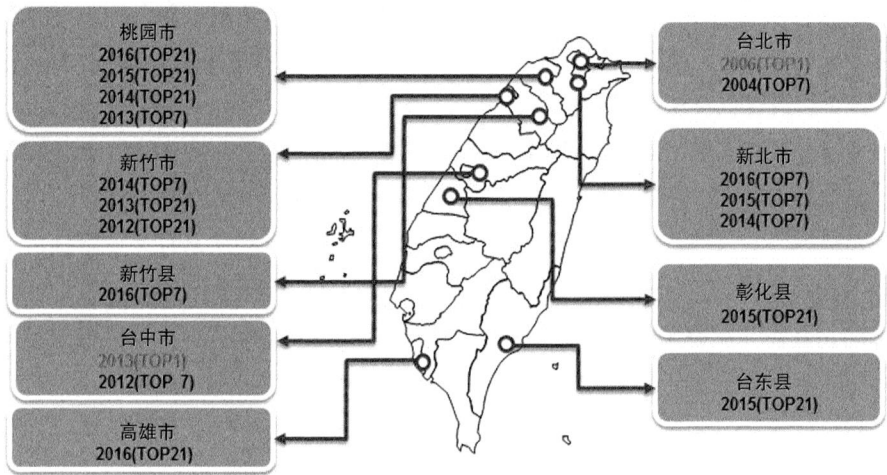

图3　台湾地区历年ICF论坛智慧城市获奖成果

数据来源:"工研院"(IEK)。

(二)城市案例:台北市的智慧化及环境友好城市建设

智慧城市的建设是台湾地区各主要都市目前的重要规划,提出之计划亦涵盖众多面向。以台北市为例,[②]智慧城市的建设着眼于智慧"政府"、智慧市民、智慧基础建设、智慧实证场域等四大服务方向(参图4)。在智慧"政府"方面的主要重点为开放各式官方数据并整合市民陈情系统,推展各类便民服务;智慧市民则是透过全面数字化的教育平台、服务开放平台、iVoting系统等,让市

①　台湾"行政院""全球信息网",网址:http://www.ey.gov.tw/Default.html?t=672BCA8CD93FB3D02CACE805745977DF,最后浏览日:2017—01—19。

②　汇整自台北智慧城市网站,网址:https://smartcity.taipei/,最后浏览日:2017—01—04。

民习惯"智能化""行动化"的全民参与模式；智慧基础建设的内容涵盖网络通信、交通、管线等基础市政建设，包含整合超商、电信业者的无线网络热点，公私协力提供无线网络地下管线 3D 化等；最后，在智慧实证场方面，则是着重于让市民亲身感受，体验符合其需求的"智慧化"生活或服务，落实市民当家的参与和回馈。

图 4 台北市智慧城市四大服务方向

数据来源："台北市政府信息局"。

台北市为落实"发展智慧城市"施政理念，于 2016 年 3 月成立台北智慧城市项目办公室，打造智慧城市创新媒合之平台，凝聚产业与官方资源。智能城市项目办公室推出物联网实验平台，开放审核通过的业者免费使用，鼓励创新物联网应用的开发测试。同时为建立更贴合市民需求的智慧城市，台北市采取"开放媒合平台"的策略，由"搜集需求"延续到"产业媒合"阶段，采用透明化的开放信息，让城市所有利害关系人都可清楚智慧城市的计划及对市民的益处以及各个利害关系人的参与方式。

台北市各局行政单位则依各所属业务，拟定短、中、长期推动智慧城市建设计划，其方向涵盖智慧生活、智慧政府、智慧节电、智慧产业、智能小区等项目，协同资通讯之应用服务商、技术开发商、设备制造商、应用软件商、系统整合商等产业链共同加值推动，以提升市民"智慧化"生活。台北市各行政单位在智能城市建设推动项目与计划整理如表5。归纳而言，台北市所规划的台北智慧城市建设系以打造更优质的城市生活环境，带给市民更便捷的生活为目的，工作内容涵盖智慧住宅、智慧生活、智慧交通、智慧教育、智慧安全、智慧"政府"、智慧产业发展、高龄数字关怀、网络友善城市、缩短数字落差等方面。此外，为让市民感到生活上真正的便利性，台北市积极邀请有兴趣的产业进行媒合，让市民体验到更多的"智慧化"服务，使台北市成为台湾发展智慧城市的典范城市。值得注意的是，为将环境友善的概念纳入台北智慧城市建设之中，台北市"地政局"另结合田园城市的理念，提出智慧生态小区示范计划，将风险治理、气候调节等理念融入北投/士林科技园区、文山一期市地重划、南港三期市地重划及社子岛等四个开发区之发展规划。

表5　台北市各行政单位智慧城市建设规划

| 单位 | 推动项目 | 推动重点 |
|------|---------|---------|
| 信息局 | ● 推动执政部门数据开放应用<br>● 物联网实验平台 | ● 扩充台北市 Open Data 的质量及数量，以联结外部社群、产业和市府内部各局处的需求。<br>● 提供物联网服务的开发者，能免费使用平台进行实证服务，以减低开发者的开发成本及风险，亦可搜集产业建议及未来应用创意。 |
| 地政局 | ● 整合地籍与都市计划控制网系统，并建立台北市单一空间参考框架<br>● 建物测量成果图数化作业<br>● 地政云服务 | ● 将地籍图、地形图及都市计划使用分区图三图合一。<br>● 建置卫星定位测量基准站及应用测量成果管理等图资系统，提升测量精度、质量。<br>● 建置地理信息图资系统 (Geographic Information System；GIS)、台北地政电子博物馆、地政业务加值统计信息公开平台。 |
| 工务局 | ● 整合行政机关与管线机构资源 | ● 集合道路巡查、维护、更新、挖掘管理业务及天空缆线清整管理业务，运用数字科技打造智能管理城市。 |
| 环保局 | ● "节电2％"的智慧节电计划<br>● 台北市空气质量清新行动计划 | ● 督促机关学校落实节能减碳具体措施及倡导家户、民间企业自主减碳。<br>● 联合基隆市、台北市、新北及桃园市等北部空气质量区共同执行细悬浮微粒减量项目，打造台北市成为宜居永续城市。 |

续表

| 单位 | 推动项目 | 推动重点 |
|------|---------|----------|
| 都市发展局 | ● 建置六千户"智慧化"公共住宅的实践场域<br>● 推广智慧建筑标章 | ● 投入"智慧化"管理、智慧电网、智慧电表、智慧瓦斯与智能小区防护等，作为智能住宅的标准配备。<br>● 让建筑物的管理更具人性化与智慧化，延长建筑物的寿命，节省能源、人力，并降低建物日后的营运费用。 |
| 交通局 | ● 智慧城市运输<br>● 推动出租车智慧化<br>● 建立智慧化停车场 | ● 强化台北智能型运输系统建置，整合既有的控制系统，扩大提供智能型手机应用软件"台北好行"之交通信息，强化道路交通监控及提供用路人实时交通信息。<br>● 运用科技智慧管理交通设施，数化肇事肇因，以提升用路安全。<br>● 利用信息技术提升停车场使用效能 |
| 文化局 | ● 打造文化艺术、文化观光、文创产业的云端运用平台 | ● 透过信息整合、创新导向、技术支持、人才培育等将台北的文化生活送上云端，开启云端市场的文创商机。 |
| 教育局 | ● 推动台北酷课云<br>● 依据创新教育奖励方案，推动创新实验教育，持续办理领先计划、前瞻计划及亮点计划 | ● 提供学生便利的辅具学习工具，包括酷课学堂、酷课学习、酷课阅读教室、酷课APP、酷课校园，以及酷课教育决策等六大服务面向，营造高互动学习环境。 |
| 产业发展局 | ● 推动工商业节能减碳<br>● 推广再生能源<br>● 台北创业摇篮平台 | ● 促进能源合理及有效利用。<br>● 如太阳光电的设置及运用，打造城市产业廊带，促成产业群聚效应。<br>● 运用市内众多科技产业业者所形成的科技产业资源，辅导业者投入创新创意，强化产业竞争力，建构优势的创业与投资环境。 |
| 社会局 | ● 银发友善环境<br>● 多元交流平台 | ● 强化全民参与。扶植社福团体，拓增社会福利措施，积极营造公私协力环境，实践在地互助的福利社会。 |
| 财政局 | ● 电子发票 | |
| 消防局 | ● 智慧防灾 | |
| 台北自来水处 | ● 智慧水表 | |
| 警察局 | ● 推动执法科技化，强化犯罪侦防效能 | |

数据源：汇整自台北智慧城市网站，网址：https://smartcity.taipei/（最后浏览日：2017/01/04）。

除前述在台湾区域内的相关发展与成果之外，台湾亦在智慧化及环境友善的海外技术合作或协助取得相当实绩。依据台湾"工研院"IEK与绿能研究所以往在菲律宾和老挝推动绿能系统应用的经验，印度尼西亚工业部在中国台湾地区的相关机构亦已向IEK表达希望在智慧城市领域发展合作。换言之，台湾在推动智慧化及环境友善城市建设方面具备相当程度的技术优势，对于东盟现阶段发展之所需，存在进一步扩大进入东盟市场的潜力。

### 二、中国大陆智慧化及环境友善之城市建设发展 [1]

自2000年以来，中国大陆人口城镇化率每年提高约1.36%，年均增加约2100万城镇人口，至2013年城镇化率达53.73%。截至2013年3月，中国大陆地级城市数288个，其中人口400万以上的有14个，城市用水普及率97%，城市燃气普及率92.4%，每万人拥有公共交通车辆11.8台，人均拥有道路面积13.8平方米，人均公园绿地面积11.8平方米，每万人拥有公共厕所2.9座，显示了中国大陆城镇化的显著成果。

根据已开发国家城镇化率平均为70%预测，今后十年中，中国大陆还将约有1亿人口移居城市。亦即中国大陆城镇化仍将面临人口增加、环境(尤其空气质量)、资源、交通，以及社会等各方面的巨大压力。

为解决城镇化快速发展的各种压力，国务院总理李克强在十八大报告中提出"新四化"，即新型工业化、信息化、农业化与城镇化。新型城镇化首次被国家领导人强调，且新型城镇化为改善城乡及区域差距问题，将以信息化为手段，即结合新型城镇化与信息化打造智慧城市，此揭示智慧城市建设成为中国大陆的重要发展方向。

2009年8月，IBM发布"智慧地球赢在中国"计划书，IBM为中国大陆量身打造了六大智慧解决方案，包括智能电力、智能医疗、智能城市、智能交通、智能供应链和智能银行。自2009年以来IBM的"智慧方案"已陆续在中国大陆许多城市展开。同时国家发展和改革委员会、工业和信息化部、科学技术部、住房和城乡建设部等部委以及各省市政府皆非常重视"智慧城市"的建设工作，各地亦出现建设智慧城市的浪潮，以解决快速城镇化带来的诸多问题。如2010年，宁波市率先系统开展智能城市建设；十二五和十三五期间，北京将全面建设"智慧北京"；2011年，上海市人民政府亦公布"推进智慧城市建设

① 汇整自中国智能城市建设与推进战略研究项目组(2015)：《中国智能城市建设与推进战略研究》，浙江大学出版社。

2011—2013 年行动计划";此外,杭州、广州、武汉、西安等城市也各自提出了建设智慧城市的发展方向。

在十二五规划或政府报告中提出建设智慧城市的地级以上城市共有 41 个,其中副省级城市 10 个,更有 80% 以上的二级城市明确提出以建设智能城市为发展目标。虽然中国大陆自 2008 年兴起智慧城市建设风潮,然无论建设层次和规格距离"智能化"还相去甚远,直到后十二五规划期间住建部 2013 年公布多达 90 处的智慧城市试点名单,其后 2014、2015 年又陆续公布两批城市名单。试点数量和涵盖范围之广,也意味中国大陆将成为全球智慧城市最大的需求市场。

从建设内容来看,各城市一方面加强城市基础通信网络建设,提高通信网络带宽及覆盖率;另一方面则在重点领域提供应用服务,如公共服务、社会管理、交通、电网、医疗、物流、家居等领域。就投资金额方面,依据赛迪顾问的研究报告,截至 2013 年 9 月,中国大陆总计有 311 个城市在建或欲建智慧城市,合计计划投资超过人民币 2 万亿元,其中以智能交通所占比重最高 (26.9%),其次为平安城市 (20.2%) 及智慧医疗 (15.2%)。( 参图 5)

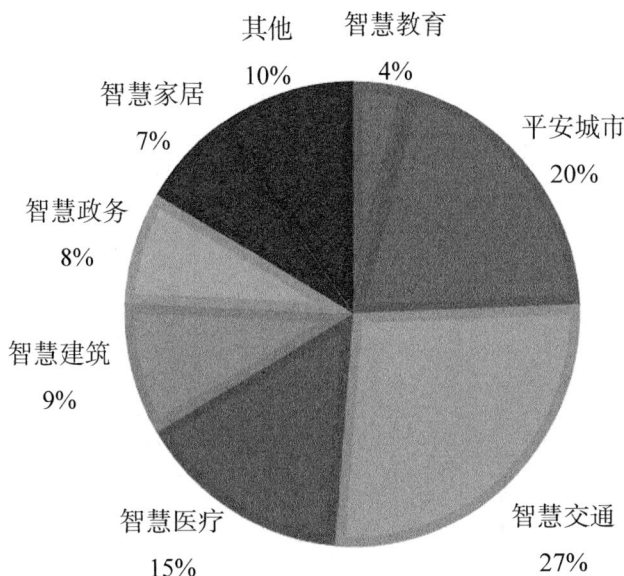

图 5 2013 年中国大陆智能城市的 IT 投资结构

数据来源:赛迪顾问。

针对近 30 年来中国大陆智慧城市发展之相关技术主要成就可汇整如下：

（一）信息化快速发展

中国大陆信息化发展速度不断加快，2011 年信息化发展指数[①]达 0.732( 参图 6)，2000—2011 年年均增长率为 3.64%。推动中国大陆快速信息化的原因主要包括：

1. 网络通信产业竞争力持续增强，本土品牌在广大市场的支持下快速树立本土优势；

2. 积极推动光纤宽带、移动互联网等信息基础设施；

3. 物联网产业快速成长，并透过工业云整合产业资源，提升生产效率及信息使用成本；

4. 智慧城市建设成为各地推动城镇化发展的重点，配合农业环境智慧监测控制等现代信息技术提升农业现代化水平；

5. 内需信息消费快速成长；

6. 信息技术在教育、医疗卫生等公共服务领域的广泛应用等。

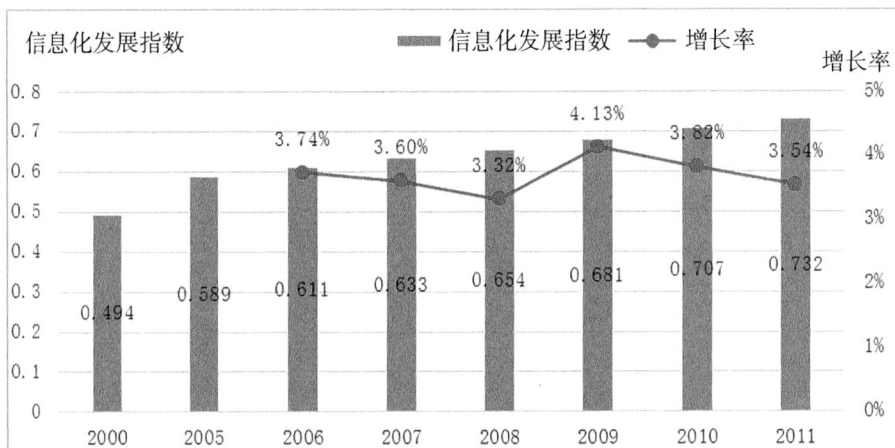

图 6　中国大陆信息化发展指数增长情况

数据来源：《中国智能城市建设与推进战略研究》，整理自国家统计局。

（二）互联网产业发展

近年来，中国大陆互联网产业快速发展 ( 参图 7)，并出现大量新应用与新

---

① 信息化发展指数 (Informatization Development Index, IDI) 从信息化基础设施建设、应用水平和制约环境以及居民信息消费等方面综合测量和反映一个国家或地区信息化发展的总体水平。

模式。形成此成果的主要原因包括：

1. 从模仿复制到改良创造使互联网产业快速成长，成为全球第二大互联网产业，主流应用均由中国大陆本土企业（如阿里巴巴集团）主导。

2. 伴随着技术应用的深化普及，互联网新兴业态和服务模式快速涌现，包括微博、微信、位置服务、移动应用商店等移动互联网新业务不断出现；移动电商、C2B2C、社交营销等电子商务新模式新应用层出不穷；互联网金融服务发展迅速，在线线下融合服务 (O2O) 大幅激发现实消费需求；互联网企业开放云平台催生生产性服务新模式。

3. 互联网产业由生活性服务向生产性服务发展的新阶段，带动制造业、批发零售业、物流等传统行业的变革，加速推动传统行业朝网络化、智能化、柔性化、服务化转型，且企业生产经营环节的互联网应用正在深化，形成新的产业组织方式及新型企业—使用者关系。海尔、小米、三一重工、尚品宅配、百度、阿里巴巴等皆已成为互联网与工业融合创新的领头企业。绝大多数企业认为云计算、大数据等新一代信息技术能够带来更多商机。

综合前述可知，两岸均积极推动智慧城市发展，而台湾地区除推动涵盖环境友善概念的智慧城市的全面规划外，在智能交通方面具电子票证 ( 悠游卡 )、电子收费、车流监控、聪明公交车及港口 RFID 自动化系统、街道摄影机加上信息通信（information and communications technology，ICT）科技所构成之城市安全系统已具实际运行成效；中国大陆则在互联网的民生相关运用技术上呈现显著且亮眼的成绩，但在环境（尤其空气质量）、资源、交通、以及社会等各方面却仍面临巨大的改善压力。显示两岸在涵盖环境友善概念的智慧城市建设方面，无论是技术面或软硬件配合运用方面应存在潜在的合作空间。至于合作场域除两岸现有市场外，具有强烈城市基础建设需求，重视环境维护在 APEC 场域倡议推动环境议题，且为两岸积极推展互利经济合作对象的东盟市场，为两岸相关产业潜在合作场域，可为两岸相关产业创造无穷商机。

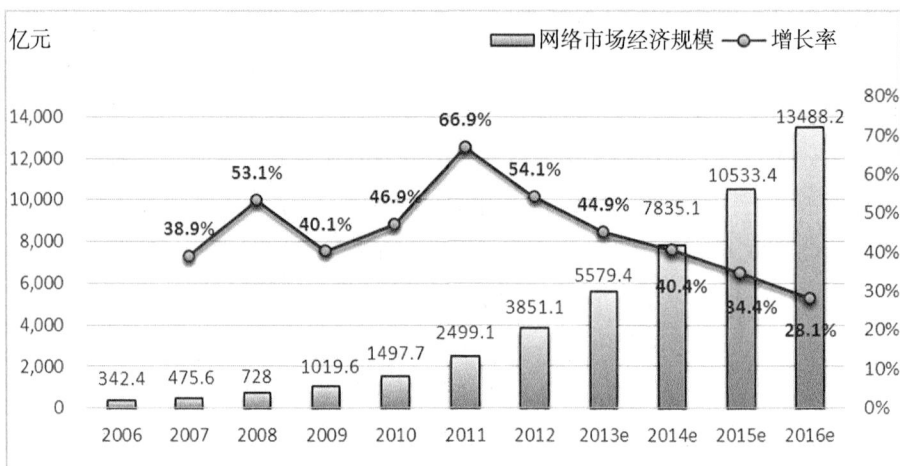

图 7　2006—2016 中国大陆网络经济市场规模及增长率

注：e 表示预测数据。

数据来源：艾瑞咨询。

## 第四节　两岸产业合作——智慧化及环境友善城市建设

20 世纪 90 年代以来，两岸经济关系随着台湾企业至大陆投资生产而加速联结，在"先经后政、先易后难"的原则下，两岸展开经济和产业的合作，重要平台包括搭桥项目、两岸产业研究咨询小组、两岸产业标准合作、两岸产业合作工作小组等。然而，由于两岸产业链接以制造业为主，产业合作亦架构在台商投资所带动的产业链合作上，缺乏更高层次的总体通盘规划，且随着大陆产业快速发展，两岸产业由过往的合作关系逐渐呈现竞争关系的趋势下，两岸产业合作逐渐浮现困难，普遍存在的制度性障碍不易突破、试点成效有限、竞争产业重复投资等问题皆有待解决。显示两岸产业合作已逐渐进入深水区，倘能跳脱现在的竞争产业和既有竞争市场的合作，透过两岸皆积极发展且为第三地市场所需之产业或建设作为合作方向，以互利为主轴从更高的层次思考全面性的通盘规划，或可成为两岸产业合作的突破亮点。

基此，本文着眼于具前瞻性且两岸正积极推动的智慧化及环境友善城市建设作为突破点，台湾与大陆虽在部分智慧城市建设所需产业中各具优势，但一如过去的产业合作般，倘若以大陆为市场，则恐再度落入两岸厂商在大陆市场的激烈竞争，反观与两岸皆有密切经贸关系的东盟国家则正面临城市化发展的众多挑战，因此以两岸推动智慧城市建设之发展与成果，在需求迫切的东盟市场进行产业合作，作为两岸产业合作之突破点，以期借由更具未来性的产业合作方向，达到两岸产业合作互利共荣之目的。

一、智慧化及环境友善城市建设的产业合作潜力

依据联合国统计，随着全球经济发展与人口成长，都市所提供的就业机会与生活环境将持续吸引人口往都市移动，其中以亚洲及非洲经济发展速度正快的开发中经济体城市化的压力将最大，各国各地区城市为满足人口的不断成长，将面临在住房、基础设施、交通、能源、就业、教育、以及环境卫生等需求方面的挑战。显示经济正快速发展的开发中经济体不仅需要尽速发展城市建设，且为能达到更具效率的土地利用，并利于城市生活环境的永续发展，这类国家和地区进行城市化建设时不宜采取过往传统城市发展路径，而宜在发展方向与策略中纳入智慧化及环境友善概念。

有鉴于此，亚洲地区近年经济发展快速的东盟在近年来亦提出一系列包括电力、通信系统及交通设施等基础建设，并在东盟经济体中加强在电网、天然气管线、净煤科技、能源效率、再生能源、区域合作、民用核能等不同主轴之合作。然由东盟各成员方推动基础建设的相关政策亦可发现，不仅不同发展程度的国家和地区需求不同，且在资金与技术的取得上亦存在困难，例如老挝、缅甸、菲律宾、越南等都实施或宣布实施公私伙伴关系（PPP）政策，吸引私部门及外资企业投入该等国家的基础建设。类似的方法虽可解决部分资金及技术问题，但难以要求私部门投资兼顾一国或依区域发展建设时的通盘规划及永续发展议题。

另一方面，兼顾永续发展的智慧城市建设是已开发经济体城市化的发展趋势，中国台湾地区与大陆亦正积极以全面性的规划与相关产业之媒合加强私部门参与并推动智慧城市建设工作。汇整两岸推动智慧城市发展的相关政策与成果可发现，台湾在信息通信（information and communications technology，ICT）产业软硬件的优势基础上，多数城市在电子票证（悠游卡）、电子收费、车流监控、聪明公交车及港口 RFID 自动化系统等智能交通方面，以及利用街道摄影机以及信息通信（information and communications technology，ICT）科技所构成之城市安全系统已具实际运行成效。

此外，现今全世界约有 26 套绿建筑评估系统，而中国台湾地区则系继英

国、美国及加拿大之后，全球第四个实施具科学量化的绿建筑评估系统，同时也是目前唯一独立发展且适于热带及亚热带的评估系统。近年许多台湾地区企业、学校、官方单位等的新盖厂房及大楼皆是绿建筑，如台北市立图书馆北投分馆、台达电子企业总部瑞光大楼、台达电子工业股份有限公司桃园研发中心、3M 台湾客户技术中心、台积电十二厂四期办公大楼、台湾成功大学绿色魔法学校（孙运璇绿建筑研究大楼）、台湾"人事行政总处公务人员发展中心"① 等。换言之，中国台湾地区除在信息通信（information and communications technology，ICT）相关软硬件产业具优势之外，在绿建筑的标准与设计建构等方面皆具有相当实力，在推动智慧化及环境友善城市建设方面具备相当程度的技术优势，并为东盟现阶段发展之所需，存在进一步扩大进入东盟市场之潜力。而台湾"工研院"IEK 与绿能研究所不仅已在菲律宾和老挝具有推动绿能系统应用的经验，更规划与印度尼西亚在智慧城市领域发展合作。

另一方面，中国大陆近年来各重要城市纷纷推出智慧城市建设的相关计划之外，其因广大土地及消费群众所形成的网络消费形态，亦促使中国大陆在互联网的民生相关运用技术上有显著且亮眼的成绩，配合互联网发展的新形态服务模式以及金融服务也在中国大陆快速发展。著名企业如海尔、小米、百度、阿里巴巴等不仅已是国际上的重要企业，更成为中国大陆实现互联网与工业融和创新的领头企业。换言之，中国大陆利用庞大消费力而加速因特网在民生上的使用，并因此形成许多在国际上具影响力的网络平台，相关法规亦更为开放。

此外，2016 年 8 月 14 日，中国绿地控股集团与马来西亚伊斯干达特区合作打造的"马来西亚伊斯干达绿地智慧城市体验馆"正式揭幕，该体验馆标志着中国大陆将融入马来西亚城市规划与发展，以及中国大陆推动技术输出海外的积极性。

综整而言，结合台湾在信息通信（information and communications technology，ICT）相关软硬件的产业优势与绿建筑的标准、规划与建筑实力，以及大陆在民生网络平台技术运用及企业的国际影响力，再加上两岸皆已逐渐在东盟国家建构的合作关系，中国台湾地区与大陆当可以东盟国家为市场，在智慧化及环境友善的城市建设方面获取合作商机，同时有利于东盟的城市与绿色经济发展。

---

① 　参考台湾绿建筑发展协会网站，网址：http://www.taiwangbc.org.tw/tw/modules/news/article.php?storyid=82，最后浏览日：2017—01—20。

二、两岸智慧化及环境友善城市建设的产业合作方向

两岸在东盟市场推动智慧化与环境友善的城市建设具有未来性且对两岸而言具有合作潜力与商机。然而，基于过往两岸的产业合作经验，两岸的产业合作光有机会并不足以达成合作，亦当仔细思考如何深化合作内涵确保互利。

（一）强化两岸在产业合作议题的决策执行层级的沟通，针对东盟环境友善之智慧城市建设进行客制化而全面性的规划与落实。

依据两岸产业合作的过往经验，倘若负责运作沟通的负责人对于涉及政策面的产业合作之重大议题和政策无决策权时，往往不利产业合作的推动及具体效益的扩散[①]。再者，智能城市建设所涉及的层面广，不少涉及社会服务的公部门职权，以及私部门无法掌控的领域，需要由政策执行者的角度与当地政府针对各不同需求进行沟通及全面性的规划，并须能统合各面向所需技术、企业、与资金调度等，故建议两岸应跳脱政治面的干扰，持续以经济和环境议题进行合作，由具决策执行力及沟通协调的单位进行协调、统整规划，针对东盟环境友善之智慧城市建设提出兼顾个别需求又具全面性的规划及后续落实，以具体获取两岸产业合作的商机。

（二）完善法规标准及两岸相关规划的接轨。

大陆各地方政府纷纷提出智慧城市建设计划书，一方面表示智慧城市建设是大陆重要建设发展方向，另一方面亦意味大陆各地方将可能产生重复投资及竞争行为，故两岸除有效沟通，搭配政策执行的配套外，双方法规制度与相关标准的接轨亦十分重要。例如在市场准入规范、投资保护、专利认证规范、知识产权保护、产品标准规格化和产品标准检测认证规范等，亦当考虑两岸相关法规制度的完善与接轨，以消除两岸产业资源流动障碍并提高两岸产业资源分配效率。

（三）选定东盟合宜的区域进行两岸整合型智能城市建设试点。

过往两岸产业合作多以单一产业进行试点合作，然该种模式常受到两岸行政环境框架之限制，或因与当地厂商产生竞争关系而受到阻力。而在东盟国家合作进行该市场所需之智慧城市建设，一方面因市场在外而降低直接与两岸在地厂商之竞争，另一方面因智慧城市所设产业多元，需要整合多方产业软硬件建设生产技术，当可避免前述单一产业试点之限制与压力。

---

① 参考台湾亚太产业分析专业协进会网站，网址：http://www.apiaa.org.tw/information_show. php?pid=5&sid=14&id=537，最后浏览日：2017—01—20。

此外，东盟各成员方发展程度不同，对于智慧城市发展的意愿及需求亦不相同，两岸可以目前双方已有合作经验的国家 / 城市为对象，从中择定合宜的区域作为两岸智能城市合作建设的试点，集中两岸相关资源与技术于该试点中进行全盘性的规划与软硬件工程建设，由目标规划到后续在其他城市中的复制模式等，订定具体运作模式与机制，除有利突破两岸产业合作之瓶颈之外，更可积极地累积两岸产业合作能量，向外拓展获取"一带一路"沿线经济体的商机。

## 参考文献：

### 中文部分

1. IBM 智慧城市网站，参考网址：http://www-07.ibm.com/tw/dp-cs/smartercity/overview. html，最后浏览日：2016—12—27。

2. 中国智能城市建设与推进战略研究项目组 (2015)：《中国智能城市建设与推进战略研究》，浙江大学出版社。

3. 台湾"科技部"网站，参考网址：https://scitechvista.nat.gov.tw/zh-tw/articles/c/0/1/10/1/1006. htm，最后浏览日：2016—12—27。

4. 张隆盛：《东亚地区都市化及人类居住问题初探》，参考网址：http://www.wendangmao. com/669217453/，最后浏览日：2017—01—18。

5. 廖淑蓉：《"都市移居与客家聚落文化变迁之研究——以美浓客家聚落为例"研究计划》，"行政院客家委员会"出版。

6. 台北智慧城市网站，网址：https://smartcity.taipei/，最后浏览日：2017—01—04。

7. 台湾"行政院全球信息网"，网址：http://www.ey.gov.tw/Default.html?t=672BCA8CD9 3FB3D02CACE805745977DF，最后浏览日：2017—01—19。

8. 台湾亚太产业分析专业协进会网站，网址：http://www.apiaa.org.tw/information_show. php?pid=5&sid=14&id=537，最后浏览日：2017—01—20。

9. 台湾绿建筑发展协会网站，网址：http://www.taiwangbc.org.tw/tw/modules/news/article. php?storyid=82，最后浏览日：2017—01—20。

### 英文部分

1. ASEAN Centre for Energy (2015), *ASEAN plan of action for energy cooperation (APAEC) 2016-2025_ phase I: 2016-2020*, presented in the 33rd Ministers on Energy Meeting and Its Associated Meetings in Kuala Lumpur, Malaysia.

2. International Energy Agency (2014), *World Energy Outlook 2014*, http://www.iea.org/ publications/freepublications/publication/WEO2014.pdf.

3. Net!Works European Technology Platform(2011), *Smart Cities Applications and Requirements White Paper*, http://grow.tecnico.ulisboa.pt/wp-content/uploads/2014/03/White_Paper_Smart_Cities_Applications.pdf .

4. The ASEAN Secretariat & United Nations Conference on Trade and Development(UNCTAD), *ASEAN Investment Report 2015- Infrastructure Investment and Connectivity*, Jakarta: ASEAN Secretariat, November 2015.

5. UNCTAD (2015), *ASEAN Infrastructure Investment and Economic Connectivity*, DIAE, UNCTAD, Geneva.

6. United Nations(2016), *The World's Cities in 2016*, 参考网址：http://www.un.org/en/development/desa/population/publications/pdf/urbanization/the_worlds_cities_in_2016_data_booklet.pdf，最后浏览日：2016—12—26。

7. World Bank Global Consumption Database, http://datatopics.worldbank.org/consumption/.

# 第七章　"一带一路"框架下两岸投资贸易合作的方式与路径

长期以来，中国大陆一直与东南亚保持着紧密的经贸关系，并在"10+1"机制化合作的基础上，不断提升合作的层次和领域，使双方的投资与贸易关系持续深化。南亚地区作为具有巨大潜力的区域，在中国大陆对外经贸发展中也逐步扮演着越来越重要的角色。随着"一带一路"的拓展，中国大陆与东南亚、南亚的合作必将进一步扩展。中国台湾地区与东南亚有着长期的经贸往来，且与南亚的经济合作也处于持续发展之中，因此，有必要在"一带一路"框架下，探讨两岸在上述区域可能的合作方式与路径。

## 第一节　中国大陆与东盟、印度经贸关系分析

### 一、中国大陆与东盟经贸关系现状与走势

长期以来，由于相邻的地理位置以及相似的文化背景，中国大陆与东盟国家一直保持着紧密的经贸关系和文化交流。自 1991 年中国大陆与东盟开展 FTA 协商以来，彼此间的关系发展迅速，经贸合作不断推进，双边贸易额较 1991 年已经增加 75 倍[1]。随着中国大陆与东盟自由贸易区的建立和发展，双方的经济关系愈发紧密，见表1。

从贸易角度看，2015 年中国大陆与东盟国家的贸易总额达到 4722 亿美元，其中中国大陆出口达到 2775 亿美元，进口为 1947 亿美元，实现贸易顺差 828 亿美元[2]。虽然贸易总体数据较 2014 年双边贸易总额 4804 亿美元有所下降，但在全球贸易萎缩的大背景下，这一数据仍然体现着双边经贸合作取得了较好的发展。2015 年中国大陆继续成为东盟第一大贸易伙伴，东盟则是中国大陆的第

---

① 新华网：《中国与东盟经贸关系中的"最亮点"》，2015 年 11 月 20 日。

② 数据来源于 WIND 数据库。

四大出口市场和第二大进口来源地。从历年双边贸易数据可以看出,除了受到国际金融危机和近年国际经济下行影响,贸易数据有所波动以外,中国大陆与东盟的经贸关系保持强劲健康增长的状态,截至 2015 年,中国大陆已经连续六年成为东盟第一大贸易伙伴,东盟连续四年成为中国第三大贸易伙伴。

表 1 中国大陆与东盟贸易数据

单位:亿美元

| 年度 | 贸易总额 | 中国大陆出口总额 | 中国大陆进口总额 | 贸易差额 |
|------|---------|----------------|----------------|---------|
| 1995 | 184.38 | 90.36 | 94.02 | -3.66 |
| 1996 | 203.95 | 96.99 | 106.96 | -9.97 |
| 1997 | 243.63 | 120.31 | 123.32 | -3.01 |
| 1998 | 234.82 | 109.21 | 125.61 | -16.40 |
| 1999 | 270.42 | 121.70 | 148.71 | -27.01 |
| 2000 | 395.22 | 173.41 | 221.81 | -48.40 |
| 2001 | 416.15 | 183.85 | 232.29 | -48.44 |
| 2002 | 547.66 | 235.68 | 311.97 | -76.29 |
| 2003 | 782.52 | 309.25 | 473.27 | -164.01 |
| 2004 | 1058.80 | 429.02 | 629.78 | -200.76 |
| 2005 | 1303.70 | 553.71 | 749.99 | -196.28 |
| 2006 | 1608.40 | 713.14 | 895.26 | -182.12 |
| 2007 | 2025.48 | 941.79 | 1083.69 | -141.90 |
| 2008 | 2311.17 | 1141.42 | 1169.74 | -28.32 |
| 2009 | 2130.11 | 1062.97 | 1067.14 | -4.17 |
| 2010 | 2927.76 | 1382.07 | 1545.69 | -163.62 |
| 2011 | 3628.54 | 1700.83 | 1927.71 | -226.88 |
| 2012 | 4000.93 | 2042.72 | 1958.21 | 84.51 |
| 2013 | 4436.11 | 2440.70 | 1995.40 | 445.30 |
| 2014 | 4803.93 | 2720.71 | 2083.22 | 637.50 |
| 2015 | 4721.62 | 2774.87 | 1946.75 | 828.12 |

数据来源:商务部统计数据、UNCTAD 数据库、WIND 数据库。

从跨境投资角度看,2015 年中国大陆对东盟国家直接投资流量首次突破百亿美元大关,达到 146.04 亿美元,同比增长 87% 并创历史新高。其中,中国大陆对东盟租赁和商务服务业的投资达到 66.74 亿美元,占比为 45.7%,这一领域的投资主要集中于新加坡、越南、马来西亚和印度尼西亚等。此外，中国大陆对东盟国家制造业的投资达到 26.39 亿美元，占比为 18.1%，这一领域投资主要分布在印度尼西亚、泰国和新加坡等[①]。随着中国大陆经济高速发展，大量积累的国内资本，尤其是民营资本纷纷出海寻找优质的投资标的，东盟因其地域优势和要素优势吸引了大量来自中国大陆的投资，见表2。此外，中国大陆巨大的市场潜力和优越的投资环境也继续吸引着来自东盟各成员的资本，截至 2014 年年底，中国大陆和东盟累计双向投资额超过了 1300 亿美元，东盟国家累计在华投资 917.4 亿美元，东盟已经超过美国、日本等国家，成为中国大陆第三大外资来源地[②]。

表2　中国大陆对东盟直接投资数据

单位：亿美元

| 年度 | 对东盟直接投资流量 | 对东盟直接投资存量 |
|---|---|---|
| 2005 | 1.58 | 12.56 |
| 2006 | 3.36 | 17.63 |
| 2007 | 9.68 | 39.53 |
| 2008 | 24.84 | 64.87 |
| 2009 | 26.98 | 95.71 |
| 2010 | 44.05 | 143.50 |
| 2011 | 59.05 | 214.62 |
| 2012 | 61.00 | 282.38 |
| 2013 | 72.67 | 356.68 |
| 2014 | 78.09 | 476.33 |
| 2015 | 146.04 | 627.16 |

数据来源：历年《中国对外直接投资统计公报》、WIND 数据库。

2002 年 11 月，第六次中国—东盟领导人会议在柬埔寨首都金边举行，朱镕基总理和东盟 10 国领导人签署了《中国与东盟全面经济合作框架协议》，决定到 2010 年建成中国—东盟自由贸易区。2010 年 1 月 1 日自贸区按计划正式建成。中国—东盟自由贸易区涵盖 19 亿人口、国民生产总值达 6 万亿美元、贸

① 商务部：《2015 年度中国对外直接投资统计公报》。

② 人民网：《中国和东盟双向投资超过 1300 亿美元》，2015 年 7 月 9 日。

易额达 4.5 万亿美元，是中国大陆对外商谈的第一个自贸区，也是发展中国家间最大的自由贸易区。按照自贸协议的要求，自 2010 年起，中国对来自原东盟 6 国的 93% 货物实行零关税政策，平均关税降至 0.1% 以下，而这一时期中国大陆对其他国家进口商品的平均关税为 9.8%。2015 年，中国—东盟自贸区成员国的关税全部降至 0（部分敏感产品除外）。自 2002 年中国与东盟签署建自贸区基本文件以来，随着关税的逐步减免和市场的不断开放，一个涵盖 11 个国家和地区组成的统一大市场正在逐步形成，为区内的贸易与投资发展提供了广阔的平台和光明的前景 [①]。

随着自贸区的建成，未来双方将致力于提升贸易和投资自由化、便利化的水平，力争 2020 年双边贸易额达到 1 万亿美元，新增双向投资超过 1000 亿美元。

### 二、中国大陆与印度经贸关系的现状与走势

从贸易角度看，2015 年中国大陆与印度双边贸易总额达到 716 亿美元，其中中国大陆对印度出口达到 582 亿美元，自印度进口为 134 亿美元，实现贸易顺差 448 亿美元。中国大陆对印度出口的商品主要为机电产品、机械设备、有机化学品、肥料和钢材，2015 年对印出口的上述五类商品合计 415.6 亿美元。除上述产品外，中国大陆对印度出口的商品还有文物制品、塑料制品、珠宝及贵金属制品、船舶、光学仪器制品、家具和纺织品等。印度对中国大陆出口的前五大类商品为棉花、铜及制品、有机化学品、建筑材料、矿物燃料等。2015 年，印度对中国大陆棉花出口总额 19.9 亿美元，占印度对大陆出口总额的 20.5%；此外，铜及制品、有机化学品、矿物燃料和建筑材料对中国大陆的出口额分别为 12.7 亿、9.1 亿美元、6.4 亿美元和 5.7 亿美元，占比分别为 13.1%、9.4%、6.6% 和 5.9%。近年来，中印双边贸易增长迅速，2015 年中国大陆已经成为印度第四大出口目的地和第一大进口来源地，见表 3。

表 3 中国大陆与印度贸易数据

单位：亿美元

| 年度 | 贸易总额 | 中国大陆出口总额 | 中国大陆进口总额 | 贸易差额 |
|------|----------|------------------|------------------|----------|
| 1995 | 11.63 | 7.65 | 3.98 | 3.68 |
| 1996 | 14.07 | 6.88 | 7.19 | -0.32 |

---

① 百度词条：中国—东盟自由贸易区。

| 1997 | 18.30 | 9.33 | 8.97 | 0.36 |
|------|-------|------|------|------|
| 1998 | 19.22 | 10.17 | 9.06 | 1.11 |
| 1999 | 19.88 | 11.62 | 8.26 | 3.36 |
| 2000 | 29.14 | 15.61 | 13.53 | 2.07 |
| 2001 | 35.96 | 18.96 | 17.00 | 1.96 |
| 2002 | 49.46 | 26.72 | 22.74 | 3.98 |
| 2003 | 75.95 | 33.44 | 42.51 | -9.08 |
| 2004 | 136.04 | 59.27 | 76.77 | -17.51 |
| 2005 | 187.03 | 89.35 | 97.68 | -8.34 |
| 2006 | 248.61 | 145.82 | 102.78 | 43.04 |
| 2007 | 386.47 | 240.16 | 146.31 | 93.85 |
| 2008 | 517.80 | 315.00 | 202.81 | 112.19 |
| 2009 | 433.81 | 296.67 | 137.14 | 159.52 |
| 2010 | 617.60 | 409.19 | 208.41 | 200.78 |
| 2011 | 739.18 | 505.43 | 233.75 | 271.69 |
| 2012 | 664.72 | 476.73 | 187.99 | 288.74 |
| 2013 | 654.71 | 484.43 | 170.28 | 314.15 |
| 2014 | 705.94 | 542.22 | 163.71 | 378.51 |
| 2015 | 716.23 | 582.40 | 133.83 | 448.57 |

数据来源：商务部统计数据、UNCTAD 数据库、WIND 数据库。

　　从跨境投资角度看，长久以来由于中印之间一直存在着复杂的边界纷争与争端，双边关系并不融洽，企业的投资活动也不积极。近年来，随着中国大陆经济增速的放缓和国内资本的大量累积，印度作为巨大潜力市场逐渐吸引着中国大陆企业的目光。随着印度政府对国际资本特别是中国大陆资本态度的改善，中国大陆对印度的直接投资也迅即增长，见表4。近年来，中国大陆对印度的投资趋势愈发热络，投资领域也不断扩大，涵盖了基础建设、电子产品等诸多领域，其中小米手机大力拓展印度市场，取得了相当可喜的成绩①。然而必须清醒地认识到，虽然近年来中国大陆对印度投资呈现成倍增长的态势，其中 2015 年达到当年投资 7 亿美元的新高，但与当年印度实际获得国际直接投资 393 亿美元相比，中国大陆所占比重不到 2%，规模和领域仍有着巨大的扩展空间。

---

　　① 日本经济新闻：《2015 中国对印度投资增长迅速》，2016 年 5 月 20 日。

表4 中国大陆对印度直接投资数据

单位：亿美元

| 年度 | 对印度直接投资流量 | 对印度直接投资存量 |
|------|------------------|------------------|
| 2005 | 0.11 | 0.15 |
| 2006 | 0.06 | 0.26 |
| 2007 | 0.22 | 1.20 |
| 2008 | 1.02 | 2.22 |
| 2009 | -0.25 | 2.21 |
| 2010 | 0.48 | 4.80 |
| 2011 | 1.80 | 6.57 |
| 2012 | 2.77 | 11.69 |
| 2013 | 1.49 | 24.47 |
| 2014 | 3.17 | 34.07 |
| 2015 | 7.05 | 37.70 |

数据来源：历年《中国对外直接投资统计公报》、WIND 数据库。

# 第二节 中国台湾地区与东盟、印度经贸关系分析

## 一、中国台湾地区与东盟经贸关系现状及走势

在区域经济一体化的大背景下，亚太区域经济合作呈现不断加快的趋势，东盟各经济体快速发展、市场规模不断扩大，成为全球经济发展的热点区域。2008 年，在马英九成为台湾地区领导人后，海峡两岸经济、政治关系步入新一轮调整与发展期。随着两岸政治关系的大幅度改善，中国台湾地区与东盟经济关系呈现出一些新的特点与趋势，双方贸易额快速增长，中国台湾地区对东盟主要经济体的投资额也逐年增加，东盟在中国台湾地区对外经贸合作格局中地位不断上升，经贸往来与合作也日益密切。2013 年 11 月 7 日，中国台湾地区还与新加坡签订"台澎金马独立关税领域与新加坡经济伙伴协定"（简称"台新经济伙伴合作协议"）（Agreement between Singapore and the Separate Customs Territory of Taiwan、Penghu、Kinmen and Matsu on Economic Partner，简称 ASTEP），内容涵盖货物贸易、服务贸易、投资、争端解决、电子商务、政府采购、关务程序等[①]。

---

① 《新加坡与台湾签署经济伙伴协议》，新加坡《联合早报》，2013 年 11 月 8 日。

近几年来，中国台湾地区与东盟各经济体的贸易额迅猛增长，双边贸易联系紧密，见表 5。2015 年中国台湾与东盟的贸易总额达到 792.5 亿美元，其中对东盟出口为 509.3 亿美元，进口为 283.2 亿美元，实现贸易顺差 226.1 亿美元。双边贸易额从 2003 年的 356.7 亿美元增长至历史最高点 2014 年的 936.4 亿美元，增幅达到 2.6 倍，其中东盟分别于 2007 年和 2008 年分别超过美国和日本，成为中国台湾第三大及第二大贸易伙伴，此外东盟已经成为中国台湾仅次于大陆的第二大顺差来源地。从出口产品方面，2015 年中国台湾对东盟出口的前三项产品为电机设备、矿物燃料以及机械用具，出口金额分别为 216.7 亿美元、64.5 亿美元和 40.6 亿美元，占出口东盟总额的 63.2%。进口产品方面，2015 年中国台湾自东盟进口的前三项产品为电机设备、矿物燃料与机械用具，进口金额分别为 90.8 亿美元、53.5 亿美元以及 30.9 亿美元，占中国台湾自东盟进口总额的 61.9%[①]。

表 5　中国台湾地区与东盟贸易数据

单位：亿美元

| 年度 | 贸易总值 | 台湾出口总额 | 台湾进口总额 | 贸易差额 |
|------|---------|------------|------------|---------|
| 2003 | 356.7 | 181.3 | 175.4 | 5.9 |
| 2004 | 444 | 240.3 | 203.8 | 36.5 |
| 2005 | 485.3 | 273.6 | 211.7 | 61.9 |
| 2006 | 546 | 311.9 | 234 | 77.9 |
| 2007 | 600.9 | 363 | 237.9 | 125.1 |
| 2008 | 646 | 389.3 | 256.8 | 132.5 |
| 2009 | 504.2 | 305.9 | 198.3 | 107.6 |
| 2010 | 708.5 | 419.6 | 288.8 | 130.8 |
| 2011 | 843.4 | 515.4 | 328 | 187.5 |
| 2012 | 880.8 | 565.5 | 315.3 | 250.2 |
| 2013 | 913.7 | 587.7 | 326.1 | 261.6 |
| 2014 | 936.4 | 595.3 | 341.1 | 254.2 |
| 2015 | 792.5 | 509.3 | 283.2 | 226.1 |

数据来源：台湾地区"经济部"历年国际贸易情势分析、WIND 数据库

---

① 台湾地区"经济部"：《2015 年国际贸易情势分析》。

东南亚是中国台湾地区对外投资的重要地区，早在20世纪50年代末至60年代初，就有中国台湾的企业在马来西亚和泰国投资设厂，并且大部分均获得较好的收益，从而使中国台湾对东南亚的投资持续发展，但总体规模受制于台湾地区经济，项目和金额均相当有限。进入20世纪80年代后，随着台湾经济进入全面起飞阶段，岛内的土地、劳动力等要素价格迅速攀升，生产成本逐渐升高，迫使企业加大对外投资力度以寻求成本"洼地"，进而保持在全球市场的竞争力。在这种情况下，再加上李登辉时期推出鼓励企业赴东南亚投资的"南向政策"，台商对东盟主要经济体的投资呈井喷增长。随着投资的增加，中国台湾地区劳动密集型产业大量转移到东盟，首先集中于泰国，后逐渐扩展至马来西亚、印度尼西亚与越南等。尽管中国台湾地区对东盟投资受到东南亚金融危机和印尼排华事件[①]的冲击，受损严重、有些企业甚至血本无归，使得台资企业大量撤出东南亚，再加上大陆加快改革开放进程，成为台商投资的重点区域，导致20世纪90年代后期台湾在东南亚的投资出现明显下滑。但近年来，随着东盟国家经济成长和社会稳定，中国台湾对东盟投资开始稳中有升，见图1。

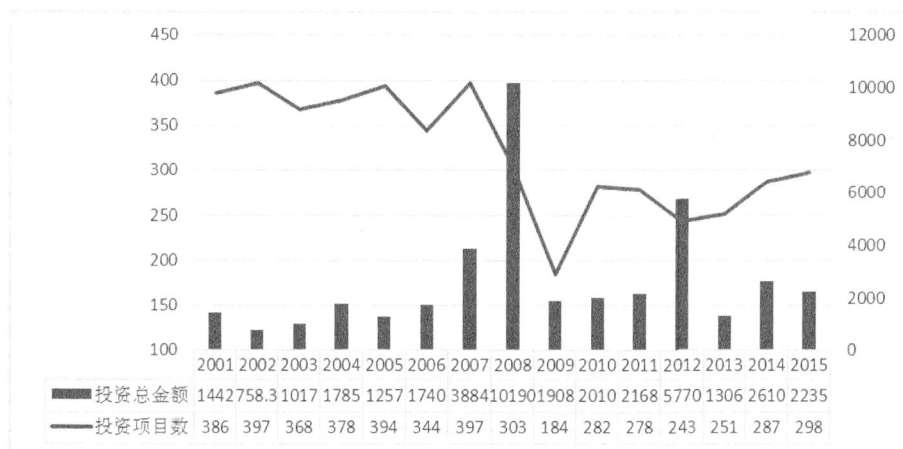

图1 中国台湾地区对东盟投资情况（单位：百万美元）

数据来源：根据台湾地区"经济部投资业务处"统计资料整理。

---

[①] 1998年5月13—15日，印度尼西亚部分地区的暴徒发动一系列针对华人的暴行，史称"印尼5月骚乱"。此次骚乱造成大批华人伤亡，大量资本撤离印尼，当地台商在此次事件中亦受到严重冲击。印尼社会经济也损失巨大。参考百度词条"黑色五月暴动"。

## 二、中国台湾地区与印度经贸关系现状及趋势

在 2003 年以前，中国台湾地区与印度贸易关系呈现缓慢增长的态势，但是不同年份的幅度变化较大，有明显的波动性特点。随着中国台湾地区经济主管部门于 2003 年将印度列为其"全球出口拓销计划"的主要对象市场后，中国台湾地区与印度之间的经贸往来开始出现显著的成长，大大超过 2003 年以前的水平[①]。然而，受到近年来全球经济放缓、国际贸易明显萎缩的影响，从 2013 年开始，中国台湾地区与印度的贸易额呈现缓慢的下降趋势，见表 6。2015 年，中国台湾与印度之间的贸易总额为 48.12 亿美元，较历史高点大幅衰退 37.89%（2011 年）；其中中国台湾对印度出口 29.34 亿美元，自印度进口 18.78 亿美元，实现了 10.55 亿美元的贸易顺差，为历年来第二高。虽然从贸易总额角度看，印度并非中国台湾地区重要的贸易伙伴，但由于印度拥有庞大的消费市场和劳动人口，且双方产业互补性较强，故双方的经贸合作将有巨大的发展空间。这也是中国台湾在"新南向政策"中将印度列为重大的重要原因之一。

就贸易产品结构而言，中国台湾出口到印度主要为工业制成品，包括塑料及其制品、矿物燃料、电机电子产品与设备及其零件、染料、机器及零组件、工业用纺织物等。中国台湾自印度进口主要为农工原物料及半成品，包括玉米、棉花、芝麻、冷冻鱼浆、矿物燃料、精炼铜、邮寄化学产品等[②]。

表 6　中国台湾地区与印度贸易数据

单位：亿美元

| 年度 | 贸易总额 | 台湾出口金额 | 台湾进口金额 | 贸易差额 |
|------|---------|------------|------------|---------|
| 1995 | 9.35 | 5.21 | 4.14 | 1.07 |
| 1996 | 9.32 | 4.63 | 4.68 | -0.05 |
| 1997 | 12.12 | 5.49 | 6.62 | -1.13 |
| 1998 | 9.93 | 5.29 | 4.63 | 0.66 |
| 1999 | 9.88 | 5.97 | 3.91 | 2.06 |
| 2000 | 12.38 | 7.24 | 5.14 | 2.10 |
| 2001 | 11.30 | 6.35 | 4.95 | 1.40 |
| 2002 | 12.07 | 6.54 | 5.53 | 1.02 |
| 2003 | 14.01 | 7.76 | 6.25 | 1.51 |

---

① 《台湾与印度经贸关系：回顾与前瞻》，《台湾 WTO 中心贸易政策论丛（第十五期）》。
② 《台湾与印度经贸关系：回顾与前瞻》，《台湾 WTO 中心贸易政策论丛（第十五期）》。

续表

| 2004 | 19.45 | 10.82 | 8.63 | 2.20 |
|------|-------|-------|-------|-------|
| 2005 | 24.42 | 15.83 | 8.60 | 7.23 |
| 2006 | 27.16 | 14.71 | 12.45 | 2.26 |
| 2007 | 48.79 | 23.42 | 25.37 | -1.95 |
| 2008 | 53.40 | 30.07 | 23.33 | 6.74 |
| 2009 | 41.55 | 25.31 | 16.23 | 9.08 |
| 2010 | 64.66 | 36.28 | 28.37 | 7.91 |
| 2011 | 75.64 | 44.27 | 31.37 | 12.91 |
| 2012 | 60.08 | 33.85 | 26.24 | 7.61 |
| 2013 | 61.74 | 34.23 | 27.51 | 6.72 |
| 2014 | 59.11 | 34.26 | 24.85 | 9.40 |
| 2015 | 48.12 | 29.34 | 18.78 | 10.55 |

资料来源：台湾地区"经济部"历年国际贸易情势分析、WIND 数据库。

中国台湾对印度的投资活动主要始于 2000 年，大大迟于对中国大陆以及东盟的投资进度。此外，特别需要指出的是，中国台湾对于印度的投资绝大多数是通过第三地转投资实现的，比如通过大陆、中国香港、新加坡、美国等国家与地区。因此，对于中国台湾在印度的投资统计数据存在较大分歧，中国台湾地区经济主管机构的统计数据因无法将第三地转投资的数据包含其中，造成统计数据的严重失真，无法反映台湾在印度的实际投资情况。然而，受制于现实情况，目前可得的中国台湾对印投资数据均无法包含第三地转投资，故本文分析仍然使用现有的直接投资的统计数据与统计口径。

自 2010 年以后，中国台湾对印度的投资有显著增加，虽然仍呈现波动状态，但是数量上已经有明显提升，见图 2。2015 年，中国台湾对印度投资达到历史最高点，当年直接投资累计为 7216 万美元，完成投资项目 7 项，不过，印度仍然未进入台湾前十大对外投资目的对象。

就投资行业分析，中国台湾地区对印度投资的主要产业为制鞋业、电子业、电脑业、食品加工业、汽车零组件业、化工业、纺织业、通讯业等。近年来，万邦鞋业、鸿海精密工业股份有限公司、丰泰鞋业等岛内大公司已经完成对印度的投资项目，三阳公司、台达电子、友讯科技也已开始对印度投资或者与印资开展合资设厂。此外，许多大型科技公司如明基电脑、宏碁电脑、华硕电脑、台积电也着手在印度设立分支机构或者联络处[①]。

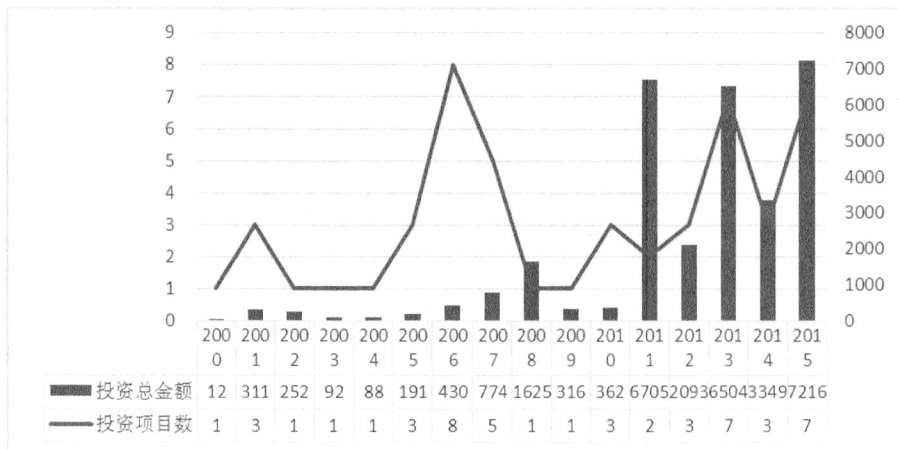

| | 2000 | 2001 | 2002 | 2003 | 2004 | 2005 | 2006 | 2007 | 2008 | 2009 | 2010 | 2011 | 2012 | 2013 | 2014 | 2015 |
|---|---|---|---|---|---|---|---|---|---|---|---|---|---|---|---|---|
| 投资总金额 | 12 | 311 | 252 | 92 | 88 | 191 | 430 | 774 | 1625 | 316 | 362 | 6705 | 2093 | 6504 | 3349 | 7216 |
| 投资项目数 | 1 | 3 | 1 | 1 | 1 | 3 | 8 | 5 | 1 | 1 | 3 | 2 | 3 | 7 | 3 | 7 |

图 2　中国台湾地区对印度投资情况（单位：万美元）

数据来源：根据台湾地区"经济部投资业务处"统计资料整理。

## 第三节　"一带一路"背景下中国大陆与东盟及印度经贸合作前景

"一带一路"是"丝绸之路经济带"和"21 世纪海上丝绸之路"的简称，2013 年下半年习近平总书记出访哈萨克斯坦和印度尼西亚的过程中提出"一带一路"的宏大概念，是涉及中国大陆未来发展的国家倡议，也是指导中国大陆积极参与国际政治经济活动的重要准则，对中国大陆现代化建设和推动实现中华民族伟大复兴具有深远的战略意义。在经贸领域，中国积极推进将"一带一路"打造成发挥地缘优势，推进全方位跨境贸易、投资、交流合作的重要平台。

### 一、"一带一路"倡议下中国大陆与东盟经贸合作前景

近年来，中国大陆与东盟双边关系一直处于稳定、健康、快速发展的轨道，虽然偶尔受到若干国家因南海问题的挑衅和骚扰，但中国大陆始终秉持睦邻友好、互利合作的态度，积极排除了各种干扰因素，使双方保持与深化了在政治、

---

① 《台湾与印度经贸关系：回顾与前瞻》，《台湾 WTO 中心贸易政策论丛（第十五期)》。

经济、社会文化等全方位领域中的密切合作，并在各种国际事务表达充分理解对方的立场，总体上保持了双方密切的配合与相互支持。

在经济方面，中国—东盟自由贸易区于 2010 年顺利建成，构建起一个涵盖 11 个国家和地区、19 亿人口、6 万亿美元 GDP 容量的巨型经济体，是目前世界上人口最多的自由贸易区，同时也是发展中国家间最大的自由贸易区，为中国—东盟经贸活动的深化与发展提供了绝佳的平台和机遇。目前，双方通过紧密合作，已经共同努力打造完成中国—东盟自由贸易区的升级版本，为后续的发展奠定了坚实的基础。在政治方面，中国大陆已经与东盟 10 各成员方分别签署了着眼于双方 21 世纪关系发展的政治纲领性文件。早在 2003 年，中国大陆就已经作为域外大国率先加入《东南亚友好合作条约》，与东盟建立了面向和平与繁荣的战略伙伴关系，并且已构建起较为完善、多层次的对话合作机制。近年来，部分东盟成员受到美、日等国的鼓动，炒作中国南海问题，妄图借助外部势力干扰中国大陆与东盟的双边友好关系。在中国大陆以及东盟大多数成员的努力下，美、日的阴谋没有得逞，双方的关系"历久弥坚"，回到了正常的互信轨道上。

从区位上看，东盟是中国大陆落实"一带一路"倡议的重点和优先方向。2013 年 10 月，习近平主席倡议与东盟共建"21 世纪海上丝绸之路"，提出携手共建更为紧密的中国—东盟命运共同体，为中国—东盟关系的长远发展指明了方向。李克强总理进一步提出"2+7 合作框架"，为中国—东盟各领域的务实合作制定了总体规划。中国大陆与东盟共建"21 世纪海上丝绸之路"，既有古代"海上丝绸之路"的历史、文化、地缘等前提，又有 20 多年来中国—东盟对话合作的政治互信基础，更有互利双赢、合作发展的共同需求。尤其需要指出的是，"一带一路"给中国大陆和东盟各成员方带来的发展机遇是相互的。在互联互通方面，东盟主要经济体均需要进一步提升基础设施建设和互联互通水平，而中国大陆倡议设立的亚洲基础设施投资银行（亚投行）、丝路基金等机制都可为东盟各成员方的互联互通建设提供长期、低成本融资服务，从而有效推动中国—东盟互联互通建设。在国际产能合作方面，中国大陆与东盟地理相近，经贸往来密切，产业互补性强，具备了开展产能合作的良好基础。在"一带一路"框架下促进双方产能合作，不仅有利于中国大陆优势产能梯次转移，也有利于东盟主要成员方进一步加快工业化进程，带动当地就业和经济增长。具体而言，在产能合作方面，中国—东盟可以共同建设各种类型的产业或者经贸合作园区，吸引大陆及其他企业赴东盟开展全产业链投资，建立健全当地的供应链、产业链与价值链，共同提升中国—东盟在全球产业布局中的地位和竞争力[①]。

在"一带一路"的背景下,中国—东盟将逐步向构建更为紧密命运共同体的方向发展。在这一过程中,经贸合作将是最主要的内容,为此,中国—东盟既要有效巩固传统的合作优势,也要积极拓展新的合作领域,提升合作动能,从而推动双方互利共赢的水平,为推动全球经济复苏发挥更加积极的作用。具体,可以从以下方面入手开展合作:

(一)中国—东盟在货物贸易领域需要进一步提升合作层次。随着中国大陆的产业升级转型的顺利推进,以及出口产品质量的提升与价值链的延伸,东盟对"中国制造"的需求更加强烈,而中国大陆对于东盟产品的需求也有所上升。目前,中国—东盟自由贸易升级议定书已经生效,双边贸易便利化水平进一步提高。同时,中国与东盟各成员方共同参与的区域全面经济伙伴关系协定(RCEP)谈判也正积极推进,预计 2017 年底达成基本框架协议,这将使中国与东盟的企业和人员在更大范围、更高层次分享区域经济一体化的成果,从而进一步提升中国—东盟双边贸易的合作层次[②]。

(二)以产能合作为基础进一步扩大双向投资。中国—东盟双向投资始终保持着持续健康增长的态势,双方投资额稳中有升。其中 2015 年部分东盟成员方在华投资增长较为明显。中国大陆企业在东盟的投资则主要涉及贸易、物流、建筑、能源、制造业和商业服务等领域。目前,中国与东盟 10 个成员作为创始成员国的亚洲基础设施投资银行已正式运营,中国大陆与东盟各经济体在产能合作、产业园区建设等方面的合作不断推进,这都为进一步扩大中国大陆与东盟双向投资创造了有利条件。此外,中国大陆与东盟可以借助共同建设"21 世纪海上丝绸之路"的契机,进一步拓展产业合作和基础设施互联互通项目合作。目前,中马、中泰、中老等多个铁路合作项目已经启动,中国—东盟港口城市合作联络建设、网络建设也已取得积极进展。可以想见,未来中国大陆与东盟的双向投资一定会朝着积极方向发展。

(三)推动中国—东盟旅游教育人文交流。中国大陆与东盟地域相邻,彼此都拥有美丽的自然景观和悠久的人文历史,双方互为重要的旅游目的地。近年来,中国大陆开展了多项工作鼓励民众赴东盟地区旅游,东盟各成员方也采取多项措施,吸引中国大陆游客,并针对中国大陆游客推出了若干签证便利措施。

---

① 《"一带一路"为中国与东盟合作再添新动力——访中国驻东盟大使徐步》,《经济日报》,2015 年 11 月 20 日。

② 《中国东盟经贸合作新领域》,《国际商报》,2015 年 7 月 31 日。

随着中国大陆人均收入的提高以及东盟成员方对于中国大陆居民入境便利措施的实施，可预期双方的旅游往来将提高巨大。在教育方面，中国大陆的高等教育体系不断完善，进步巨大，并采取多种措施吸引、支持外国留学生入学，中国大陆必将成为东盟各成员方留学生的重要留学目的地。

（四）中国—东盟金融合作进入更高阶段。与中国—东盟双边贸易投资的增长向适应，双方的金融需求也在不断提升，这为中国—东盟开展更广泛的金融合作提出了新的要求。除了传统的融资、外汇结算、保险等服务外，中国—东盟在货币互换、本币结算、跨境债券投资等领域也在展开尝试。未来，借助亚洲基础设施投资银行、丝路基金等平台，中国—东盟的金融合作还可向更多领域拓展，并将达到更高的层次。

二、"一带一路"框架下中国与印度经贸合作前景

对比其他国家，印度对于中国大陆"一带一路"倡议的态度比较耐人寻味。2014 年 9 月，习近平主席出访印度时，印度总理莫迪表态支持将印度自身的经济发展战略同中方的"一带一路"倡议进行对接，将中国大陆的优势资源和印度的发展需求紧密结合，并承诺将积极研究推进孟—中—印—缅经济走廊建设。然而，随后双方发表的联合公报却未将"一带一路"倡议的相关内容列入。不久之后，在莫迪访美过程中，印度有表态认可美国推动的"新丝绸之路"和"印太经济走廊"计划，并写入双方的联合公报之中①。

印度政府对于中国大陆"一带一路"倡议态度暧昧的原因尚难以明确解析，但从部分印度具有官方背景的专家观点中却有迹可循。有印度国内的专家表示，中国大陆推动的"一带一路"倡议是中国大陆进入经济发展新阶段的现实需要，是从中国大陆自身发展需求角度出发而推动的经济战略，是与中华民族伟大复兴的大战略相契合的，中国大陆寄希望于此战略以重塑开放型的经济发展的新格局，特别是与需要扩展区域在经济上实现互联互通。此外，"一带一路"倡议也具有更深层次的安全内涵：中国大陆一方面需要解决所面临的"马六甲困境"，以确保海上运输通道的安全；另一方面，也要缓解其他国家和地区对中国大陆势力进入印度洋的疑虑。与此同时，"一带一路"倡议出台更是中国大陆为了应对来自美国的战略压力而产生的，是中国大陆试图借此在战略摆脱美国及其盟

---

① 林民旺：《印度对"一带一路"的认知及中国的政策选择》，《世界经济与政治》，2015 年 5 期。

友在第一和第二岛链对中国大陆的孤立与封锁，从而有效地拓展海域空间，以更有效应对美国的亚太再平衡战略[①]。

基于上述考虑，尽管印度政府并没有积极回应中国大陆所提"一带一路"倡议，心有所属也是事实，但如果因此而认定印度是"一带一路"倡议的对立面或是阻碍因素，显然也不完全符合事实。在习近平主席访印期间，尽管莫迪未对"一带一路"倡议明确表态，但在与习近平会谈过程中，却表示希望扩大印度在医药、制造业等领域对中国大陆的出口，促进双边贸易平衡增长，同时欢迎中国大陆参与印度电力和铁路等基础设施建设，而且印度还将研究参加孟—中—印—缅经济走廊和亚洲基础设施投资银行倡议，期望加强双边在人文领域的合作。此外，印度也欢迎中国大陆对印度信息产业、制造业、铁路、公路、港口等交通基础设施领域进行投资，并表态印度将为中国大陆企业提供良好的投资环境。从这些已公开的会谈内容可以看出，虽然印度领导人未提"一带一路"倡议，但回应合作内容却与"一带一路"倡议的核心内容向衔接。中印双方共同发布的《关于构建更加紧密的发展伙伴关系的联合声明》决定，在中印战略经济对话平台上探索双边经济合作新领域，重点包括推进在产业投资、基础设施建设、节能环保、清洁能源、高技术、城镇化等领域的合作；在服务贸易方面，重点合作领域包括旅游、电影、医疗保健等[②]。为使双边的经济合作更有针对性和可操作性，中印双方还为未来的经济合作设计了基本蓝图，达成了五年经贸的合作规划。

需要指出的是，有关人文领域的合作得到双方政府的高度重视，为此启动了"中国—印度文化交流计划"，确定于 2015 年和 2016 年在中国大陆和印度举办"印度旅游年"和"中国旅游年"，中国大陆承诺帮助印度在中国大陆宣传与公元 7 世纪中国唐代僧人玄奘相关的印度旅游产品和线路；此外还加强双方青年互访，建立中 - 印文化部级磋商机制，加强在文化领域合作。由此可见，虽然印度官方刻意回避"一带一路"的提法，且印度国内有关人士对"一带一路"倡议也充满质疑，但双方政府在相关的具体合作领域却在继续推进。换言之，尽管印度政府对"一带一路"倡议并不完全认同，但从现实角度考虑，也希望借此获得与中国大陆合作中切实的利益[③]。

① 林民旺：《印度对"一带一路"的认知及中国的政策选择》，《世界经济与政治》，2015 年 5 期。

② 杨思灵：《印度如何看待"一带一路"下的中印关系》，《人民论坛·学术前沿》。

③ 杨思灵：《印度如何看待"一带一路"下的中印关系》，《人民论坛·学术前沿》。

## 第四节　中国台湾地区与东盟及印度的经贸合作前景

### 一、台湾"南向经济政策"梳理

近年来，受益于自身的要素禀赋及地缘政治优势，东南亚及印度积极参与经济全球化和区域经济一体化，国内经济快速发展，消费能力大幅提升，成为全球经济成长的新亮点。目前，东盟十个经济体 GDP 合计为 2.4 万亿美元，人口 6.2 亿，而南亚六个经济体的 GDP 规模则达到 2.7 万亿美元，人口接近 17 亿人。根据 Global Insight 估计，东盟及南亚 16 个经济体未来五年（2017—2021年）平均每年经济增长率将分别达 4.9% 及 7.4%，远高于全球经济成长率 3.1% 的水平。在经济高速增长情况下，东盟及南亚将逐渐形成一个消费力很强的新兴中产阶级阶层，构成商机庞大的内需市场[①]。

而就岛内经济形势来看，目前台湾处于产业升级、结构调整的重要节点，面临实质薪资成长停滞、人才流失，以及经济成长动能减弱等困境。需要支持的是，尽管台湾在亚洲新兴市场有所布局，但却以投资带动贸易的方式进行，对于当地市场的切入有限，与在地的经贸联系也不够紧密；此外，以贸易产品相对单一，附加价值不高[②]，也极大的影响台商在当地布局网络的实效。

为了促进中国台湾企业增加在东南亚地区及印度的投资，加强相互的经贸关系，强化中国台湾地区与东盟及印度经济体的整体联系，台湾地区领导人蔡英文在其竞选初期提出"新南向政策"，并将其作为重要对外经贸战略目标。由此可见，除了加强中国台湾地区与东南亚、印度等的经贸联系的外，蔡英文当局更希望通过推行此政策，"减轻台湾经济对中国大陆的依赖"。这一举措充分表明，蔡英文当局对大陆具有浓烈的防备心理，对两岸交流秉持消极态度。因此，"新南向政策"事实上具有强烈的政治意涵。

就国际产业分工态势而言，中国台湾处于东亚"雁型经济模式"的中端，在产业技术、企业管理以及海外销售等方面具有比较优势，而东盟与印度等目标市场能够提供价格低廉的劳动力与土地等资源要素，这为台湾地区与东盟及印度开展经济合作提供了相应的要素禀赋。因此，自 20 世纪 90 年代以来，综

---

① 中国台湾地区"经济部"："新南向政策工作计划"。
② 中国台湾地区"经济部"："新南向政策工作计划"。

合经济优势与政治考虑，台湾当局先后多次推进"南向政策"，见表7。

表7　历次"南向政策"内容及成效梳理 [①]

| 时间 | 主要内容 | 政策目的 | 成效收获 |
|---|---|---|---|
| 1994 | 鼓励将不具备比较优势的产品转移至东盟国家生产；将东盟经济体打造成与大陆经贸网络中继站；推广台湾经验整合当地资源，增强台湾在区域安全体系中地位。 | 抑制台湾对大陆的投资热情，确保自身经济实力及自主性。 | 在一定程度上减少台湾对大陆的投资，中国台湾地区对东盟国家投资大量增加，但在1997年亚洲金融危机中，受危机以及印尼排华事件的双重冲击，在东盟投资台商损失惨重，"南向政策"失败。 |
| 1998 | 亚洲金融危机后，中国台湾地区"经济部"要求加强对东盟地区以及大洋洲国家的投资，并派出高级官员赴东盟国家活动，随后"行政院"通过了加强推动对东盟国家经贸联系具体举措。 | 利用金融危机援助为诱饵，企图换取东盟各国对台商投资提供安全保障和优惠政策。 | 台商对当局推动的投资促进政策持消极态度，台商对东盟国家的投资不升反降，1998年下半年当局不得不调整"南向政策"，"南向政策失利"。 |
| 2002 | 陈水扁当局重启"南向政策"，政策层面大部分延续了第二轮"南向政策"，更加鼓励台商走进东盟国家 | 应对大陆加入WTO的冲击，降低两岸经济关系的重要性，此外希望利用经贸实力转化为"外交"利基。 | 中国台湾地区对东盟国家投资没有显著上升，就贸易关系来看，陆台贸易联系远超中国台湾与东盟国家贸易联系，南向目标未达成。 |

资料来源：根据台湾地区经济主管机关的资料整理而得。

　　新当选台湾地区领导人蔡英文在其"5·20"所谓"就职演说"时就强调要推动"新南向政策"，借此来提升台湾对外经济的格局及多元性，告别以往过于依赖单一市场的现象，重新建构台湾与亚洲的联结。蔡英文于2016年8月16日召开对外经贸战略会谈时，正式提出"新南向政策纲领"，并将"新南向政策"定位为台湾整体对外经贸战略的重要组成部分，期待借台湾新阶段的经济发展，寻求新的方向和新的动能，并重新定位台湾在亚洲发展中的重要角色，创造未来价值。

　　"新南向政策纲领"明确了台湾推动"新南向政策"计划的短期、中期以及

---

[①]　盛九元：《蔡英文的"新南向政策"及对两岸关系的影响》，《台湾研究》，2016年第3期。

长期的各类目标,台湾当局希望此政策能够"透过促进台湾与东盟、南亚以及澳大利亚、新西兰等 18 个国家的经贸、科技、文化等各层面的联结,共享各种经济资源、人才与市场,创造互利共赢的全新合作模式;以及透过建立广泛的协商和对话机制,重塑与各"新南向"相关国家的合作共识,并有效解决相关问题和分析,逐步积累互信,进而建立'经济共同体意识',使台湾成为"新南向"国家经济发展的繁荣伙伴、人才资源的共享伙伴、生活品质的创新伙伴以及国家连结的互惠伙伴[①]。"

"新南向政策"是蔡英文当局面对台湾内外经济形势而寻找出路的尝试,更是其为了试图进一步减弱与祖国大陆经济联系的努力。在其经济思维和背景的推动下,"新南向政策"希望在经贸合作领域协助台商改变代工模式,努力拓展"新南向政策"对象的内需市场,并且强化产业合作与经贸拓展及促进基础建设工程合作与系统整合服务输出。此外,在人才交流层面上则强调兼顾双方的需求,在所谓"以人为本,双向多元"的交流原则下,由单向引进外籍劳动转向双向人才的培养,提升台湾与"新南向"目标市场双边人才资源的互补与合作。在资源共享层面发挥医疗、文化、观光、科技以及农业等软实力优势,作为台湾强化与"新南向"目标市场开展伙伴关系的利基,以争取双边或多边合作机会。在区域连结层面,试图推动双边与多边制度化合作,提升协商对话层级,并透过国际合作来建立与"新南向"目标市场的伙伴关系。[②]从客观角度上看,"新南向政策"是台湾在面对岛内外新形势下,推进全面性经贸及对外战略的一环,在一定程度上起到了分散经贸风险、争取更多市场商机的作用,同时也体现出寻找台湾经济新动能及全球价值链新定位的努力;但同时也可以看到,其中也蕴藏着台湾有意借"新南向政策"参与区域经济整合以及地区安全合作的政治意图。

## 二、台湾"新南向政策"前景

在可预见的未来,在"新南向政策"的配合下,中国台湾地区与东盟的贸易和投资规模会有所增长,在一定程度上呈现出发展的趋势。客观上说,中国台湾地区与东盟经济互补性较强,东盟主要成员方劳动力、土地等资源十分丰富且价格低廉,台湾则拥有资本以及技术方面的优势,双方加强经济合作可最

---

① 台湾"行政院":"新南向政策工作计划"。

② 台湾"行政院":"新南向政策工作计划"。

大限度地发挥各自比较优势，推动经济的共同发展。此外，东盟成员方不仅包括新加坡等新兴工业化国家，同时也包括柬埔寨、老挝、缅甸等最不发达经济体，成员方经济发展水平差距很大，东盟成员方发展水平之间存在的巨大鸿沟为台湾地区制造业在东盟内部转移提供了广阔空间。同时，在经济层面上，台湾地区与东盟加强经贸合作的意愿十分强烈。东盟各成员方给予自身的发展需要，正积极通过吸引外资发展本国经济，故对台资非常重视。对台湾当局而言，强化与东盟的经贸关系始终是对外合作的重点，这种共同的需求在一定程度上也促进了双方的经贸合作①。

印度国土面积广大，人口众多，因此，其对于通信设备、系统及其相关电子零部件需求非常大，其中蕴含着巨大的商机。从目前情况看，印度个人通信设备的普及率并不高，但随着印度经济的高速发展，以及人均收入的稳步提高，印度人对移动电话、室内电话机、传真机、数据交换机以及公共电话等通信设备终端需求巨大。此外，由于起步较晚，虽然印度的电信市场整体发展较快，但发展水平较低，没有形成规模优势和足够的竞争力。而中国台湾企业在硬件制造、市场经营和业务管理领域有着诸多的优势，并且具有完备的技术产权和先进稳定的产品品质，能够为印度市场提供质优价廉的产品，就此而言，电子信息与通讯产业的合作将成为中国台湾与印度合作的亮点②。

随着印度人均收入的上升，其购买力不断增强，对耐用消费品尤其是汽车的需求增长迅速，印度的汽车及相关零部件产业也具有相当大的商机。早在2009年，印度就成为全球第七大汽车生产国，在亚洲地区中排名仅次于中国大陆、日本、韩国，但是印度国内的汽车生产商林立，各企业之间生产水平差异很大。为了吸收大型汽车跨国公司的资金及技术，印度开放外资汽车企业100%独资设厂，同时提供租税优惠等鼓励措施。台湾车辆工业及汽车零部件产业在制造业中占据重要地位，随着台湾整车制造的品质的提升，在相关领域，尤其是零部件制造领域已经接近世界先进水平。近年来，岛内各大企业纷纷增加研发投入，开发出一批在国际上具有领先地位的汽车制造技术。为拓展市场，不少大型企业已经在中国大陆以及东南亚各成员方投资设厂，积累了一定的海外经营经验。因此，印度的汽车内需市场的扩展以及对外资持开放态度的政策，吸引着中国台湾汽车及相关产业将投资的重点转向印度。中国台湾印度之间在

---

① 王敏：《台湾与东盟经济关系发展新趋势、成因与前景分析》，《台湾研究》，2014 年 2 期。
② 徐遵慈：《台湾与印度经贸关系：回顾与前瞻》，《台湾 WTO 中心贸易政策论丛（第十五期）》。

汽车制造领域的合作有着较大的空间①。

此外，印度发展纺织产业的相关农作物产业产量丰富。目前，印度是全球最大的黄麻生产国、第二大蚕丝生产国、第三大纱线生产国。从属于上游原材料的丝、麻、羊毛、棉，中游纺纱、织布、印染，到下游成衣、配件等，印度相关资源均非常丰富。作为对外资最大的诱因，印度拥有数量庞大且价格低廉的劳动力，吸引着劳动密集型产业到印度寻求发展。特别需要指出的是，作为英国最大的海外殖民地，印度与欧美国家有着天然的联系，而且对欧美市场也十分熟悉，这使得印度的成衣制造及出口具有很大优势。但是目前来看，印度这一行业的从业规模过小，基础建设不佳，资金成本过高，缺乏更新技术及设备的相应资源和内在动力。台商近年来开始重视在印度投资出口导向的产业，其中尤其以纺织成衣与制鞋产业为主，台湾在这一产业领域拥有技术与管理的优势，结合印度的价格低廉的要素以及庞大的内销、外销市场，能够带来双赢的结果。在这一前提下，台湾像相关业主，诸如勤益公司、福盈科技化学等公司以及先期进入企业，均取得了相当不错的经营成绩②。

## 第五节　两岸合作拓展东盟及印度市场的可行性分析

虽然"新南向政策"为中国台湾对东盟及印度各经济体的投资与贸易活动提供了广阔的市场前景，但客观条件上，台湾上述经贸目标的实现尚面临许多无法规避的障碍，这些障碍与瓶颈直接影响着"新南向政策"的实施效果。

整体而言，虽然中国台湾地区对东盟及印度的投资以及相互的贸易近年来有所上升，但从总量上完全无法与中国大陆与东盟和印度的投资贸易规模相比。2015年中国大陆对东盟的投资超过600亿美元，是台湾地区的30倍，而随着中国—东盟升级版自贸区的建成与完善，双方贸易将呈现更快的增长。中国大陆的经济实力和资金优势为短期内在东盟建成完善的生产网络与建构合理的企业布局提供了保障，并将在此基础上建立完整分工关系。相较之下，台湾在此方面没有任何优势可言，更有甚者，如果不能进行有效的合作，还将对台湾的投资贸易形成巨大的挤出效应。

近年来亚洲地区的区域经济整合进一步加速，并且已经形成中国—东盟自

①　徐遵慈：《台湾与印度经贸关系：回顾与前瞻》，《台湾WTO中心贸易政策论丛（第十五期）》。

②　中华经济研究院："'促进台印双边贸易、投资及合作关系'研究报告结论"。

贸区、中国—韩国自贸区以及"东盟加一"等各种形式 FTA。受到两岸关系的影响，台湾在这方面进展相对缓慢。现阶段，由于坚持不承认"九二共识"的民进党当局在台湾执政，使两岸关系和平发展的进程中断，甚至出现对抗加剧的态势，在这种情况下，台湾参与亚太区域合作将面临更加困难的局面。随着中国—东盟自贸区的建成以及 RCEP 的发展，台湾产品均会因为区域合作中的排他条款所导致的关税差别待遇而降低竞争力，台商进入东盟投资也将因参照一般外资待遇，而无法享受诸多优惠政策，甚至受到多种限制，这将对台湾地区制造业与服务业对东盟以及印度的投资产生直接的负面影响。

可见，民进党当局"新南向政策"能否顺利实施并取得成效，关键在于台湾当局能否正确处理好与大陆的关系，能否回到"九二共识"的政治基础上。从发展趋势分析，只有稳定的两岸关系才能保障台湾良好的对外经贸发展环境，只有大陆的支持才能实现台湾外向合作的顺畅。基于此，台湾当局应该认清现实、回归正道，回到"九二共识"的正确轨道上。当前，大陆所提出的"21 世纪海上丝绸之路"正全面推进，台湾若能"借船出海"，加强与大陆的经贸联系，借助大陆的渠道优势、政策优势以及资金优势，将"新南向政策"有效的融入"一带一路"倡议，与大陆一起参与亚洲区域经济整合，才能够突破现有困境，打破"闷经济"格局，实现经济的转型升级。两岸由于同文同种，有着天然的合作潜力，同时在诸多产业上，两岸能够形成互补合作的关系，共同构建渠道、经营市场，共同走出去。

从以往的经验和路径分析，在"一带一路"战略的推进过程中，由于受制于当前两岸关系，需要从民间合作入手，加快构建新的对话与协商平台，坚持民间、企业、协会的对话模式，开展有效协商，厚植合作的基础。与此同时，更应着眼未来，开展合作规划，加快推进与深化两岸企业合作，在此基础上，提升两岸产业在国际分工中的地位和竞争优势，从而在参与"一带一路"的进程中更有效的发挥彼此优势，推动两岸在东南亚和印度的合作，获得合作的效益。具体而言，可以从以下方面着手开展合作：

1. 合作需要从"动力"和"机制"两方面入手

结合"一带一路"倡议内涵与特点，总体而言，可以从"增加合作动力"和"深化合作机制"两方面分析由此给两岸合作带来的新机遇。

首先，有助于增加两岸合作的新动力。尽管当前两岸经济合作面临着模式的调整，但整体而言，大陆作为全球最具发展潜力的市场和综合投资成本最具有吸引力经济体的格局，并没有出现根本性的变化，而且，在大陆进入"新常态"后，也将为经济发展带来诸多新的机遇。其中，"一带一路"倡议和由此所引发的新的经济格局，本身就蕴含着巨大的商机，也必将牵动两岸经济合作的调整及台资布局的变化。具体而言，"一带一路"将有效增加两岸经济合作的动力，这主要包括三个方面：一是在贸易领域，随着"一带一路"合作的延伸，贸易创造效益所引致的进出口扩张，增加对台湾在基础设施领域的原材料设备采购，以及贸易带动投资效应的深化；二是在投融资领域，借助既有的金融机制（亚投行、丝路基金等），通过两岸间的有效合作，台湾可以更加有效的参与区域合作以及亚太地区相关的基础设施建设；三是经济发展空间的调整与变化，包括两岸在区域经济合作空间的扩大、共同拓展国际市场等。在这一过程中，大陆自贸区在"一带一路"建设过程中发挥着"体制机制试验区和对接平台"的作用，也是两岸共同合作参与"一带一路"的"窗口"和"热点"区域，其中福建作为"海上丝绸之路"核心区将承担着更加重要的角色和功能。

其次，有助于两岸经济合作的机制化建设。"一带一路"建设重点是通过合作模式的创新，尽最大可能克服合作中的障碍，有效降低经营中的生产和交易成本，而这一过程就需要形成机制化的对接机制。此外，由于"一带一路"涉及的问题复杂，各地发展条件差异大，建立企业间彼此的互信机制尤为重要。可以预期，两岸共同参与"一带一路"的建设也必将直接涉及相关合作机制的建构和合作模式的创新。2016 年，不承认"九二共识"的民进党取得执政权，两岸经济合作机制化的建构进程受到直接的冲击和影响，在这种情况下，通过"一带一路"的合作实践，对民间新的合作模式进行创新和积极尝试，包括民间的协调方式、合作参与方式、共同投标准则等，有助于实现两岸经济合作在既有基础上的有效深化。

2. 在"一带一路"中推进两岸产业合作的方式与路径

中国大陆"一带一路"战略的推进过程中，需要从产业发展的角度来思考引入两岸合作的机会与风险。在这一问题上，可以分为两个层次展开合作：

第一，在相对低端的产业，可以选择在两岸产业间进行有效植入性的合作模式。以纺织业为例，可以大陆的资本和设备输出为主，结合台商在当地的生产网络，通过多种形式的合作（合作、合资、参股等），扩大在当地的生产规模和市场占有。

第二，在相对高端的产业，可以选择在两岸产业间的平行分工合作模式。以物联网为例，物联网是当前国际产业的重要发展方向之一，台湾在高科技产业的创新能力和市场行销方面具有一定的国际竞争优势，而大陆则在科研基础实力、设备制造、人才储备方面具有优势。因此，可以考虑在物联网产业发展中形成与台湾的平行分工模式。具体的方式包括两点：一是由大陆提供资本与制造设备，台湾企业负责当地行销和产品制造，形成对当地产业的有效介入；二是由两岸合作提供售后服务。从目前情况看，"一带一路"第一阶段的建设重点是基于互联互通的基础建设相关产业，与此相应的智慧城市、智慧电网、智慧运输、智慧家庭等概念均可与物联网产业发展相关联，因此，结合两岸优势及"一带一路"的基础建设规划，利用台商竞争优势，实现对当地经济发展水平的带动以及管理经验的注入，有效化解当地对大陆介入网络管理的疑虑，从而有效地推动"一带一路"的全球布局进程。

3. 引导台湾参与"一带一路"应注重长期效益

在"一带一路"战略的推进过程中，中国大陆缺乏对沿线国家的深入研究，且在总体安全方面缺乏项目安全评估的保障，因此，分散风险就成为必须考量的重点。在这一过程中，在当前的国际格局下，两岸合作不仅可以化解相关风险，而且可以进一步深化合作的空间。

考虑到在"一带一路"建设前期，主要以基础建设为主、以资本密集型项目为主、以大陆国企参与为主，台湾大部分中小企业参与的可能性与空间不大，但由于"一带一路"具有广阔的发展前景，因此，台湾中小企业和民众普遍对此具有极高的关注度和兴趣。在这种情况下，可以考虑借助自贸区金融改革与创新的有利条件，发行"丝路债券"，以稳定收益吸引广大台湾民众投资参与。当然，在商言商，关键是项目的选择与资金运作的方式要透明、高效，从而使收益率能够得到保障。

4. 在民间合作的基础上，实现两岸企业之间形成合理分工与整合布局。两岸企业之间的合作不能只是简单的一种投资项目与利益争取，而是要在"一带一路"区域内进行战略布局。未来两岸产业合作，应充分利用"一带一路"的发展机遇，逐步改变过去以"台湾接单—大陆生产—海外销售"为主的产业交流方式，向"两岸合作、共创品牌、全球销售"的新方式转变。同时，在各自产业发展策略上进行相互定位，彼此协调各自重点发展的优势产业与项目，避免重复建设与恶性竞争，在产业布局上将对方产业作为自己产业体系的重要延伸或组成，形成相互支撑、充分发挥各自比较优势的总体格局。在合理分工的基础上，推动行业和企业层次上进行产业链与价值链的深度整合，以共同提高国际竞争力和在全球产业链、价值链中的地位。由此分析，基于增量合作的原则，两岸应当在电动汽车、新能源、生物科技、高速运输工具、云端设备等领域进一步深化合作，并通过产业链的对接，为合作创立品牌提供更有利的条件。在这一过程中，加强信息平台的建设（具有公信力的"一带一路"网络平台建构非常重要）是关键的步骤。

与此同时，加速两岸合作对外投资规模与范畴，这是有效参与"一带一路"建设的关键。从发展角度看，两岸应加快合作对外投资的进程，尤其是充分利用台商在"一带一路"的既有产业网络，深化合作的规模，通过相互参股、相互持股与合作投资的方式，将两岸产业合作延伸到"一带一路"，实现合作效益的外溢和合作利益的提升，并为两岸间合作的深化提供新的动力。

**参考文献：**

1. 盛九元：《蔡英文的"新南向政策"及对两岸关系的影响》，《台海研究》，2016 年第 3 期。

2. 王敏：《台湾与东盟经济关系发展新趋势、成因与前景分析》，《台湾研究》，2014 年第 2 期。

3. 谢静：《"一带一路"与中国—东盟互联互通中的印度因素》，《东南亚纵横》，2015 年第 10 期。

4. 李文：《"一带一路"与中国—东盟命运共同体建设》，《东南亚纵横》，2015 年第 10 期。

5. 欧阳欢子：《中国—东盟经贸关系的发展进程及前景》，《世界经济研究》，2008 年第 9 期。

6. 商务部：历年《中国对外直接投资统计公报》。

7. 台湾地区"行政院"："新南向政策工作计划"。

8. 徐遵慈：《台湾产业的"新南向政策"》，《贸易政策论丛》，台湾 WTO 中心贸易政策论丛（第二十二期）。

9. 徐遵慈：《台湾与印度经贸关系：回顾与前瞻》，《台湾 WTO 中心贸易政策论丛（第十五期)》。

10. 林民旺：《印度对"一带一路"的认知及中国的政策选择》，《世界经济与政治》，2015 年第 5 期。

11. 台湾地区"经济部"：历年"贸易情势分析报告"。

12. 张元钊：《台湾对外并购投资动因、发展特点及趋势预测》，《现代台湾研究》，2015 年第 2 期。

13. 中华经济研究院：《"促进台印双边贸易、投资及合作关系"研究报告结论》。

# 第八章 "一带一路"战略下两岸贸易合作的机会与挑战

全球自 2009 年金融海啸后，一直陷于成长低迷、体质脆弱的阴影中，不仅欧、美、日等已开发经济体面临失业率居高不下、需求不足的困境；过去扮演全球成长火车头的中国大陆，也因本身生产环境的改变及欧美经济不振等因素而步入成长趋缓的"新常态"阶段。

欧美等发达经济体是中国台湾地区及大陆的重要出口市场，台湾地区不仅直接对欧美国家出口，有很多更是透过在大陆加工后再进行出口的。因此，欧美国家经济不振，需求不足，进口减少，不仅直接冲击中国台湾及大陆的出口，亦间接地对两岸贸易关系及产业分工造成影响。

另一方面，东盟及南亚经济体经济快速发展，人民所得明显提升，成为全球新成长动能之所在，也促使中国台湾及大陆在新情势下，分别提出"一带一路"及"新南向政策"倡议，希望能进一步掌握这些新兴市场的商机。在全球新情势及两岸新政策下，未来两岸贸易及产业分工将更趋于竞争，或是存在互补合作之空间，是值得关注的重要议题。因此，本文主要剖析当前全球经济情势发展对两岸经贸关系可能造成的影响效果，并探讨"新南向政策"与"一带一路"战略下，两岸贸易合作的机会与挑战，以作为两岸在新局势下进行贸易合作之参考。

## 第一节 中国大陆贸易情势变化与发展趋势

### 一、中国大陆改变经济发展模式之政策方向

中国大陆改革开放 30 年，经济以年均 10% 的速度快速成长，除被称为"世界工厂"外，亦于 2009 年超越德国成为世界第一大出口国，并于次年 (2010 年 ) 超越日本成为仅次于美国的第二大经济体。2008 年国际金融危机发生前，中国大陆主要是依赖大量出口及投资来带动经济的快速成长，其中欧盟及美国是中国大陆前两大出口市场，占中国大陆总出口的三至四成，因此，欧美国家整体经济表现与中国大陆的出口贸易及经济成长息息相关。

2008 年国际金融危机后，欧美经济不振，需求锐减，对中国大陆进口需求大幅减少，使得 2009 年欧盟与美国自中国大陆的进口金额分别锐减 19.4% 及 12.5%，导致中国大陆当年的出口大幅减少 15.9%( 图 1)。尽管出口大幅衰退，但在中国大陆采取扩张财政、持续拉动内需的政策下，2009 年中国大陆的经济成长率仍在 9% 以上。2010 年中国大陆的总出口强力反弹上升，出口金额成长 30% 以上；次年 (2011 年 ) 出口成长幅度略微下滑，但成长率仍高达 20%。然而 2012 年之后，受到国际经济不振、需求不足、贸易摩擦频传、新兴市场崛起等外部影响，以及劳动工资上涨、缺工、环保意识抬头等内部限制下，出口明显趋缓，2012 年后的出口成长率仅 6%—8% 左右，甚至于 2015 年再度呈现负成长。

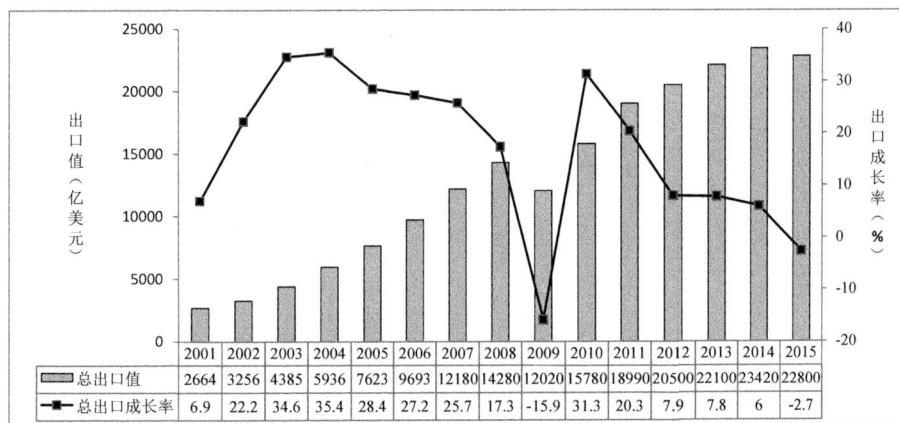

| | 2001 | 2002 | 2003 | 2004 | 2005 | 2006 | 2007 | 2008 | 2009 | 2010 | 2011 | 2012 | 2013 | 2014 | 2015 |
|---|---|---|---|---|---|---|---|---|---|---|---|---|---|---|---|
| 总出口值 | 2664 | 3256 | 4385 | 5936 | 7623 | 9693 | 12180 | 14280 | 12020 | 15780 | 18990 | 20500 | 22100 | 23420 | 22800 |
| 总出口成长率 | 6.9 | 22.2 | 34.6 | 35.4 | 28.4 | 27.2 | 25.7 | 17.3 | -15.9 | 31.3 | 20.3 | 7.9 | 7.8 | 6 | -2.7 |

图 1 中国大陆历年出口概况

中国大陆也意识到，受国际经济不振、需求不足、贸易摩擦频传及新兴市场崛起等外部影响，以及劳动工资上涨、环保意识抬头等内部限制下，经济要像金融危机前一样依靠出口来驱动成长已经难以为继。在这种情况下，避免经济成长减缓，提升内需在经济成长中的比重，弥补外需的不足，成为中国大陆转变经济成长方式的重要方向。也因此，中国大陆在十二五及十三五规划中，以转变经济发展模式、调整与优化产业结构、推动区域协调发展及推动国际合作新格局等作为主要核心概念，提出以下推动方向：

（一）转变经济发展模式

经济发展模式由依赖投资与出口改为仰赖消费、投资与出口三者驱动；由依赖第二级产业转为第一、二、三级产业均衡发展；由过去的资源消耗转向追求科技、劳动素质提升与管理创新。其中，在扩大国内消费需求方面，中国大陆于十一五规划中后期开始以家电下乡、汽车下乡、家电以旧换新等消费补贴措施刺激内需消费。此后到了十二五规划，更明确指出将积极扩大国内需求，借由提高所得、完善社会保险、提高消费便利性等方向，建立扩大消费需求的长效机制，从根本来提高中国大陆城乡居民的消费能力。

（二）调整与优化产业结构

从中国大陆十二五规划期间所推动的相关产业政策到近期所颁布的《中国制造2025》，可以观察到中国大陆在优化国内产业结构上，大致可区分为以下几个方向：(1)提升国内研发技术能量；(2)全面推行绿色制造；(3)推动战略性新兴产业；(4)发展现代服务业；(5)解决产能过剩问题；(6)限制"两高一资"(高耗能、高污染、资源性)产业的发展。此外，为了形成以创新导向的经济体系和发展模式，除了持续加强推动前述政策外，中国大陆十三五规划亦将以科技创新作为核心，人才发展作为支撑，推动大众创业万众创新，鼓励各类主体开发新技术、新产品、新业态与新模式，并且鼓励科技、产业、企业、市场、产品及管理体制之创新，加快建构以创新驱动为支撑的经济体系。

（三）推动区域协调发展

为了达到创新、协调、绿色、开放、共享之原则，中国大陆亦积极推动区域协调发展，除了采取有力措施促进区域及城乡之协调发展外，亦重视生产、生活及生态空间之平衡；以坚持经济发展及改善民生为出发，全面解决民众在教育、就业、医疗卫生、食品安全等领域之问题。

（四）推动国际合作新格局

中国大陆过去主要致力于吸引外资，对外投资较少，然而自十五期间开始实施"走出去"战略(包括"一带一路"战略的推动)后,对外投资金额不断地增加,至2015年成为仅次于美国及日本的第三大对外投资国。就中国大陆积极对外投资/并购的目的来看,中国大陆海外投资/并购的主要动机,已由国企主导的资源驱动型海外并购逐步向市场驱动型和核心能力驱动型拓展。换言之,中国大陆企业力图透过海外投资/并购寻求新的成长引擎、占领新市场,以及成为全球领导者;同时也希望透过海外投资/并购获取国外先进的技术、品牌和管理经验。

### 二、中国大陆贸易结构调整

中国大陆经济发展模式调整及产业结构转型将直接影响进出口贸易结构,进而影响两岸贸易及产业分工关系。以下就中国大陆近年的贸易结构变化做一分析。

(一)出口由劳力密集及低加工层次持续朝向高附加价值和高技术含量调整。

表1汇整2006—2015年中国大陆出口至全球之产业结构变化。由表可知,在中国大陆优化出口产品结构的政策推动下,珠宝及贵金属、家具、塑料、光学制品、汽机车及化学品等高附加价值和高技术含量之产业占出口比重提高;反之,在中国大陆国内产业结构转变及经营成本上升的影响下,玩具、成衣与木制品等劳力密集产业及低加工层次产业占该国出口的比重下滑。至于电机电子及机械设备占中国大陆出口的比重下滑,除了可能是受到国际需求不振的影响外,又因上述两产业的基期已高,不太可能维持高成长率,故占中国大陆出口比重下滑,但若就出口金额来看,电机电子及机械设备的出口增加金额仍显著高于其他产业,显示上述两产业仍是带动中国大陆出口成长的重要产业。

表1 2006—2015年中国大陆出口至全球之产业结构变化

单位:百万美元;%;百分点

| 排序 | 产业 | 中国大陆出口至全球 | | | | | | |
|---|---|---|---|---|---|---|---|---|
| | | 2006—2010年 | | 2011—2015年 | | 2006—2010 VS. 2011—2015 变化 | | |
| | | 平均金额 | 比重 | 平均金额 | 比重 | 金额变化 | 成长率 | 比重 |
| 一 | 合计 | 1277119 | 100 | 2154507 | 100 | 877388 | 68.70 | |
| 1 | 珠宝及贵金属 (71) | 8712 | 0.68 | 43098 | 2.00 | 34386 | 394.71 | 1.32 |
| 2 | 家具 (94) | 39253 | 3.07 | 83171 | 3.86 | 43918 | 111.88 | 0.79 |

| 3 | 塑料 (39) | 24479 | 1.92 | 58124 | 2.70 | 33645 | 137.45 | 0.78 |
|---|---|---|---|---|---|---|---|---|
| 4 | 石料陶瓷 (68—69) | 12872 | 1.01 | 29624 | 1.37 | 16753 | 130.15 | 0.37 |
| 5 | 光学制品 (90) | 39558 | 3.10 | 71214 | 3.31 | 31656 | 80.02 | 0.21 |
| 6 | 汽机车 (87) | 31985 | 2.50 | 58059 | 2.69 | 26073 | 81.52 | 0.19 |
| 7 | 橡胶 (40) | 10935 | 0.86 | 22042 | 1.02 | 11106 | 101.56 | 0.17 |
| 8 | 纸 (47—49) | 9424 | 0.74 | 19481 | 0.90 | 10057 | 106.72 | 0.17 |
| 9 | 化学品 (28—38) | 57944 | 4.54 | 101102 | 4.69 | 43158 | 74.48 | 0.16 |
| 10 | 皮革 (41—43) | 17962 | 1.41 | 33345 | 1.55 | 15383 | 85.64 | 0.14 |
| 11 | 帽伞 (65—67) | 6119 | 0.48 | 13023 | 0.60 | 6903 | 112.81 | 0.13 |
| 12 | 手工具及小五金 (82—83) | 15322 | 1.20 | 28378 | 1.32 | 13056 | 85.21 | 0.12 |
| 13 | 鞋类 (64) | 28082 | 2.20 | 49836 | 2.31 | 21754 | 77.46 | 0.11 |
| 14 | 玻璃 (70) | 7923 | 0.62 | 15128 | 0.70 | 7205 | 90.95 | 0.08 |
| 15 | 纺织 (50—60) | 46568 | 3.65 | 80068 | 3.72 | 33500 | 71.94 | 0.07 |
| 16 | 加工食品 (15—24) | 15762 | 1.23 | 27557 | 1.28 | 11796 | 74.84 | 0.04 |
| 17 | 钟表 (91) | 2534 | 0.20 | 5086 | 0.24 | 2552 | 100.69 | 0.04 |
| 18 | 航空器 (88) | 1307 | 0.10 | 2263 | 0.11 | 956 | 73.15 | 0.00 |
| 19 | 武器 (93) | 67 | 0.01 | 149 | 0.01 | 82 | 121.58 | 0.00 |
| 20 | 植物产品 (06—14) | 11831 | 0.93 | 19893 | 0.92 | 8063 | 68.15 | -0.00 |
| 21 | 艺术品 (97) | 43 | 0.00 | 0 | 0 | -43 | -100.00 | -0.00 |
| 22 | 动物产品 (01—05) | 10199 | 0.80 | 17085 | 0.79 | 6886 | 67.51 | -0.01 |
| 23 | 铁道车 (86) | 7662 | 0.60 | 12679 | 0.59 | 5017 | 65.47 | -0.01 |
| 24 | 乐器 (92) | 1289 | 0.10 | 1679 | 0.08 | 389 | 30.18 | -0.02 |
| 25 | 电机电子 (85) | 318062 | 24.90 | 533399 | 24.76 | 215336 | 67.70 | -0.15 |
| 26 | 木及木制品 (44—46) | 10644 | 0.83 | 14751 | 0.68 | 4107 | 38.59 | -0.15 |
| 27 | 船舶 (89) | 21709 | 1.70 | 33188 | 1.54 | 11479 | 52.88 | -0.16 |
| 28 | 金属制品 (74—81) | 22025 | 1.72 | 32591 | 1.51 | 10565 | 47.97 | -0.21 |
| 29 | 钢铁制品 (73) | 36967 | 2.89 | 57232 | 2.66 | 20266 | 54.82 | -0.24 |
| 30 | 能源矿产 (25—27) | 26872 | 2.10 | 35793 | 1.66 | 8921 | 33.20 | -0.44 |
| 31 | 钢铁 (72) | 32204 | 2.52 | 44089 | 2.05 | 11885 | 36.90 | -0.48 |
| 32 | 成衣 (61—63) | 118323 | 9.26 | 183274 | 8.51 | 64951 | 54.89 | -0.76 |
| 33 | 玩具杂项 (95—96) | 41000 | 3.21 | 52345 | 2.43 | 11345 | 27.67 | -0.78 |
| 34 | 机械设备 (84) | 241480 | 18.91 | 375763 | 17.44 | 134283 | 55.61 | -1.47 |

数据来源:整理自 WTA 及中国海关资料。

（二）钢铁、钢铁制品及金属制品等产能过剩产业占中国大陆出口比重因出口价格下滑而降低。

若以中国大陆 2014 年 7 月以来发布的淘汰落后和过剩产能企业名单，可发现中国大陆在炼铁、炼钢、焦炭、铁合金、电石、电解铝、铜（含再生铜）冶炼、铅（含再生铅）冶炼、水泥（熟料及磨机）、平板玻璃、造纸、制革、印染、化纤、铅蓄电池（极板及组装）等行业存在严重的产能过剩问题。在产能过剩的影响下，中国大陆上述产品的进出口价格明显下滑，因此，从表 1 的贸易数据可以观察到包括钢铁制品、钢铁、金属制品（如铅及其制品、锌及其制品、锡及其制品）等产业，占中国大陆出口的重要性均下滑。

（三）出口贸易方式由加工贸易持续朝向一般贸易调整，提升对中国大陆当地供应链的依赖。

图 2 为 2002 年—2015 年中国大陆对全球一般贸易出口与加工贸易出口的变化[①]。由此图可知，过去中国大陆以加工贸易为主要出口贸易方式，2002—2005 年间加工贸易出口与一般贸易出口比重的差距在 13% 以上。然而 2005 年后中国大陆加工贸易出口金额成长明显趋缓，使得加工贸易占中国大陆出口比重持续下滑，并在 2013 年被一般贸易超越，两者差距到 2015 年时已扩大至 11.5 个百分点，凸显加工贸易在中国大陆出口贸易形态的重要性持续降低。

一般贸易出口比重提高，隐含在中国大陆生产之厂商的当地化采购比重的提高。至于厂商之所以在当地采购比重提高，除了可能是因为当地供应链逐渐完善外，另一种可能是中国大陆不再鼓励该产业进行加工贸易出口，厂商不易取得加工出口执照，使得他们只能转而实行一般贸易出口。

---

① 由于中国大陆加工贸易的定义未有统一标准，因此，本研究参考中国社科院 2012 年出版的《2012 年中国对外贸易发展报告》，只涵盖以下贸易额最大的四种加工贸易形式：来料加工装配贸易、进料加工贸易、保税监管场所进出境货物及海关特殊监管区域物流货物。

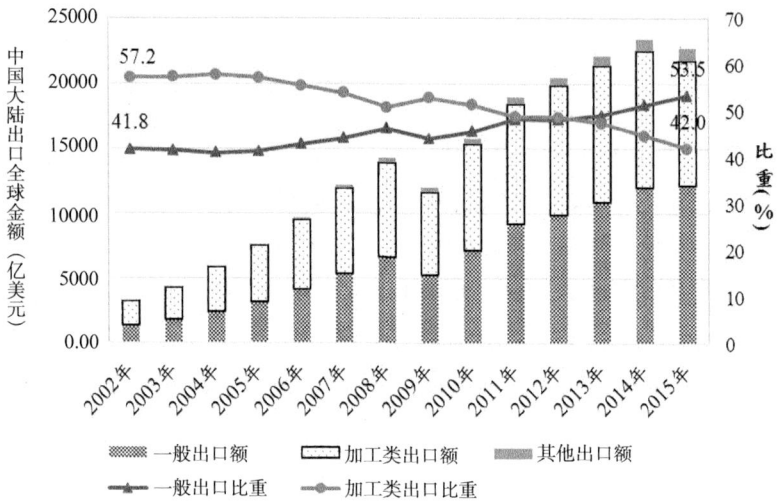

图 2　2002—2015 年中国大陆出口至全球一般与加工贸易变化

（四）内需重要性持续提升，进口由加工出口朝向满足内需调整。

近年中国大陆进口的产品类型结构已产生变化，消费财从 2006 年的 10.31% 提升至 2015 年的 13.75%；而中间财与资本财的进口比重则呈现下滑趋势。特别是中国大陆进口中间财的目的不再只是为了加工出口贸易，而有越来越多是投入于提供给当地消费者使用之最终财生产，也因此从中国大陆进口中间财[①]的贸易方式可以发现，采用加工贸易模式的比重下滑，由 2006 年的 56.03% 下滑到 2014 年的 43.87%，减少 12.16 个百分点，显示中国大陆的中间财进口逐渐由加工出口使用朝向满足内需调整。（详见表 2）

表 2　中国大陆自全球进口中间财加工贸易比重变化

单位：%；百分点

| | 加工贸易比重 | | |
| --- | --- | --- | --- |
| | 2006 | 2014 | 2006—2014 年间变化 |
| 广义中间财 | 56.03 | 43.87 | -12.16 |
| 原物料 | 17.17 | 16.52 | -0.65 |
| 中间财 | 55.25 | 47.11 | -8.14 |
| 资本财 | 72.76 | 62.54 | -10.22 |

资料来源：整理自中国大陆海关资料。

---

① 此处的中间财采用广义的定义，包括资本财、中间财及原物料三种产品类型。

（五）利用对外投资带动国内产品及服务出口。

中国大陆自十五期间开始实施"走出去"战略后，对外投资金额不断地增加。为了进一步推动中国大陆企业向外发展，中国大陆不仅积极推动"一带一路"战略、颁布《国务院关于推进国际产能和装备制造合作的指导意见》，更将"对外开放战略及开放新格局研究"与"中国大陆企业'走出去'发展战略研究"纳入十三五规划前期研究课题，显示结合"一带一路"战略，拓展中国大陆企业海外市场空间将成为十三五期间的重要政策方向。

在前述国际合作新格局的推动下，预期中国大陆将持续利用海外投资来带动国内产品及服务出口，并产生两种带动力量：第一种是鼓励轻工业向外投资以带动中间财及设备的出口，例如中国大陆于 2015 年所颁布的《国务院关于推进国际产能和装备制造合作的指导意见》（国发 [2015]30 号）即指出，将鼓励国内企业在劳动力资源丰富、生产成本低、靠近目标市场的国家投资建设棉纺、化纤、家电、食品加工等轻纺行业项目，带动相关行业装备出口；第二种则是借由参与开发国家基础建设以带动大型成套设备及技术、标准及服务出口，例如中国大陆于 2015 年所颁布的《国务院关于加快培育外贸竞争新优势的若干意见》（国发 [2015]9 号）中指出将"全面提升与'一带一路'沿线国家经贸合作水平"，希望可以抓住沿线国家基础设施建设机遇，并且推动中国大陆产能走出国门。

## 第二节　台湾贸易情势变化与趋势分析

### 一、台湾出口趋势与变化

与大陆情况基本相同，台湾地区整体出口在 2011 年后开始呈现停滞情况，2011—2014 年之出口成长不到 2%，而 2015 年及 2016 前十月之出口更呈现负成长，较上年同期分别衰退 11% 及 5%（详见图 3）。台湾地区出口衰退情况较大陆严重，主要原因在于台湾之出口不仅受到全球景气影响，同时也与大陆之经济成长及经贸政策调整息息相关。就贸易流向来看，中国台湾地区这十多年来的出口市场结构产生极大变化，对美、欧、日等国的出口比重大幅降低，转而对中国大陆与东南亚国家的出口快速增加，这主要归因于台湾产业对外投资增加，渐渐发展出中国台湾—中国大陆 / 东南亚—欧美日的三角贸易模式，让中国台湾与欧美日之间的贸易关系由直接贸易转为间接贸易，造成中国台湾对欧美日的直接贸易量大幅缩减，而对扮演生产基地的大陆及东盟的出口快速增加。据统计，大陆（含香港）占台湾地区总出口的比重由 2001 年的 26.61% 上升 39.51%(2016 年 1—10 月 )；东盟由 12.16% 上升至 18.31%；而欧、美、日等已开发国家合计占比则由 47.84% 下降至 28.05%。基于大陆已占台湾地区总出口的四成左右，其政经情势、政策走向及产业与贸易结构变化均将对台湾地区之出口造成直接影响。

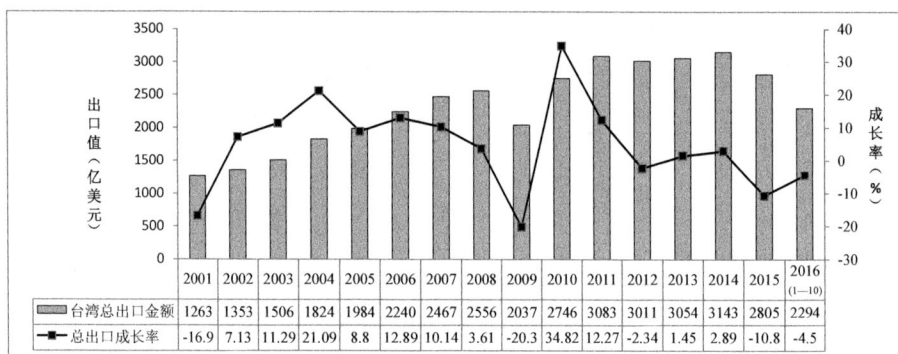

| | 2001 | 2002 | 2003 | 2004 | 2005 | 2006 | 2007 | 2008 | 2009 | 2010 | 2011 | 2012 | 2013 | 2014 | 2015 | 2016(1—10) |
|---|---|---|---|---|---|---|---|---|---|---|---|---|---|---|---|---|
| 台湾总出口金额 | 1263 | 1353 | 1506 | 1824 | 1984 | 2240 | 2467 | 2556 | 2037 | 2746 | 3083 | 3011 | 3054 | 3143 | 2805 | 2294 |
| 总出口成长率 | -16.9 | 7.13 | 11.29 | 21.09 | 8.8 | 12.89 | 10.14 | 3.61 | -20.3 | 34.82 | 12.27 | -2.34 | 1.45 | 2.89 | -10.8 | -4.5 |

图 3　台湾地区整体出口概况

二、大陆经贸政策调整对台湾出口大陆的影响

图 4 则显示 2001—2015 年大陆自台湾进口趋势变化，由图可知，大陆自台湾进口金额从 2001 年的 273 亿美元上升到 2013 年的 1565 亿美元，但 2013 年之后大陆自台湾进口金额不增反减，下滑至 2015 年的 1445 亿美元，减少 120 亿美元。若以大陆自台湾进口成长率的变化来看，除了 2010 年因为前一年全球金融风暴，比较基期较低，成长率达 34.93% 之外，2005 年之后大陆自台湾进口的成长率皆不超过 20%，2008 年后更是少有超过 10% 的，反映出大陆自台湾进口减缓的趋势。不过，更值得关注的是，台湾在大陆的进口市占率呈明显下滑趋势，由 2002 年的 12.96% 下降至 2011 年的 7.38% 谷底，主要是因为此段时间中国大陆对能资源产品需求加急，再加上油价快速上涨，因此，能资源产品占中国大陆总进口的比重明显上升 ( 由一成上升至二成五左右 )，排挤以制造业产品出口为主的国家在中国大陆的进口市场的占有率。2014 年油价下跌以及中国大陆对半导体产品需求增加，台湾的市场占有率才有所回升。

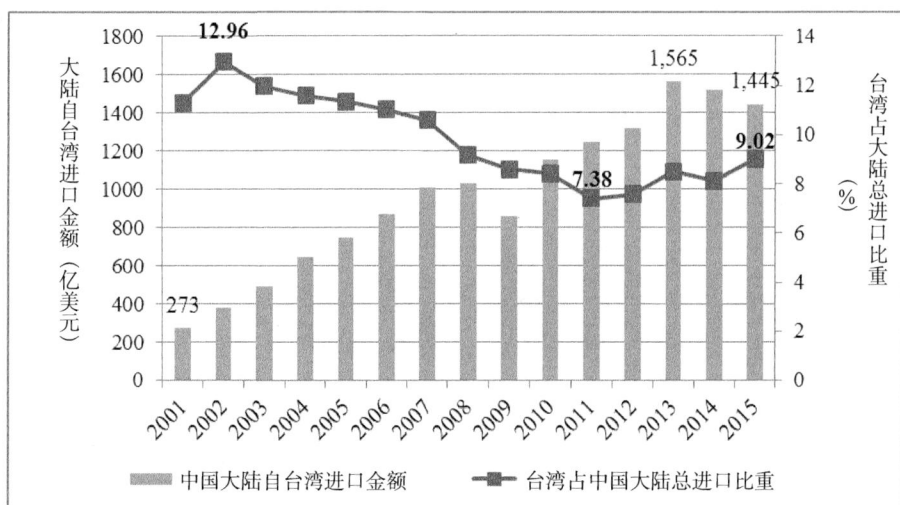

图4 大陆自台湾进口变化

台湾地区在大陆进口市场占比明显下滑的原因，除了油价影响之外，台商部分产品生产基地外移或当地采购程度提高、台湾对大陆的出口竞争力渐趋弱化也是原因之一，而这与受到中国大陆已生效 FTA 之冲击、台湾厂商没有掌握大陆产业转型趋势、未能成功打入大陆内需市场有关，再加上大陆本土供应链崛起，两岸竞争加剧，以及加工贸易形态式微，中间财出口带动效果弱化等，皆使传统的两岸贸易合作及产业合作面临发展瓶颈，难以持续。

以下进一步针对影响两岸贸易合作及产业合作的重要因素进行说明：

（一）加工出口贸易形态式微，两岸传统分工模式面临挑战。

两岸过去处于不同发展阶段，合作是建立在"加工出口"的基础上，台湾地区提供技术和市场出海口，大陆则提供劳工及土地。这种合作模式主要表现在两岸企业或台商之间的合作，执政部门并未发挥太多功能。台商在这种合作模式下，和其他外资一样，享受"超国民待遇"。然而，时至今日，"加工出口"模式已走到尽头，大陆经济正由"加工出口"转向"内需导向"的发展模式，加工贸易的出口比重已由 2002 年的 57.2% 下降至 2015 年的 42.0%，减少 15.2 个百分点；再加上大陆的工资及土地等生产成本也大幅上升，台湾在大陆进行加工出口的优势也逐渐丧失。在这样的环境下，两岸传统的垂直分工模式已无法再共创互利双赢。

（二）两岸技术差距缩小及大陆供应链崛起，产业关系由互补逐步转向竞争。

中国大陆自改革开放后便积极招商引资，并透过"以市场换技术"策略来提升中国大陆本土企业的技术水准。30 多年过去，中国大陆在与外资企业合资合作、进行跨国人才引进、大量的投资研发与资本支出，及政府对本地企业全力支持 ( 如提供补贴或租税优惠 ) 下，中国大陆的技术水准确实大幅向前跃进，与世界科技强国的差距正在逐渐缩小 [1]。韩国 KISTEP 发布的《2012 年度技术水准评价》数据显示，2010 年中韩两国之间的国家战略技术水准差距为 2.5 年，但短短两年之后，两国技术差距就缩短至 1.9 年 [2]。

同样的困境也发生在台湾地区，尤以科技产业感受最深。一直以来，台湾地区在全球信息硬件制造业始终位居领导地位，但近年来在大陆的竞争冲击下，这项优势已逐渐消失。中国大陆科技相关产品的品牌厂商，包括联想、华为、中兴，凭借在中国大陆市场的本土优势，加上灵活创新的营销策略以及持续改善零售通路，为台湾科技厂商带来不小压力，台湾厂商想要在大陆市场取得快速发展已愈来愈困难。传统上由台湾一手主导的产品供应链，例如电池、手机天线、光学镜头、LED 等，如今大陆供货商以更灵活而有弹性的营运策略，正逐渐取代其在中国大陆的市占率。大陆供应链的崛起，已严重压缩台湾二线厂商的生存空间，这些二线厂商由于缺乏差异化技术能力、企业规模不足、与大陆本土品牌连接脆弱，很难与大陆品牌厂商开展竞争 [3]，这对台湾近期出口带来相当程度的冲击。

在大陆市场如此，在国际市场也是如此。2014 年台北市进出口商业同业公会的"全球重要暨新兴市场贸易环境与发展潜力调查"（简称《IEAT 调查报告》）发现 [4]，中国台湾地区贸易业者所面临的竞争对手前三名分别为：中国大陆、韩国与中国香港，显示中国大陆发展态势强劲，已不再是产业链后端国家，加上充沛的劳动力与庞大内需市场，成为台商的最主要的竞争者。尤其 2010 年之后，两岸出口产品同构化状况日益提升，台湾地区主力出口产业的电子零组件、计算机电子产品及光学制品、机械设备与中国大陆产品的差异化能力出现明显下滑趋势，对台商形成直接的竞争压力。目前台湾产品是以高质量、高单价产品作为差异化的区隔，但领先程度已逐年降低 [5]，显示两岸技术差距日益缩小，

---

① 余晓洁、于跃 (2012)，http://big5.ce.cn/gate/big5/intl.ce.cn/qqss/201211/06/t2012110623823439.shtml>。

② 环球网，http://big5.ce.cn/gate/big5/sc.ce.cn/guangyuan/jjzh/gj/201308/13/t20130813_1037734.shtml。

③ 吴凯琳编译，http://www.cw.com.tw/article/article.action?id=5059391&page=1。

④ 台北市进出口商业同业公会 (2014)，http://www.ieatpe.org.tw/nboard/view.asp?ID=4652。

⑤ 张大为，http://www.credit.com.tw/creditonline/Epaper/PersonalityContent.aspx?sn=25&unit=244。

产业关系的竞争性加大。

综合上述所言，在两岸经贸环境、发展阶段及产业政策改变后，两岸贸易与产业合作已面临瓶颈。因此，未来两岸合作应有新的思维及新方向，以突破两岸合作目前窒碍难行的困境，使两岸的贸易合作与产业合作可以重回互利双赢的格局。特别是在新的经济情势下，两岸贸易及产业合作更应跳脱过去仅着重于大陆市场的单一模式，尽可能合作拓展国际市场，以增加合作空间。

近期，中国大陆与台湾地区为了促进经济结构转型及寻找经济成长新动能，各自针对新兴市场推出"一带一路"战略与"新南向政策"，为两岸贸易及产业合作重启新的合作契机。此两项政策的部分内容和发展重点具有重叠性，且均面向国际市场，存在着两岸相辅相成，互利双赢的合作空间。举例而言，从政策规划可观察到中国大陆开始将产业对外转移与"一带一路"战略结合，通过"走出去"策略的推动，逐渐形成以中国大陆企业为主要参与者的区域性乃至全球性的生产网络和全球价值链体系。在这样的趋势变化下，台湾厂商开始探索如何有效加入大陆的生产供应链体系并且和大陆厂商合作共同开拓海外市场。换言之，台湾地区对全球出口模式不再只是依赖大陆的劳动力以进行加工贸易出口，而是伴随大陆的"走出去"战略，利用台湾的利基和大陆优势互补以取得全球市场新商机。

## 第三节 "一带一路"战略与"新南向政策"
## 对两岸经贸发展的意涵

一、"一带一路"战略之推动对中国大陆经贸发展之意涵

（一）"一带一路"的政策规划

2013 年 11 月，第十八届三中全会后公布的《中共中央关于全面深化改革若干重大问题的决定》（以下称《决定》），正式将"一带一路"纳入国家政策，并且于 2015 年 3 月 28 日发布《推动共建丝绸之路经济带和 21 世纪海上丝绸之路的愿景与行动》（以下称《愿景与行动》）作为推动"一带一路"战略的指导方针。

《愿景与行动》指出未来中国将以政策沟通、设施联通、贸易畅通、资金融通、民心相通等面向作为"一带一路"的合作重点。其中在贸易畅通方面，大陆主要提出的方向包括解决贸易便捷化问题、创新贸易方式（如跨境电商）、发展现代服务贸易、加快投资便捷化进程、拓展相互投资领域、推动新兴产业合

作、探索投资合作新模式 ( 如跨境经济合作区 )、优化产业链分工布局等，显示大陆基本上希望借由投资、产业合作、解决贸易投资跨境障碍等方式，创造外贸成长新动能。

在《愿景与行动》提出后，中央各部会及地方政府陆续提出实施方案。例如与贸易畅通较为相关的《标准联通"一带一路"行动计划 (2015—2017)》及《关于开展丝绸之路经济带海关区域通关一体化改革的公告》，前者的推动目标在于不断深化与"一带一路"沿线国家在标准方面的双边及多边务实合作和互联互通，大力推动中国标准的"走出去"，全面服务"一带一路"建设；后者则是为落实"一带一路"发展战略，决定在青岛、济南、郑州、太原、西安、兰州、银川、西宁、乌鲁木齐、拉萨等十个海关启动"丝绸之路经济带"海关区域通关一体化改革。

此外，各地政府的实施方案中亦把对外贸易合作、投资合作 ( 双向投资、园区合作、产业合作 )、深化口岸通关体系 / 物流合作等列为重点推动项目。对外贸易合作方面，各地方政府提出的策略主要包括举办各式博览会及赴海外设立展销中心，并善用电子商务销售渠道。例如，广东提出利用广交会、高交会等平台推进经贸合作；福建则是提出建设跨境电子商务和国际物流服务平台，促进企业开展与沿线国家和地区的电商贸易。

在投资合作方面，各地方政府主要是借由赴海外设立生产基地或是与其他国家共同开发产业园区等方式，输出中国的装备、服务及标准。例如，福建提出支持企业在沿线国家和地区建设冶金、机械、纺织、服装、制鞋等产业合作园区和制造基地；湖南则是提出建设一批国家级境外经贸合作园区。

为了协助贸易及投资的顺利进行，各地方政府亦将深化口岸通关体系 / 物流合作等列为重点推动项目。例如，福建提出推进与东盟国家跨境运输便利化，加强海上物流信息化合作，探索推进与东盟国家、台港澳地区口岸通关部门信息互换、监管互认、执法互助等；河南则是推动物流企业布局建设电商海外仓，开展境外货物集散业务。

（二）"一带一路"对中国大陆经贸发展的意涵

整体来看，"一带一路"的推动对中国大陆经贸发展具有以下方面意涵：

1. 有利于输出中国大陆的基础建设产能。在中国大陆房地产与政府公共工程的高速发展下，中国大陆在基础建设已累积相当之生产技术能量。与此同时，"一带一路"沿线国家中，有不少国家正需要大力发展基础建设，因此，中国大陆可以借由"一带一路"的设施联通规划，将国内的基础设施产能出口到"一带一路"的沿线国家。

2.有助于中国大陆在"新常态"下，寻找新的成长动能。中国大陆除了借由"一带一路"将国内基础设施产能出口到"一带一路"的沿线国家外，也希望透过"一带一路"及亚投行的战略，积极与先进国家进行技术合作，加速结构调整，寻找新的成长动能。例如在"中国制造2025"的战略下，中国大陆要从制造大国迈向制造强国，关键即在如何提升制造技术水准，亚投行的初始会员中有许多是欧洲制造强国，若能透过与他们的技术合作及资源共享，对大陆制造业的技术提升将有很大的帮助，此不仅有助于提高"中国制造2025"成功的机率，也有助于中国大陆结构调整及促进经济成长。

3.加强中国大陆与中西亚、东南亚、欧洲及非洲的经贸关系。《愿景与行动》指出基础设施互联互通是"一带一路"建设的优先领域，且投资贸易合作是"一带一路"建设的重点内容。除与沿线国家共同推进国际骨干通道建设，逐步形成连接亚洲各次区域以及亚欧非之间的基础设施网络外，更希望透过投资贸易壁垒的消除与便利化措施、跨境电子商务的发展、新兴产业的合作及产业链的合理分工布局，强化中国大陆与中西亚、东南亚、非洲及欧洲的经贸关系，进一步推升中国大陆在全球经贸版图的地位。

4.带来庞大的经济合作商机。"一带一路"沿线大多是新兴经济体和发展中国家，总人口约44亿人，GDP合计达2100万美元，分别约占全球的63%和29%。这些新兴经济体和发展中国家普遍处于经济发展的成长阶段，且拥有各自的禀赋优势，故"一带一路"沿岸国家之间存在相当大的经济合作空间。基于此，在中国提出"一带一路"战略后，各国各地区已开始积极从中寻找自身的定位，如中国香港在专业服务及金融服务展现企图心、英国希望争取成为人民币离岸交易中心、新加坡则是思考如何借此进一步发挥运输和物流服务之地缘优势。

5.提高中国的国际话语权。由于中国成为世界第二大经济体，国际社会上"中国威胁论"的声音不绝于耳。中国以"一带一路"的推动，向世界表明中国崛起不以损害别国利益为代价，降低政治敏感度，也因不具排他性，故做法上更具弹性和灵活度。此外，过去国际经贸组织的话语权多掌握在已开发国家手中，如国际货币基金(IMF)主要由美国主导、亚洲开发银行(ADB)主要由日本主导。在中国多次在亚银争取话语权未果的情况下，开始推动亚投行的设立，并且明确为以开发中经济体为主导的多边开发机构，反映出中国希望提高其国际话语权的努力和诉求。

二、"新南向政策"的推动对台湾经贸发展的意涵

（一）台湾地区推动"新南向政策"的策略思维与意涵

"新南向政策"主要是台湾地区在新的岛内外大环境下，对于亚太地区的经贸布局策略及外交战略之结构性的调整，不仅是着眼于分散经贸风险，争取更多市场商机，更希望寻找台湾经济新动能及供应链上的新定位，以作为台湾产业转型及经济成长之支撑，并透过在国际社会有意义的参与，达到有助于区域和平稳定的目的。

近年来，台湾的外经贸局势快速变迁，就国际情势来看，大陆在历经 30 年经济快速发展后，面临产业结构转型、法规制度调整、成本快速攀升，及经济成长趋缓的诸多瓶颈，不仅严重影响到台湾的整体出口表现，也冲击两岸既有之贸易与产业分工模式。与此同时，东南亚及南亚经济快速发展，消费能力大幅提升，再加上其积极参与全球区域经济整合，扩大市场优势，内需市场商机庞大，已成为全球经济成长的亮点。目前东盟的 GDP 合计为 240 万美元，人口 6.2 亿人；而南亚的 GDP 规模则为 270 万美元，人口近 17 亿人，且未来上述两个区域的平均年经济成长率将远高于全球经济成长率。在经济成长下，东盟及南亚将逐渐产生庞大的、消费力很强的新兴中产阶级，形成商机巨大的内需市场，并成为未来带动全球经济成长的动力来源。

中国台湾地区过去在亚洲新兴市场虽多有经贸布局，但以加工贸易之出口及投资形态为主，对于东南亚、南亚内需市场深耕不足；再加上其以单项产品出口居多，附加价值较低，在台湾加入区域整合进程受阻之际，易受关税障碍影响及面临后进者竞争，不利于台湾地区出口扩张及经济成长。与此同时，台湾也出现进出口贸易及对外投资过度集中大陆的问题，成为台湾安全及经济稳定发展的潜在风险，尤其在大陆经济成长趋缓之际，台湾的经济及贸易表现受到严重影响。

为因应内外经贸新情势变化，并解决内部发展问题，寻求新成长动能，中国台湾在维持既有的经贸政策下，另外推动"新南向政策"，期望重拾或促进与东盟、南亚及新西兰、澳大利亚等邻近国家的联结，深化经贸、科技、文化等各层面的交流，共享资源、人才与市场，创造互利共赢的新合作模式；以及透过建立广泛的协商和对话机制，形塑和"新南向"市场目标对象的合作共识，并有效解决相关问题和分歧，逐步累积互信，进而建立"经济共同体意识"，使台湾成为"新南向"目标对象经济发展的繁荣伙伴、人才资源的共享伙伴、生活质量的创新伙伴、国际链结的互惠伙伴。因此，"新南向政策"未来将秉持

"长期深耕、多元开展、双向互惠"核心理念，整合各执政机关，以及民间企业与团体的资源与力量，从经贸合作、人才交流、资源共享与区域链结四大面向着手，并进行横向的连接，与"新南向"目标对象创造互利共赢的新合作模式，逐步形成经济共同体意识。

（二）"新南向政策"的重点工作

1.深化经贸合作

在经贸合作方面，"新南向"主要是要改变台资企业过去以东盟及南亚作为生产基地的出口代工形态，建立双向的产业投资、贸易交流合作模式，将东盟及南亚市场作为台湾内需市场之延伸。此外，考虑到当地消费及基础设施建设的高成长性，以及实现产业转型的需求，今后台湾地区与东盟及南亚的经贸合作，将重点从强化产业价值链整合、内需市场链接、基建工程合作及创新创业交流等面向着手，并力求降低市场进入的障碍，借由产业价值链的重新定位与提升，促进台湾地区与相关经济体的互补共荣。

2.促进人才交流

在人才交流方面，基于地缘、海外华侨与产业发展政策的因素，台湾地区与东盟及南亚的人才交流过去多为单向，较少进行双向交流，今后将兼顾双方的实际需求，在"以人为本、双向多元"的交流原则下，促进和强化在教育、产业人力方面的交流与合作，并结合新住民及第二代的力量，提升台湾地区与东盟及南亚各经济体双边人才资源的互补与合作。

3.实现资源共享

基于台湾地区与东盟、南亚及新西兰、澳大利亚并无正式官方关系，因此，需要运用及发挥其在医疗、文化、观光、科技、农业等软实力方面的优势，作为中国台湾强化与东盟、南亚及新西兰、澳大利亚深化合作的利基，拓展双边或多边合作的机会。今后台湾需因地制宜，视合作对象的需求，结合民间及NGO的力量，推展医疗经验、农业技术、科技发展、中小企业等双边与多边合作，并借由观光旅游及文化交流，强化人与人的连结，建立与东盟、南亚及新西兰、澳大利亚之间的新型合作关系。同时运用其中小企业经验，协助东盟、南亚中小企业的能力建构，并布建双边合作资源网络，建立商机媒合平台，创造多元策略合作的机会。

4.推动区域链结

在区域链结方面，主要是要推动与东盟及南亚各经济体双边与多边的机制化合作，提升协商与对话位阶，以强化投资保障及风险控管，逐步深化"新南向政策"的实质成果。另外，要改变过去单打独斗模式，透过强化与国际组织的合作关系、善用民间组织及侨民网络，以及与第三方合作等方式，发挥与东盟及南亚各经济体互惠共利的效益。此外，两岸各具不同条件和优势，若相互合作，可以发挥更大的力量。所以，从发展趋势分析，今后不排除在适当时机，和大陆就相关议题及合作事项，展开协商和对话，促使"新南向政策"和两岸关系发展能相辅相成，成为共创区域合作的典范。

综合而言，"新南向政策"希望在经贸合作面上可以协助台商改变代工思维，拓展内需市场，并强化产业价值链整合，及促进基建工程合作和创新创业交流；在人才交流面上可以兼顾双方的需求，在以人为本、双向多元的交流原则下，由单向引进外籍劳工转向双向人才培养，提升中国台湾与"新南向"国家双边人才资源的互补与合作；在资源共享面上可以发挥医疗、文化、观光、科技、农业等软实力优势，作为台湾地区强化与"新南向"市场目标对象开展伙伴关系的利基，争取双边或多边合作机会；在区域链结上，推动双边与多边制度化合作，提升双方协商对话位阶，并改变单打独斗模式，转向寻求外部力量，透过国际合作来建立与"新南向"各经济体之间的伙伴关系。

基于"新南向政策纲领"中特别把"两岸善意互动及合作"纳入十大行动准则之一，显示"新南向政策"只是市场分散的策略，而不是台湾试图与大陆市场切割的手段，在台商进行全球布局的策略下，"新南向"与拓展大陆市场可以并行不悖。尤其大陆目前也积极推动"一带一路"，东南亚及南亚都是其沿线重点国家，台湾的"新南向政策"与大陆的"一带一路"政策间，不论在经贸合作、资源共享或区域链结方面上都可能存在合作空间，有机会透过两岸新的布局政策开创新的贸易合作及产业合作模式。

## 第四节 "一带一路"战略下两岸贸易合作的机会与挑战

在全球及两岸经贸环境变化下，过去两岸传统的贸易合作与产业合作已面临发展瓶颈，实有必要重新思考两岸合作的新模式。目前两岸均看好东南亚及南亚经济成长前景，均积极在上述市场进行经贸布局。台湾希望借由"新南向政策"创新经贸拓展策略及深化双向交流，提供东南亚及南亚等经济体所需要的产品及服务，协助当地经济发展，创造互利双赢的局面。而大陆的"一带一路"则是强调推动沿线各国各地区发展战略的对接，发掘区域内市场的潜力，促进投资和消费，创造需求和就业，增进沿线各国各地区人民的人文交流，让各国各地区人民相逢相知、互信互敬，共享和谐、安宁、富裕的生活。

特别是在两岸布局皆较深的东南亚市场，由"新南向政策"与"一带一路"战略可观察到，两岸均以满足东南亚各经济体发展及市场需求为政策推动目标，且推动的面向大致包含基础建设、内需市场、贸易、投资、产业合作等面向，两岸有机会找到合作模式及策略。尤其中国大陆对东盟的战略布局并不仅止于"一带一路"战略，而是有一个更为宏观、全面的策略规划，其项下之各面向措施都是两岸进行贸易合作及产业合作可思考的部分。

### 一、中国大陆对东盟的总体战略

中国大陆对东盟的整体战略大致由 2013 年 10 月国务院总理李克强在第 16 次中国—东盟 (10+1) 高峰会上提出的 "2+7 合作框架"，以及 2015 年 8 月 23 日由时任商务部部长的高虎城在第 14 次中国—东盟 (10+1) 经贸部长会议所提的八项务实措施所涵盖。李克强 2013 年所提的 "2+7 合作框架"可视为中国新一届政府对今后十年中国与东盟关系发展的政策宣示，包含两点政治共识及七项合作领域。其中两点政治共识包括：

（一）推动合作的根本在深化战略互信，拓展睦邻友好。

（二）深化合作的关键是聚焦经济发展，扩大互利共赢。

七项合作领域包括：

（一）积极探讨签署中国—东盟国家睦邻友好合作条约，为中国—东盟战略合作提供法律和制度保障，引领双方关系发展。

（二）加强安全领域交流与合作。完善中国—东盟部长会议机制，深化防灾救灾、网络安全、打击跨国犯罪、联合执法等非传统安全领域合作。

（三）启动 CAFTA 升级版谈判 ( 已完成签署并生效 )，力争到 2020 年双边贸易额达到 1 亿万美元，让东盟从区域整合和中国大陆经济成长中受益更多。

（四）加快互联互通基础设施建设，完善中国—东盟互联互通合作委员会等机制，推动泛亚铁路等项目建设，筹建"亚洲基础设施投资银行"( 已完成 )，为东盟及本地区的互联互通提供融资平台。

（五）加强本地区金融合作和风险防范。扩大双边本币互换的规模和范围，扩大跨境贸易本币结算试点，降低区内贸易和投资的汇率风险和结算成本，发挥中国大陆 - 东盟银联体作用。

（六）稳步推动海上合作。共同建设"21 世纪海上丝绸之路"，重点落实海洋经济、海上互联互通、环保、科研、搜救以及渔业合作。

（七）密切人文、科技、环保等交流，巩固友好合作的基础。

以下针对两岸对东南亚及南亚之布局战略，提出未来两岸可进行贸易合作之机会与模式，并点出未来合作过程中可能面临的挑战及其可能之因应对策，以供两岸执政机关及企业参考。

## 二、两岸贸易合作契机与方向

就台湾企业来看，主要的优势在于具有丰富的国际化经验、较高的营运弹性以快速响应海外市场需求、较能提供细致化之产品／服务／商业模式，并且在部分关键中间财具有生产技术优势，但是普遍面临企业规模较小、缺乏品牌／通路等劣势；相较之下，大陆国有企业／大型民间企业具有企业规模较大、资金丰沛、已在东南亚／南亚地区建立品牌／通路等优势，但欠缺提供细致化之产品／服务／商业模式之能力。基于前述两岸优劣势下，可以观察到两岸在营建工程、建材及电子零组件等领域，已出现共同开拓海外市场的案例，大多为供应链合作的延伸，由原先的共拓大陆市场朝"一带一路"沿线拓展。惟前述案例仍是少数，是否能够出现大规模的合作，仍有待观察。

除了加强推动两岸产业供应链上的合作外，若要带动两岸与东南亚／南亚之间的贸易往来，如何建立新形态的贸易方式及解决跨境贸易障碍，亦是两岸关注的重点。根据两岸的推动战略，以下针对两岸供应链、新形态贸易方式（如电商）、物流及贸易便捷化等面向，提出可能合作方向。

（一）两岸在生产供应链合作

在新情势下，未来两岸的产业分工模式将更多元、弹性。过去，两岸产业垂直分工多是台湾提供中上游原材料、中间材及机器设备，而大陆负责下游的加工、组装及销售。但这样的分工方式未来可能倒转，例如中国大陆在太阳能上游的硅晶圆材料及下游的模块及系统之发展上具有优势，而台湾发展则主要以中下游的电池及模块为主。此外，两岸的产业分工亦可能由传统的垂直分工转向价值链分工，台湾往价值链前端的研发及后端的服务发展，而大陆则负责中端的生产、制造及后端的通路、销售。更甚者，台湾未来可能只提供技术平台，如联发科将手机芯片和手机操作系统、软件接口开发平台预先整合，为大陆手机业者提供解决方案。此外，近几年中国大陆在消费性产品已培养自己的品牌并且积极开拓东南亚及印度市场，然而大陆的品牌形象及价值，与国际品牌仍有差距，若能与台湾进行跨业结合（如资通讯产业），将可提高中国大陆品牌企业的竞争优势，达到互利双赢之目的。

（二）两岸在电子商务等新形态通路渠道合作

中小企业普遍因缺乏资金及资源，而无法有效开拓海外市场，为解决此问题，两岸官方均积极寻找有助于中小企业开拓海外市场的途径。若就近期的发展来看，跨境电子商务是两岸官方协助中小企业的重要工具。然而，在东南亚及印度等国际和地区，国际电商及当地电商平台相当具竞争力，两岸电商业者可尝试进行平台间合作或是和各自的供货商、网络服务业者合作，以提高双方跨境电商的竞争优势，进而有效带动两岸中小企业利用跨境电商开拓东南亚及印度市场。

就平台之间的合作来看，虽然中国大陆已开发出相当具竞争力的大型电商平台，但东南亚风土人情差异大，提供小型特色化电商平台发展空间，因此，近期亦可以观察到台湾中小型垂直型电商平台赴东南亚发展（如专做美妆、设计师产品的电商平台），显示在多年的发展下，台湾已培养一些具有特色的垂直电商，能够提供差异化的产品及服务，两岸在电商平台上或可寻找合作的机会。除了平台之间的合作外，两岸各自的品牌商、供货商、网络服务业者等均可以利用双方平台，视产品及平台的适切程度，规划最切合自身发展的跨境电商销售模式。

（三）两岸在物流及贸易便捷化合作

两岸产业目前于东南亚及印度等市场皆面临物流（跨境及在地）及通关检疫障碍。为了解决跨境通关问题，大陆沿海省份（包括自贸区）已开始与东南亚国家初步展开关检合作，如第七届大湄公河次区域(GMS)经济走廊论坛通过《跨境电子商务合作平台框架文件》[①]，其中一个推动方向即为促进区域成员国间的跨境通关便捷化，包括就关务政策进行交流、引进有助跨境电商发展之规范。惟现阶段两岸之间的关检制度合作仍有未完善之处，若未来中国大陆可以将相关制度合作经验延伸至两岸，串联中国大陆、中国台湾、东南亚国家之间的关检制度合作，将有助于两岸厂商优化在此区域的资源分配。

在物流方面，现阶段多数东南亚及南亚国家的物流建设皆有待加强，2014年 World Bank 的物流评估指针即显示，东南亚国家中除了新加坡排名第五名外，其他东南亚国家的物流排名均在20名之后，此不利于两岸厂商在当地的商贸发展。尤其两岸均将电子商务视为拓展东南亚及南亚市场的重要新渠道，当地物

---

① 大湄公河次区域(GMS)是指湄公河流域的六个国家和地区，包括柬埔寨、越南、老挝、缅甸、泰国和中国的云南省。

流的完善对于电子商务的推动甚为重要。因此，两岸亦可就物流层面探讨在东南亚及南亚国家的合作机会。以冷链物流为例，两岸已借由产合小组中冷链物流分组，于天津、厦门等地区进行试点合作，两岸可以将过去的合作经验进一步延伸到东南亚及南亚，协助当地冷链物流的发展，此将有助于两岸加工食品及农产品的在地销售。

### 三、两岸贸易合作可能面临的挑战及因应对策

由前面分析可以发现，中国大陆对东盟及南亚均具有长远的整体战略布局，透过 FTA、"一带一路"、基础建设互联互通，以及产业、人文、科技等合作，促使双边未来的经贸发展更加深化且趋于一致，并且让中国大陆在未来双边经贸发展、经贸规则、合作机制中形成主导力量，提升及发挥中国大陆在东盟及南亚的政治地位与经济影响力。尤其随着东南亚经济发展速度的提升，生产条件改善，近年中国大陆对于东盟的经贸布局更显积极，继 CAFTA 升级版于 2016 年 7 月 1 日生效之后，时任商务部部长的高虎城在 2016 年 8 月 4 日第 15 次中国大陆—东盟经贸部长会议中，就中国大陆与东盟未来经贸合作提出五点建议，包括：

（一）深入对接发展战略，携手共建"一带一路"。

（二）大力推动产能合作，构建跨境产业链。

（三）支持东盟共同体建设，参与东盟一体化进程。大陆方面将继续在力所能及的范围内为东盟经济发展程度低的成员提供发展援助，消除成员国间的发展差距。

（四）支持东盟发挥核心作用，推动区域全面经济伙伴关系协议 (RCEP) 完成谈判。

（五）拓宽中国大陆—东盟合作领域，打造互利共赢新亮点。支持地方省区与东盟国家与地区建立务实高效的经贸合作机制，深化双方在园区建设、产业对接、人力资源开发等领域的合作，促进地方合作从沿边、沿海毗邻省区向纵深发展。搭建中小企业交流合作平台，提供资金和政策支持，促进跨境电子商务创新发展，培育上下游产业链等。

大陆在东盟及南亚的布局战略与台湾的"新南向政策"虽存在合作契机，但在两岸互信基础不足的情况下，"新南向政策"在很大程度上被看作是台湾试图与大陆市场进行切割的手段，因此，两岸在相关领域的合作不畅，使"新南向政策"的推动受阻，更遑论是两岸企业合作共同拓展第三地市场。尤其大陆

企业规模相较台湾企业大，资金充沛，且与东盟及南亚的政经关系较台湾好，在两岸关系紧张的情况下，中国大陆对东南亚市场布局愈深，对台湾地区愈为不利。基于此，台湾方面应设法与大陆重拾交流对话机制，以累积双方互信，让台湾"新南向政策"可与大陆的"一带一路"政策相辅相成，共创互利双赢之格局。

事实上，在民进党执政前，两岸曾积极推动产业合作，若从搭桥项目算起，推动时间超过六年，但两岸产业合作整体推动成效不仅十分有限，且日益乏力。两岸在合作过程中所遭遇的许多制度面与非制度面障碍迟迟无法解决，显示大陆及相关省市对于目前两岸产业合作的项目或模式已不感兴趣，积极解决问题及持续深化合作的意愿不高。而未来两岸若要将合作战场转往东盟及南亚，则操之在两岸的部分更少，其合作难度恐怕亦不低。因此，除了重拾两岸互信，营造两岸友好氛围外，两岸贸易及产业合作在新的国际经贸情势下，应跳脱过去合作框架与思维，改以创新而非资金流动来创造价值，包括产品（服务）创新、生产方法创新、生产要素组合的创新、经营模式创新、新市场的发现及制度创新等，使两岸合作能够为双方经济转型升级提供动力，摆脱零和游戏，真正达到双赢局面。

# 第五节　结语

自 2009 年全球金融海啸后，全球经济情势始终处于振荡、脆弱的局势，众人引领企盼的持续性复苏并未看见，呼应着"新平庸"时代的来临。在这样的情况下，未来两岸出口成长速度若想回到以前一般，并不容易，两岸出口可能进入低成长阶段，尤以台湾出口的挑战较大，除了全球景气低迷，欧盟、美国、日本等已开发国家进口需求趋缓，造成台湾对这些市场直接出口的减少，也使得中国台湾地区对大陆及东盟国家中间财及原物料出口降低外，大陆结构调整、加工贸易式微及全球区域经济整合加速等因素，亦将提高出口障碍或弱化投资带动贸易效果，不利于台湾未来出口表现。

为了突破全球经济发展趋缓及各自所面对的内部问题，两岸各自针对新兴市场推出"一带一路"战略与"新南向政策"，希望可以借此加强和东南亚及南亚等新兴市场连结，创造经济成长新动能。从两岸各自的政策来看，两岸均以满足东南亚及南亚等地区的经济发展及市场需求为政策推动目标，且推动的面向大致包含基础建设、内需市场、贸易、投资、产业合作等面向，两岸有机会找到值得合作的模式及策略。若以两岸贸易合作来看，除了可以推动供应链合作外（如大陆品牌企业与台湾资通讯企业合作），亦可以思考两岸如何在电子商务等新形态通路渠道合作，并且推动双方物流及贸易便捷化合作，以协助厂商在两岸及东南亚/南亚地区之间的布局，进而带动两岸与东南亚/南亚之间的贸易往来。

　　然而现阶段两岸互信基础不足，除了可能对两岸企业合作共同拓展第三地市场带来影响外，在一些制度化的合作（如贸易便捷化）的推动上更为不易，因此，如何克服两岸政治上的问题，重拾两岸互信，是台湾"新南向政策"能否与中国大陆的"一带一路"政策相辅相成，共创互利双赢的重要前提。此外，在新的国际经贸情势下，两岸应跳脱过去合作框架与思维，改以创新而非资金流动来创造价值，使两岸合作能够为双方经济转型升级提供动力，摆脱零和游戏，真正达到合作双赢局面。

## 参考文献

1. 商务部：第七届大湄公河次区域经济走廊论坛通过《部长联合声明》，网址：http://www.mofcom.gov.cn/article/ae/ai/201506/20150601010395.shtml。
2. 吴凯琳编译：《"台湾，再见？外资巴克莱：台湾科技优势将被中国取代"》，《天下杂志》，2014/06/27，网址：http://www.cw.com.tw/article/article.action?id=5059391&page=1。
3. 吴福成：《我参与"一带一路"的商机》，《产业杂志》，2016年03月，网址：http://www.cnfi.org.tw/kmportal/front/bin/ptlist.phtml?Category=100590。
4. 余晓洁、于跃：《中国科技发展水平与世界强国差距正在缩小》，2012/11/06，网址：http://news.xinhuanet.com/world/2012-11/06/c_113622613.htm。
5. 台北市进出口商业同业公会："2014全球重要暨新兴市场贸易环境与发展潜力调查"，网址：http://www.ieatpe.org.tw/nboard/view.asp?ID=4652。
6. 张大为：《台湾竞争力与中国产业的》，中华征信所，2014/02/11，网址：http://www.credit.com.tw/creditonline/Epaper/PersonalityContent.aspx?sn=25&unit=244。
7. "新南向政策"专网，网址：https://www.newsouthboundpolicy.tw/index.aspx。
8. 刘孟俊、吴佳勋：《中国大陆一带一路对外战略及其发展》，网址：http://ieknet.itri.org/hk/news/news_more.aspx?actiontype=rpt&indu_idno=11&domain=50&rpt_idno=912183243。

# 后　记

本书是上海社会科学院与台湾中华经济研究院第二期共同合作项目的最终成果。上海社科院世界经济研究所、台湾研究中心与台湾中华经济研究院区域发展研究中心具体承担项目的研究与写作。项目是一项集体研究的成果，先后有十位学者参与其中，其间，两院的研究人员还针对各自的研究项目进行了互访和实地调研，因此，相关成果是两院以及参与项目的多位研究人员合作的结晶。

研究的总体策划是由上海社会科学院王战院长、台湾中华经济研究院吴中书院长共同确定的，具体的构思、主要内容、章节安排由我和台湾中华经济研究院区域发展研究中心的顾莹华主任、史惠慈副主任承担。课题组组成后，多次就内容与政策建议进行讨论。具体的撰写分工是：第一章，盛九元；第二章，顾莹华、林俊甫；第三章，姚大庆；第四章，吴中书、吴泽明；第五章，周大鹏；第六章，史慧慈、吴玉莹；第七章，胡云华；第八章，杨书菲、黄士真，最终的统稿、删减、补充、调整和最终定稿由我负责。在写作过程中，我与参与研究项目的领导与老师进行多次的沟通、协调，在此要特别感谢他们的全力支持与配合，是他们的辛勤付出才使研究项目顺利完成。此外，本书的出版还得到王战的亲自指导和大力支持，在此特别表示感谢。

本研究针对中国大陆"一带一路"倡议下，两岸经济合作面临的新情况、新机遇和新挑战，结合两岸经济合作特点及制约瓶颈，结合新的区域合作格局，在总结两岸经济合作经验的基础上，分析两岸面对"一带一路"倡议框架下的发展机遇，探讨两岸合作的可行路径，并建议在创造条件、恢复两岸协商对话的前提下，实现两岸经济合作的新突破。

两岸经济合作是推动两岸关系发展的重要动力，也是增加两岸民众福祉、增进民众交流、扩大民众实际获得感的重要源泉，在实现两岸社会经济融合的进程中将发挥愈来愈重要的作用。因此，相关的研究需要多方面的知识积累与运用多种研究范式，在研究和撰写过程中，我们也深感研究中存在诸多的不足与缺漏，敬请学界先进与读者不吝赐教，以使我们的研究能够在既有基础上不断的深化，也期待此项研究能够在大家的支持继续延续和扩展。

上海社会科学院　盛九元

2017 年 3 月 17 日